批判性思考

跳脫慣性的思考模式

Stella Cottrell 著

Critical Thinking Skills: Developing Effective Analysis and Argument

鄭淑芬 譯

CONTENTS

簡介

本書的重點，在於幫助你建立**批判性思考的能力**，先讓你對批判性思考有基本的瞭解，希望看完這本書後，你就可以把相關的技巧與策略，應用在閱讀與寫作上了。談到**批判性思考**（critical thinking），沒有人是初學者。很多日常活動都會需要用到基本的批判性思考技巧，舉例來說：

† 我們常常必須判斷要不要相信所見所聞
† 我們會想辦法確定某件事是不是真的
† 有時候我們需要去說服不相信我們的人

每個人或多或少都具有思辨能力，只是不見得隨時隨地都在使用，或是用得妥當。這是很正常的，因為我們並不需要以同樣的程度來思考每一件事。

對於日常行為，我們會有某種程度的信任，這使我們免於再三查核每一個細節。但是遇到新的狀況，就不免要評估一番：我還需要多少資訊？我可以接受多少不確定性？需要資訊的**多寡**與**種類**，要看問題是什麼。開燈、發明新式電路，或有人觸電要怎麼處理，這三種情況需要的知識，雖然有的多有的少，但都少不了以下的判斷與思考：

† 首先先正確判斷需不需要**更多的資訊**
† 其次，面對眾多資訊，能夠正確選出**符合需要**的資訊

不管從事哪一行，想要成功，都需要良好的思辨技巧。書念得越多，需要運用判斷分析的地方，也會越來越多、越來越難。所以，不管是工作還是念書，下面這些情況，都需要你的判斷與思考：

† 面對別人的言行時
† 決定自己的行動時
† 閱讀時
† 詮釋新的情況或事件時
† 寫作、說話或報告時

本書目的

本書將幫助瞭解批判性思考的內涵，進一步建立個人的**思辨技巧**。
對大學或研究所的課業而言，批判性思考是必備的能力，而一般人
也可以充分利用其概念，達到以下目的：

† 瞭解批判性思考的觀念

† 培養更清楚的思考能力

† 更有效地瞭解別人的論述，或陳述自己的意見

† 對於所見所聞，有更敏銳的觀察力

批判性思考可應用在**工作**與**求學**上，也可進一步研究**抽象的推理**與
邏輯。本書將重點擺在前者，強調**獨立思考**的**基本原則**，幫助讀者
更加認識自己的思考模式。

如果你對批判性思考很陌生，本書將以務實的方法幫助你達成以下目標：

† 認識批判性思考的術語，別人提到這些術語時，你就會知道那
 是什麼意思，必要時你也可以用上幾句

† 對自己的思辨能力更有信心

† 能夠仔細分析他人的意見、看法與論點

† 必要時可以從比較周全的角度質疑他人的論點

如果你是學生，這本書可以幫助學生培養以下能力：

† 讀懂專家的論點

† 迅速找出重要文本的重點

† 更能參與較專業的討論

† 可以針對指定作業，寫出條理分明的評論文章

† 能夠辨別論說文與敘述文等其他類型的文章有何不同

術語：作者與閱聽者

本書所討論的各種思辨方法，可以用來檢驗各種傳播媒介。而書裡不論提到哪一種媒體，一律使用「**作者**」與「**閱聽者**」這兩個詞。

† **作者**（Author）：泛指**創造訊息的一方**，不論該訊息是以文字、言語或透過其他媒體傳達，不單指書本的「作者」。

† **閱聽者**（Audience）：泛指**接收訊息的一方**，可能透過書籍、電視、DVD或其他媒體等，因此閱聽者可能是觀眾、讀者、聽眾，或單純的旁觀者。

書中的練習

批判性思考是一種活動，光說不練是沒有用的。本書設計了很多**練習**，讓讀者運用書中討論的概念，藉以磨練新的技巧。你可能做了一、二個練習之後，發現這部分對你來說很簡單，你可以略過後面的練習，直接跳到下個部分。

剛開始時，會有很多人覺得這種思考方式很難，但別擔心，只要充分練習，你會自然而然學會用這種方式來思考。每個練習後面都有**解答**，但那不僅只是提供正確答案，還有詳細的**解說分析**，加深你對這個技巧的印象。看完解說分析，你應該會更瞭解該章節討論的重點。書中的**範例**與**練習**涵蓋的**主題**極廣，不過你並不需要具備相關的知識。就算你的主修或興趣，與這些主題完全無關，也無礙練習，只需要把你剛學到的批判性思考技巧拿出來用就好。

練習短文

書中供練習用的**短文**，都經過特別設計，既突顯每一章的重點，又能當作練習材料。內容涵蓋各種學科，但淺顯易懂，不是該領域的專家也很容易瞭解。這些短文都不長，讓你更容易找到重點。實際上，你可能會遇到比較長的文章，需要從中找出重點，並判斷作者說的有沒有道理，所以有些章節的練習短文會稍長些。在練習較長文章的同時，你也可以從中運用多種批判性思考的技巧。

除了引用他人文章來補充背景資訊外，這些短文都是原創的。若有引用資料，都會在該章末尾註明參考資料來源，便於查閱。

單元內容簡介

1 　介紹批判性思考，以及**基本的技巧與態度**，同時指出培養獨立思考能力有哪些好處。本章強調自覺（self-awareness）對於正確、客觀地判斷與分析的重要性。很多人剛開始會覺得，要用這種角度來思考十分困難，所以我們也會指出是什麼造成這種障礙，以及排除這些障礙的方法。此外，你還可以評估一下自己目前的批判性思考能力如何，如此一來，閱讀本書時，便能將重點擺在自己最需要的部分。

2 　思辨技巧的討論包括：**集中注意力，辨別同與異，序列，歸類，細讀**。這些技巧除了為更進階的思辨技巧奠基外，也是個人管理技巧的基礎。改進這些技巧，對你的學業、工作及生活，都會很有幫助。我們會先幫你做個評估，然後再讓你練習需要改善的部分。

3 　本章〈重點在哪裡〉將介紹批判閱讀的焦點：**論證**。它將教你論證的主要特色與元素，並且提供**習題**，讓你練習把這些論證元素找出來。學會這些技巧，你就能夠更快找出論證的重點，順利進行思辨活動。

4 　有些文章內容看起來像論證，但和論證有些不同，例如「反對」即是一種。在第四章裡，將接續前一章的內容，教你分辨那些看似論證但其實不是論證的文類。這些文類除了「**反對**」以外，還有「摘要」、「解釋」及「描述」。一篇論述有可能因為不相關的細節太多，而模糊了焦點，因此本章也提供一些練習，讓你更快找出與主要論點相關的內容。這些技巧可以增加閱讀速度與其正確性，同時你自己在寫批判文章時，更能切中要點。

5 　本章討論的是**論述的品質**。你可以練習從各個角度來評估論證的好壞，這些角度包括：論證結構，邏輯次序，論點一致性，論據是否充分，以及暫時性結論之使用等等。瞭解論證的結構，除了可以增加閱讀的效率之外，也可以幫助你自己寫出更好的論述。

6 　第六、第七這兩章，要教你對論證作更細部的分析。學會這些技巧，可讓你的閱讀與理解超出論述的表面意涵，更深入瞭解**論述的核心**。這項技巧對於學術研究很重要，在實務上也可發揮極大功效。例如，在職場上與人簽約時，你更能發現合約隱藏的陷阱；或是選舉時，更能看穿政治人物的花言巧語。你能更進一步參與討論專業議題，有能力檢查專家的說法是否一致、有沒有漏洞等。

本章重點在於「**聽懂弦外之音**」，教你找出作者沒有直接說出來的立場和論點，這稱之為**隱性假設**和**隱性論證**。此外，本章還討論論證的基礎：「**前提**」（premises），告訴你前提的含意，如何分辨「偽前提」（false premises）。最後，我們要來看什麼是「**顯義**」（denoted meanings），什麼是「**隱義**」（connoted meanings），以及找出隱藏在論證中的訊息之重要性。

7 本章重點在於找出**論述的漏洞**。包括錯誤的因果關係、未符合必要條件與充分條件等。其他常見的論證漏洞還有：不當的比喻，使用情緒性語言，贅述，以及扭曲事實等。

8 教你找到並且評估支持論證的**證據**。證據來源，有「原始資料」和「二手資料」兩種，我們會教你如何進行**文獻研究**（literature search），並且提供篩選證據的評估標準。我們會討論各種評估證據的角度，包括「真實性」（authenticity）、「有效性」（validity）、「適用性」（currency）與「可靠性」（reliability）等。此外，還有幾個確認證據夠不夠強的方法，例如檢查樣本的大小，評估證據的可能性，以及交叉核對證據（triangulate evidence, cross examination）等。

9 教你在**閱讀**和**寫筆記**時，也能運用批判性思考的技巧。包括閱讀前的準備工作，如何正確解讀，以及如何篩選參考資料、加以分類等，這些都可以增加閱讀與記筆記的效率。我們還會討論理論與論證的關係，還有怎麼**將理論分類**，以方便我們比較不同的論點。此外，本章還特別強調**標明資料來源**的重要性。寫清楚資料來源，是做筆記時最重要的事。

10 最後兩章，要教你把批判性思考的技巧應用在**寫作**上。第十章討論**評論文章**的特色，以及提醒你不要忘了抓住潛在讀者的注意力。
首先我們提到，要先給讀者一些基本概念。在適當的地方，用適當的文字來標示論述的進行，讓讀者清楚現行的論述階段與發展方向。評論文章提出結論時，用字會比較委婉，這一點本章也會談到。

11 最後提供**兩篇評論文章**請你分析。此處的重點已經不在評估論證的優劣，而是評估一篇完整的評論文章。這兩篇文章的不同之處，在於是否符合評論分析文章的規範。文章後附有**查核表**及**解說分析**，清楚說明兩篇文章的特點，也可以用來和你自己的答案對照一下。最後還有一份查核表，可幫助你檢查自己的評論文章。本章後面還有更多的**練習**，讓你再次複習書裡學到的技巧。

語彙表

本書製作了「語彙表」（glossary），彙整與批判性思考相關的術語。討論論證（arguments）時，有時會用到特定的術語。以下是一開始就應該瞭解的術語。

1 **論證（argument）**：舉出理由來支持某個觀點，讓不論是已知還是未知的閱聽者都能信服而同意該觀點。論證中可能包含反對的意見，但只要言之有理，就不僅只是反對而已。

2 **主要論點（the overall argument）**：主要論點代表作者的立場，由支持論點（contributing arguments）或理由（reasons）組成。我們也常用「論述」（line of reasoning）一詞，來表示支持主要論點的一組理由或論點。

3 **支持論點（contributing arguments）**：個別的理由，通常稱之為「論點」（arguments）或「支持論點」（contributing arguments）。

4 **斷言（assertions）**：沒有任何證據或正當理由的陳述。

5 **結論（conclusion）**：推論最後會有一個終點，這個終點就是結論。結論通常要跟作者的主要立場密切相關。在批判性思考中，結論通常是由理由或證據推演得來。

6 **暫時性結論（intermediate conclusions）**：在論證過程中、最終結論之前，作者可能會下暫時性的結論。這些暫時性結論，只根據部分的證據或理由，可以在下一階段的論證中，扮演證據或理由的功能。

7 **論點一致性（internal consistency）**：所謂論證的論點一致性，是指所有的論述內容都支持最後的結論，沒有任何一點削弱主要訊息的力量，或是與其意見相左。然而，一項論證有可能內容一致，但卻在其他方面不一致，例如證據不一致，或與該領域的專家意見不一致等。

8 **邏輯一致性（logical consistency）**：所謂論證的邏輯一致性，是指各項理由以符合邏輯的方式提出，也就是說，所有的論點都安排在最恰當的位置，與前後論點環環相扣，讓論證得以成立。邏輯一致的論證，其論點必然是前後一致的。此種論證，所有理由都會支持結論。

9　**推論思路**（line of reasoning）：論證的推論思路，就是理由與證據呈現的順序。讀者依此順序一路看完之後，應該要很清楚作者呈現論證的方式，以及論證的結構。論證的推論思路，應該要有清楚的方向，一關關清楚推演，而不是隨意跳躍，或帶著讀者繞圈子。

10　**邏輯順序**（logical order）：良好的論證會用條理分明的次序，來提出理由和證據。所有的資訊都在作者的論述中，讀者可以一目了然。請參見「推論思路」一詞。

11　**立場**（position）：一個觀點，由推論所支持。

12　**論證基礎**（predicate）：論證的基礎與目的；論證潛在的觀點；對於這個論點構成的假設。例如：「這個論證的基礎，是馬克斯主義對於財富的詮釋」；「這個計畫是以被告無罪之假設為基礎」。

13　**前提**（premises）：相信為真並且當作論證基礎之命題（propositions）；是論證之基礎。不健全的前提稱之為假前提或偽前提（false premises）。

14　**命題**（propositions）：相信為真，並提出當作論點或理由，讓閱聽者思考之陳述。命題最後可能為真，亦可能為假。

15　**理由**（reasons）：提出來支持主要結論，或推論思路的要點。

16　**獨立理由**（independent reasons）：作者可能會用數個理由來支持結論，其彼此之間沒有關聯，但皆具正當性。

17　**聯合理由**（joint reasons）：支持論點的各個理由，彼此相關且互相強化。

18　**顯著性**（salience）：所謂「顯著」，單純指「與論點相關」。

19　**實質重點**（substantive point）：所提出的中心論點、論證的核心。當論點被扯到次要的議題上，模糊了主要訊息時，就用這個詞來將焦點拉回主要論點。

20　**贅述**（tautology）：不必要的重複，只是用不同的說法，重複同樣的論點而已。比較差勁的論證會利用贅述，讓人誤以為有兩個理由支持結論，但實際上只是用不同的說法，重複第一個理由而已。

範例：
運用語彙表
進行論證

命題一	一個探險隊員疑似得了肺炎。
命題二	氣象預報該區將有暴風雨。
命題三	暴風雨期間，山區會很危險。
命題四	部分探險隊員不熟悉那個地區，或沒有足夠的登山經驗。
結論	此時不宜派探險隊進入山區。

前提	預期將有暴風雨，考量某些隊員的健康或經驗，可能無法應付這種狀況，此時不是探險隊進入山區的好時機。
假前提	這個反對派出探險隊的論證，看似理由十足，但卻可能建立在假前提之上：暴風雨可能不會來，危險或許被誇大了，團隊的經驗可能比論證所言更豐富，或隊員可能只是得了小感冒。以上所言如果屬實，這個反對派出探險隊的論證，就可能是建立在假前提之上。
論證基礎	反對派出探險隊的論證，其論證基礎是以下這個假設：隊員的安全，優先於探險之必要性。
顯著性（相關性）	安全問題的考量，與該不該派出探險隊的爭論相關，其他問題則不見得。例如，某個隊員二十年前在校體育表現傑出，或某個隊員昨天打嗝，這兩件事可能就和這個議題沒有關係。

想一想

看完這本書，想一想每一章的重點，還有最重要的是，想
一想在沒有讀這本書以前，你的方法是什麼。某些章節會
提供一些提醒或提示，幫助你想一想這些問題。如果書裡
沒有特別提到，你也可以任意在某個地方停下來，思考一
下這些技巧能不能應用在你的功課或工作上。

花點時間思索一下，想一想各章的重點意涵，這是很值得
的，因為你會學到真正思考的重點，在工作或求學上才會
有真正的幫助。

想要更深入研究推理或邏輯的人，可參考這兩本書：

《思考與推理》（*Thinking and Reasoning*, by A.Garnham
& J.Oakhill）

《完全論證的邏輯》（*The Logic of Real Arguments*, by
A.Fisher, 1988）

UNIT

什麼是批判性思考？

本章學習目標

† 瞭解批判性思考的內涵

† 體會思辨技巧帶來的好處

† 認識批判性思考與個人特質的關聯

† 認識建立良好思辨技巧的障礙何在

† 評估自己目前的思辨能力，據以排定改進的優先順序

本章先讓讀者對批判性思考有一個概略的瞭解。先檢驗「批判性思考」這四個字代表什麼**意義**，接著介紹**相關技巧**，以及阻礙建立批判性思考能力的**障礙**。

很多人都覺得，要用很有系統、一致、理性的方式整理自己的想法，是非常困難的一件事。本書就要從這個前提開始：**批判性思考的技巧是可以培養的**，只要你能瞭解批判性思考的內涵，並且多加練習。

批判性思考是一種必須用腦的認知活動。學習以**批判、分析、評估**的方式來思考，表示必須充分運用大腦的運作，包括**集中注意力**、**將事物分門別類**、**篩選與判斷**等。

其實，很多人都有潛力發揮更好的思辨能力，目前沒有表現出來，往往不是因為能力不足，而是讓個性或感覺阻礙了。因此，本章要請你想一想，這些障礙有沒有阻礙你的思考能力，你又該怎麼對付它們。

1 什麼是批判性思考？

思辨活動 Critical thinking as a process

批判性思考是一種複雜的思辨活動，涉及廣泛的技巧與態度，包括：

↗ 辨識他人的立場、論點與結論

↗ 評估支持其他觀點的證據

↗ 客觀衡量對立的論點與證據

↗ 能夠看穿表面，體會言外之意，並且看出錯誤或不客觀的假設

↗ 看穿讓論點更吸引人的花招，例如偽邏輯，或說服術

↗ 學會運用邏輯，更深入也更有系統地去思考各種議題

↗ 根據具體證據及合理假設，決定論點是否正當可信

↗ 表達個人觀點時能夠條理分明，足以說服他人

懷疑與信任

美國學者恩尼斯（Ennis, 1987）找出與批判性思考相關的個性與能力，發現關鍵在於以下這兩種能力：

† 質疑的能力

† 理性思考的能力

批判性思考的懷疑精神，並不是要你什麼都不相信，這種態度對你沒有好處。重點在於，對事情抱持著溫和的疑問，瞭解我們在特定的時間點所知道的事，可能只是部分的事實。

批判性思考提供了工具，幫助你以理性懷疑的態度，面對任何事物。你可以有更充足的資訊，去判斷事情的真假或成效。另一方面，要讓生活順利運作，一定得相信有些東西就是裡外一致，不需要懷疑，這就需要信任。

如果我們有能力清楚分析事物的本質，就更容易分辨，什麼時候該相信，什麼時候該懷疑。

不是個性，是方法

有些人習慣多疑，有些人容易相信，這樣的差異可能源自於過去的經驗，也可能是天性使然。不過，批判性思考談的不是天性或個性，而是一套方法，教你用特定的步驟，檢視各項證據。經過有系統的分析，多疑的人更有理由信任眼前的結果，而容易相信的人，也可以學到合理懷疑的必要性。

批判性思考與論證

批判性思考的重點，常被稱為「論證」（argument），我們會在第三章中討論論證的特色。論證是透過某種媒介所傳達的訊息，媒介的類型可能是言語、文字、表演等等。藉由批判性思考訓練，不論訊息是表面的還是隱藏的，你都能學會正確地判斷所接收到的訊息，並且建立自己的論證。

2 Reasoning
講理

瞭解自己的理由

批判性思考離不開講理，或是個人理性思考的能力。所謂「合理」（rational），表示我們解決問題「有所本」。講理，可以從自身開始，實踐以下的行為：

† 思想行為皆有理由，並且清楚這些理由是什麼
† 能夠客觀評判自己的思想與行為
† 能夠清楚地向別人解釋我們的思想與行為

聽起來很容易，因為我們都以為知道自己相信什麼，以及為什麼相信。但是當被問到為什麼相信某件事時，有時候我們會恍然發現，其實自己根本沒有仔細想過，我們聽到的、看到的夠不夠完整？有沒有可能只是片面的觀點？也有些時候，我們會迷惑，到底該怎麼做才對，或怎麼想才對。好好檢視個人的想法，以及思考的基礎，是十分重要的，因為這是任何思辨活動的立足點。

客觀分析他人之理

理性思辨，也包括必須衡量他人的論述。要達到這個目的，除了需要具備掌握整體論述的技巧之外，亦不可缺少分析與評估細節的技巧。

要能客觀分析他人的理由，必須做到：

↗ 認清對方的理由與結論。

↗ 分析對方的思維方式，看對方怎麼篩選、組合、排列各項理由。

↗ 評估對方提出來的理由是否支持結論。

↗ 評估對方提出來的理由，夠不夠健全，是否依據具體的證據。

↗ 找出對方論證推理上的破綻。

建立並且提出理由

理性思考包含二個部分，首先要分析證據，然後再從證據得出結論。這樣一來，我們提出的證據就能更支持結論。舉例來說，假設我們認為今天很冷，但有人不同意，並且問為什麼我們會覺得今天很冷，我們可以拿溫度計及天氣狀況等來當作證據，譬如今天溫度很低，地面有結冰等等，就可以是「今天很冷」的證據。

我們每天都在進行這樣的理性思考，以上只是一個很基本的例子。若是為了專業或學術所需，就必須用比較正式的形式，來提出理論的結果，例如論文，或附上專人推薦的報告等等，這就會需要以下的技巧：

† 要能挑選適合的理由，以支持結論

† 要能提出前後呼應的論述內容

† 要懂得符合邏輯順序

† 要會使用簡潔有力的語言

趣味練習

在下圖中，拉哪一條繩子可以形成結？

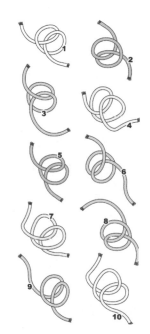

3 為什麼要培養批判性思考的能力？

Why develop critical thinking skills?

批判性思考技巧的優勢

良好的批判性思考技巧好處無窮，以下為例：

↗ 注意力與觀察力會變好

↗ 閱讀更專心

↗ 更快找到重點，不會被次要的資訊分了心

↗ 更能針對重點回應

↗ 更容易讓別人瞭解自己的觀點

↗ 分析技巧更多元，面對各種狀況都能加以應用

專業與日常生活皆受益

思辨技巧，可以提升思考與工作的品質。實踐思辨技巧，讓你更能在一堆資訊中，準確挑出相關的部分。不管是解決問題，或是進行專案管理，上述技巧都能幫助你處理得又迅速又準確。

既然講求精確，所以似乎需要很長的時間，才能養成批判性思考的能力，不過一旦學會了，你就能迅速正確掌握最重要的訊息，這反而會節省許多時間。

附加技巧

學會批判性思考還有附加好處，因為你同時也會養成以下能力：

† 觀察力　　　† 分析能力

† 推理能力　　† 判斷力

† 決策能力　　† 說服力

切實的自我評價

為了應付日常生活、工作或學業，很可能你已經具備某些、甚至全部的思辨技巧。不過，不管在學業或是在事業上，成就越高，所需要的思辨技巧就越深。思辨技巧越好，就越有信心應付複雜的問題與計畫，並且得到滿意的結果。不管是在工作、求學，或是閱讀、看電視、上網這些日常活動上，很多人都高估了自己的思考品質。我們很容易就認為自己的觀點客觀合理，不偏不倚，但是旁觀的人可能不以為然。

思辨技巧薄弱，又缺乏自覺，就可能在職場上表現不盡人意，在學業上也得不到好成績。從教授的評語就可以看出，很多學生之所以成績不理想，就是因為沒有積極運用獨立思考的技巧。

4 基本的技巧與態度

基本的思考技巧

批判性思考不可能憑空發生，較進階的思辨技巧，通常需要具備下面這些基本的技巧和態度。批判性思考會用到的技巧很多，例如歸類、選擇、區分、比較與對比等。我們會在第二章討論這些技巧。

知識與研究

善於批判性思考的人，即使對於主題不甚瞭解，也往往能看穿論證的弱點。但是具備一些相關的基本知識，確實有助進行批判性思考。對於某個主題瞭解越多，就有越多的資訊可以幫助判斷，該論證是否已經充分考慮了相關的事證，是否有其他解釋或其他選擇。

情緒管理

批判性思考看似是十分冷靜的活動，但實際上脫離不了情緒，甚至還可能出現強烈的情緒反應。這應該不讓人意外，畢竟一路的思量推理，就是要我們在對立的觀點中選擇一方。而對於與我們的觀念或信念相斥的證據，我們可能打從心底產生反感。如果證據指向出乎意料之外，又極度挑釁，就可能引發意外的憤怒、挫折或焦慮。

傳統上，學術界總愛認為自己是理性的，不受情緒影響的，因此一旦真有情緒出現，更是特別難處理。能夠在這種情況下做好情緒管理，就會是很有用的技巧。如果能夠保持冷靜，有條有理地一一陳述你的理由，會更能說服別人同意你的觀點。

省思

情緒管理

對我而言，當別人不同意我的看法，我最難處理的情緒是：

我處理這些情緒的方式是：

堅持、正確與明確

批判性思考講求正確與明確，有時候，這代表你必須要堅持，非找到正確的答案不可。要達到這個目標，你必須：

- 注意細節：有些小線索對於整體事件有見微知著的作用，因此不要擔心注意細節會浪費時間。
- 找出趨勢或模式：這要靠細心歸納、分析資訊，或注意重複和類似的地方。
- 不厭其煩：來來回回檢查，確定沒有遺漏任何線索。
- 考慮不同的觀點：試著用多種不同的觀點來看同一份資訊。
- 客觀：把個人的喜好、觀念與興趣擺在一旁，才能得到最正確的結論或更深刻的瞭解。
- 考慮言外之意或長遠的影響。舉例來說，有的辦法眼前看來似乎不錯，但或許長期下來會有不良後果。

5 培養自覺，正確判斷

Self-awareness for accurate judgement

判斷正確，批判性思考的品質才會好。我們前面提過，如果對於影響判斷的因素沒有自覺，就沒有辦法做出正確的判斷。影響判斷的因素很多，有時是受到我們既定的想法與觀念、偏見、個人喜惡等影響，有時則是因為已經把一些事情視為理所當然，不管是關於我們自己或者是關於這個世界。

能夠獨立思考的人，通常都是特別能自覺的人。這些人會去衡量與反省自己的動機、興趣、偏見，以及知識上的專長與缺陷。他們會挑戰自己的觀點，並且再三檢驗支持這些觀點的證據。

要變得更有自覺，需要勇氣。發覺未知的自己可能會讓人不安，因為大多數人都覺得很瞭解自己。要質疑自己的信念也不是容易的事，我們把個人的觀點與信念視為個人身分認同的一部分，身分認同受到質疑時，會感覺不安。

更有甚者，運用批判性思考的結果，可能會讓你成為親朋好友或同事中的異類。沒有人像你一樣用這種角度詮釋眼前的證據，你必須勇敢為不同的觀點辯護；而沒有人能保證你的觀點百分之百正確，為它辯護更需要勇氣。

省思

影響思考的因素

哪些因素會影響我的思考，我必須特別自覺，以免這些因素左右了我的判斷：

我會怎麼處理：

省思

情緒管理

對於我而言，挑戰別人意見最困難的地方在哪裡？

我會怎麼處理：

6

Personal strategies for critical thinking

批判性思考的個人策略

以下是三個人分別講述他們對於批判性思考的看法。

範例 1

　　我會很快看一遍，先產生整體的印象，然後再來確認這些印象符不符合事實。這時候我會發現，有些和我原來的認知一樣，有些則不一樣。

　　我會把讀到的內容，和我原來對這個主題的瞭解與經驗做個比較。我邊讀邊整理文章大意，從整體的角度掌握論證，這樣更容易瞭解接下來閱讀的內容。

　　我尋找作者的立場或觀點，並且自問：「作者想要『賣』什麼東西給我？」

　　閱讀的過程中，我會隨時停下來，問自己有沒有看懂，不懂就再看一次，有時候再看一次真的會比較清楚。若還是不清楚，就提醒自己，待會兒再回來看一次，因為有時閱讀後文會有助於瞭解前文。

　　接下來，我會更仔細閱讀，看作者提出哪些理由，這些理由是否足夠說服我。

　　如果我被說服了，我會想想原因，是因為引用該領域專家的說法嗎？他們提出的研究證據夠完整嗎？夠具說服力嗎？

　　如果沒有被說服，我也要想一想，為什麼沒有？我有很好的理由不相信，還是只憑直覺？如果我依賴的只是直覺反應，那就得再想想，是否以前讀過什麼意見與之相左。

　　最後，我會形成自己的立場，並檢查自己的觀點是否可以說服別人。如果受到質疑，我能不能提出證據，支持自己的觀點？

上文所描述的情況，就是一個完整的閱讀和分析文本的批判性思考策略。下面這個例子要強調的是，除了分析紙上的文字以外，還有更多需要考慮的問題。

範例 2

我的重點在於尋找議題的核心點：真正的訊息是什麼，以及為什麼？

答案可能不在表面的文字上。舉例來說，歷史糾葛、文化衝擊、預算衝突，這些都可能才是真正的關鍵。

文字真正的意涵，往往不在字面上；整個事件的背景、流行的話題，甚至只是為出風頭而說一些符合潮流的話，這些因素影響訊息的程度之高，往往叫人意外。

第三位除了同意前面兩位的看法外，又提出更深一層的觀點。

範例 3

竅門在於見樹又見林：必須在一團看似沒什麼關聯的資訊中，找出相關的部分。光瞭解是不夠的，你必須隨時隨地評估，你所看到的論點正不正確？有沒有切中問題核心？是不是最重要的角度？是不是最適合的例子？還有，你對於這件事情的說法，有沒有符合事實？

上述這三個例子代表了批判性思考的不同層面：

↗ 分析資料

↗ 瞭解事情的來龍去脈

↗ 評估與篩選資訊

↗ 對於自己的瞭解、詮釋及評估
　加以反思

Critical thinking in academic contexts

7　學術領域中的批判性思考

培養理解力

學生應該要培養獨立思考的能力，才能深入瞭解所學，並進一步與重要的理論與論點進行思辨對話。不論是在研討會上參與批評討論、發表意見，或是為考評或出版而寫作，這些場合都會運用到批判性思考的能力。要真正瞭解一門學問，最好的方式，是親自做一遍基礎研究。但礙於時間有限，我們不可能什麼事都靠自己研究，有時得藉由分析別人的研究成果，來取代直接經驗、練習與實驗所帶來的深刻體會。

學生必須培養理性判斷他人成果的能力，這對有些人來說輕而易舉，但有些人習慣不假思索，直接接受或運用他人的研究成果，沒有充分檢驗對方是否提出合理的證據與推論。鮑德納（Bodner, 1988）就曾舉過這樣的例子。他說，化學系的學生「除了課堂上學到的少數知識以外，沒辦法舉一反三，延伸應用。他們只是『知道』，並沒有真正『瞭解』。」鮑德納建議，學生們不應該只注重書本裡的化學公式，而應該要多問這樣的問題：「我們怎麼知道……？」「我們何以相信……？」並且試著找出答案。

鮑德納的觀察，同樣符合其他科系學生的情況。不只是學生，一般人也是一樣，我們往往毫不質疑眼前的研究結果，儘管取樣太少、推論基礎有誤，或資料根本就已過時。我們常常拿一些小型或是獨立計畫中的證據，當作是無可辯駁的基本原則。這些資料還年復一年被引用，就像絕對的真理一樣。我們會在第八章中，更進一步討論如何理性檢視及評估證據。

省思

你覺得自己是不是有幾分像鮑德納所說的學生呢？他建議的方法，對於你的學習和理解，有沒有什麼影響？

優缺點兼顧

學術界所說的「批評」（criticism）一詞，是指對於研究對象的優缺點，皆進行分析。批評的時候，除了指出缺點之外，還要指出優點，評估哪些說法可以成立，哪些說法不能成立。

良好的批評分析，除了列出優點和缺點之外，還要進一步說明為什麼好，為什麼不好；為什麼成功，為什麼失敗，這些都是很重要的。

無所不批評：絕無例外

大部分英語國家的學校，都要求學生對於他們聽到、看到、讀到的東西，進行獨立思考，即使是面對令人敬仰的理論也不例外。一般而言，任何學科的任何理論、觀點、資料、研究結果或方法，都可以被拿來批評分析一番。有些宗教性質的學院，或許會認為某些主題是不容質疑的，但這並非典型的情況。

針對觀念或行為，不針對個人

我們通常會劃一條分隔線；一邊是意見、作品、文本、理論或行為，另一邊則是提出這些事物的人。在課堂上必須批評其他同學的作品時，也應該要有這樣的概念。不過我們確實不能忘記，很多人會太貼近自己的作品，以致於批評他的作品，就好像批評他這個人一樣。這時就需要一些技巧，用對方能夠接受的方式傳達不討喜的意見，這是批評分析非常重要的一環。

你的報告真是夠瞎扯的！不過呢，我想你這個人，總不至於一無是處啦！

不用二分法

在日常生活裡，我們很習慣把事情分為對與錯，黑與白。但是在學術領域中，同一個問題，會有很多種可能性。更深度思考的目的，就是要學習面對更錯綜複雜的問題，這些問題往往沒有直接的答案。

你或許已經體會到，越是深入瞭解某個主題，就越難提供簡單的答案。

面對模糊地帶與疑惑

有了舉手可得的網路，我們很習慣一有問題，立刻就找得到答案。但是在學術領域中，新的問題不斷出現，而答案卻可能要多年之後才找得到，甚至歷經世代仍無法解決。如果你已經習慣現成的答案，可能會不太喜歡這種情況。

但這並不表示我們要接受模稜兩可的回答。看看學術期刊裡的論文，你會發現學者們是多麼仔細、精確地在討論著，有時焦點甚至只是某個主題的某個角度。因此，學生也要能夠學會利用證據，來支持某個小小的推理細節，就算只是引用他人的研究也不能例外。

所以請記得，在學術界與工商業界的專業研究中，研究者在尋找問題的答案時，必須對這些狀況了然於胸：

† 可能找不到明確的答案

† 可能要花上數十年的時間，才找出一個答案

† 就算找到答案，對於整體情況可能只有極小部分的貢獻

一個能夠獨立思考的學生，必須：

↗ 對於你所討論的主題，找出最好的證據。

↗ 評估證據的強度，看是否能支持不同的論點。

↗ 針對現有的證據歸納出暫時的結論。

↗ 建立一條思考路線，利用證據一路引領閱聽者到達你的結論。

↗ 選用最適合的例子。

↗ 提供證據說明你的論證。

8 批判性思考的障礙

Barriers to critical thinking

你的作品真是一無可取！
線條、色彩、情感、概念、
原創性，統統不對勁！
還有，不但缺乏對稱，
而且連個框都沒有。

並不是每個人都能輕易擁有批判性思考的能力，這其中的障礙因人而異，但通常都能夠克服。這一節我們要來看阻礙批判性思考的主要障礙，並希望你想一想，這些障礙對你是不是也有影響。

誤解批評的真意

有些人以為「批評」就是提出負面的意見，也因此分析事物時只提缺點，不提優點。這是對「批評」一詞的誤解。

我們前面說過，批評分析是指辨別優缺點，不僅要指出哪裡不好，也要指出哪裡好。還有些人不喜歡提出批評，因為他們認為批評是負面的行為。萬一太會批評，就會被視為不好相處的人。結果，這些人就盡量不說負面的意見，只說好話，連有助改進的意見都不說。

然而，具建設性的批評，可以釐清情況，幫助我們進步，所以採取只說好話的策略，並不是有益的作法。

高估自己的理論能力

大部分的人都認為，自己是理性的動物，自己的看法就是最好的（不然那些看法哪來的呢？），自己的行為與想法，都有充足的理由。

雖然大多數人在多半時候都是這樣沒錯，但這並不是人類行為的確實寫照。為了讓日常生活更有效率，大多數時間我們的思考都是自動進行的，例如我們不必每次刷牙的時候，都要懷疑牙刷安不安全。

也就是因為這樣，我們很容易陷入不好的思考習慣。那些說理能力不佳，卻一路暢行無阻的人，可能會誤認為自己的說理能力很好。而常常贏得辯論比賽的人，也可能會誤以為自己的說理能力很好，其實這也有可能表示對手沒有找出你論證的漏洞，或為了避免衝突而妥協而已，並不一定代表你的道理是最好的。

不精確、不正確、不合邏輯的思考，沒有辦法幫助你培養學術和專業領域進階所需的心智能力。

安琪拉，妳的報告全篇都用「她」來稱呼拿破崙，真是獨具創意的作法！

缺乏方法、策略或練習

有了想要批評能力更進一步的意願，卻可能遇到兩種情況。一種是不知道要怎麼改進，另一種是不知道日常生活以及基本求學所用的思考方法，不足以應付進階的學術研究與專業工作。所幸經由練習，大多數的人都可以逐漸養成批判性思考的能力。

「不願批評」專家

如果你必須批評分析的作品，其作者是你所尊敬的人，你會感到焦慮是很自然的。學生知道的比較少，卻要批評經驗豐富的前輩的作品，看起來確實有點奇怪。有些學生會覺得不自在、沒禮貌或不合理。

如果你也這樣想，那麼建議你提醒自己，大多數的英美學校討論作品時都是這樣教的。

批評分析，是典型的課堂活動，即使是已經出版的作品，教師與研究人員也會期待學生提出疑問與挑戰。不過學生可能需要一段時間，才會習慣這種方式。

如果你一向對於自己的思考能力很有自信，也別忘了這對某些人來說並不容易。很多文化還是要求學生背誦，一字不改地引用專家的話，表示對專家的尊重。學習太極拳或空手道等等這些武術的學生，應該就很熟悉這樣的教學方式。

情感因素

　　前面提到，情緒管理對於批判性思考非常重要。能夠批評，表示具有多方的認知，看事情的角度不會只有一種。

　　在學術領域中，每個新提出的理論，都有可能挑戰根深柢固的觀念或假設，不管提出的學生有多麼聰慧，這種情況都很難一下子就被接受。

　　「常識」或「常態」，受到他人或學術研究的質疑時，很容易引起反彈。特別是傳統的宗教、政治或意識型態，更是不容任何形式的挑戰。其他像教養小孩、犯罪司法、基因改造、性別等，也都是很敏感的議題。

　　如果我們對學習的內容感到不愉快，情緒上的反應，也許會讓思考有個焦點，但也往往會影響我們的思路。情感的訴求會讓論證更有力量，但如果情感太過強烈，掩蔽了推理和證據的說服力，反而會減弱論證的效果。

　　運用批判性思考，並不表示就得放棄自己一貫的信念，反而是以原有的信念為論證基礎，尋找支持的證據，為自己的觀點辯護。

誤把資訊當瞭解

　　學習的目的，是為了培養理解力與洞悉力，許多教師會設計各種活動，以達成此教學目標，但是學生卻可能無法領略這些教學方法的用意，而希望老師直接提供事實與答案。他們不知道，這些方法可以幫助他們學會獨立思考。要習得批判性思考的能力，必須先接受新的學習行為，但學生卻常常自然而然產生抗拒心理。

抗拒的心理

Cowell, Keeley, Shemberg, Zinnbauer（1995）等人曾研究過學生的此種抗拒行為，他們用下面這段對話，點出問題所在：

> 學生：「我要你（專家）給我問題的答案，我要知道正確的答案。」
> 教師：「我要你成為一個能夠獨立思考的人，我要你可以積極發掘問題，
> 　　　 挑戰專家的答案，找出自己的答案。這是很辛苦的工作。」

如果你覺得獨立思考很困難，那表示你走對方向了。很多教師會同意你的感覺。培養批判性思考的能力，就像在鍛鍊「心智肌肉」一樣，當然不輕鬆。要是你覺得一點也不困難，那有可能是你尚未更進一步鍛鍊心智肌肉喔。

不夠注意細節

批判性思考講求精準正確，這需要注意細節才做得到。只依據大致情況或一般資訊就下判斷，往往會提出不好的批評意見。要有良好的思辨品質，必須專注於手邊的線索與材料，不能被五花八門的資料吸引而分心。

另外也要瞭解，在客觀評判各種論點時，你不需要同意對方的觀點，但還是可以承認對方運用了良好或有效的論證方法。

哪些障礙影響了你？

☐ 誤解批評的真意
☐ 缺乏方法與策略
☐ 缺乏練習
☐ 不願批評較有經驗的專家
☐ 情感因素
☐ 誤把資訊當瞭解
☐ 不夠注意細節

省思

想一想，接下來幾個月，你可以用什麼方法來面對這些障礙：

9 批判性思考：知識、技巧與態度

自我評估 以下共有25項敘述，請依下面的評分標準為自己打分數。

非常同意 = 4 分　　　　同意 = 3 分　　　　　　有點同意 = 2 分

不同意 = 1 分　　　　非常不同意 = 0 分

計分

1. 我可以用很自然的態度，指出專家的說法可能有什麼問題。

2. 我可以專心針對活動或題目的要求來處理，不偏離主題。

3. 我知道英文的「argument」這個字的用法，在批判性思考中有幾種不同的意義。

4. 我會分析論證的架構。

5. 我可以提出批評，因此不覺得這樣會讓我變成壞人。

6. 我知道推論思路（a line of reasoning）是什麼意思。

7. 我有這樣的自覺：既有的觀念可能會讓我在思考某些議題時，不夠客觀公允。

8. 我有耐心找出論證的推論思路來。

9. 論述中會使用一些信號字來標示不同的論述階段，我認得這些信號字。

10. 我可以很輕易地從一堆資訊中找出重點。

11. 為了得出正確的觀點，我可以很有耐心從各項事實中慢慢抽絲剝繭。

12. 我認得出來對方有沒有用不實在的花招來說服讀者。

13. 我懂得言外之意。

14. 評估各項支持論點的證據，對我來說很容易。

15. 我通常會注意小細節。

16. 我可以輕易做到公平衡量不同的觀點。

17. 如果我不是很確定，會多做一點研究，希望能有多一點瞭解。

18. 我可以清楚提出自己的論點。

計分

19. 我知道怎麼建立論證。	
20. 我可以分辨敘述文與論說文的不同。	
21. 我可以輕易看出論證前後矛盾的狀況。	
22. 我很會找出重複出現的模式。	
23. 我知道自己的成長過程可能會影響我的客觀性。	
24. 我知道怎麼評估原始資料。	
25. 我瞭解為什麼研究報告常常會使用模稜兩可的語言。	

總分100，得分

分數評估

在自我評估的過程中，你可能會對這些跟批判性思考有關的問題產生疑問。這些問題有些是你已經知道的，有些是你從未想過的。

分數越低，代表你越需要培養思辨能力。

得分超過75分，表示你對自己的思辨能力很有信心，但是最好還是利用參考一下比較客觀的意見，例如問問老師或同事。只要不到100分，就還有改善的空間！

如果你的分數不到45分，而且讀完這本書還是沒有進步，或許跟輔導老師或主管談一下，更能幫助你排除困難。

10 培養思辨能力的優先順序

A 欄	指出你最想要瞭解哪一項思辨技巧	寫下 0-5 的分數，5 代表「非常重要」，0 代表「完全不重要」
B 欄	幫助你評估此刻培養那項能力的必要性	分數從 0-5 分，5 代表「非常必要」，0 代表「完全不必要」
C 欄	把 A 與 B 的分數相加，就可以看出你需要先培養哪一種能力。	
Chapter 欄	此欄的數字，表示你可以在那一章中找到那項技巧的資訊。	

	A	B	C	Chapter
1. 瞭解批判性思考的好處				1
2. 不偏離活動或習題的確切要求				2
3. 培養基本的思考技巧				2
4. 多注意細節				2
5. 知道推論思路的意思				3
6. 分辨論證的各項元素，以進行批評分析				3
7. 認得標示論證階段的信號字				3, 10
8. 辨別論證與反對的不同				4
9. 辨別論證與摘要、描述和解釋的不同				4
10. 從各種背景資訊中找出重點				4
11. 能夠分析論證的架構				5
12. 判斷論證是否具論點一致性				5
13. 瞭解什麼叫做暫時性結論				5
14. 學會怎麼建立論證				5, 10, 11
15. 懂得言外之意				6
16. 認得主要的假設				6
17. 認得論證是否建立在假前提之上				6
18. 能看出隱含的論證				6

	A	B	C	Chapter
19. 瞭解什麼是明意，什麼是隱義				6
20. 會注意「原因」、「結果」、「關聯」與「巧合」這些會讓人混淆的東西				7
21. 能夠檢查「必要條件」與「充分條件」				7
22. 能認出有使用不實的花招來說服讀者				6, 7
23. 認出贅述				7
24. 認出論述的破綻				6, 7
25. 能夠評估原始資料				1, 8
26. 瞭解「真實性」、「有效性」、「可靠性」是什麼意思				8
27. 評估樣本是否具有代表性				8
28. 瞭解什麼是「交叉核對」				8
29. 查核論述的可能性				8
30. 做筆記時也能應用批判性思考的技巧				9
31. 能夠使用更精確的語言建構論證				3, 10, 11
32. 能用文字清楚表達自己的論點				10, 11

 省思

採取行動

再看一遍上面這張優先順序表，找出得分最高的三個項目。〔如果最高分超過三項，請任選其中三項。〕

由這三項最重要的工作開始，在下面以「我要……」的開頭，寫出對你有意義的事。例如：「我要知道『贅述』（tautology）是什麼意思」。

1. 我要_____。

2. 我要_____。

3. 我要_____。

批判性思考，是一種依賴各種技巧與個人特質的活動。就像其他活動一樣，只要瞭解它所需要的技巧，並且多加練習，就會越做越好。

有些人需要改變自己的習慣，例如多注意細節，或是對所看到、聽到、讀到的東西多一分懷疑。有些人則需要培養思辨技巧，這就是本書的主要目的。

有些人之所以思辨能力不佳，是因為對於批評這件事有負面的印象，同時也對於可能的後果感到焦慮不安。這些阻礙批判性思考的情緒反應，我們在本章都已經討論過了。有時，僅僅只是對於這些障礙更有自覺，就有助於消除焦慮。

若是經過練習，這些障礙仍沒有改善的跡象，建議你可以去跟輔導老師談一談。他們對於這些情緒反應都不陌生，或許可以針對你個人的情況，找出解決方案。

培養思辨技巧需要耐心，也需要加以實際運用。一旦你擁有獨立思考的能力，就可以做出更好的判斷，更容易看出他人的論述破綻，能夠在訊息更充足時做出選擇，同時也更具有影響力。

對自己的思辨技巧做過初步的評估之後，現在你可能會希望根據自己找出來的優先順序，開始訓練相關能力。如果你早就開始培養這方面的技巧，這項評估可以幫助你針對最需要的部分來練習。如果你才剛要開始，那麼建議你直接進到第二章，測驗一下基本的思辨技巧。或者，也可以跳到第三章，依循章節的安排逐一練習。

UNIT

2

你有多會思考？

我們每天都會運用到基本的思考技巧，且通常都能得心應手。但是遇到新的狀況，例如需要解決比較抽象的問題，或是進行學術研究，很多人卻沒辦法自動地運用同樣的技巧。部分原因在於，這些人在熟悉的情況中運用思考技巧，是沒有自覺的，所以遇到新的狀況時，才會無法應用同樣的技巧。我們越習慣應用這些技巧，就可能越無法察覺它們的存在。

批判性思考的技巧是以基本思考技巧為基礎發展而來的。這些基本的思考技巧包括：

本章學習目標

† 辨別基本的思考技巧，有助於進行批判性思考

† 評估自己有沒有能力辨識重複出現的模式，以及夠不夠注意細節

† 練習集中注意力

↗ 注意細微之處透露的意義；

↗ 注意極小的細節，以便找出固定的模式，例如相同或不同的地方，有或沒有某項特質，是否有固定的順序等等；

↗ 找到固定的模式以後，進行比較與對照的工作，並預測可能的結果；

↗ 將資料歸類並分組；

↗ 研究歸類過的資料，找出新現象的特徵，然後提出你的看法。

這些基本的思考技巧，不僅能夠讓人在學業與事業上進行批判性思考，也可以當作求才面試的考試項目。

下一頁是幾個簡單的自評題目，幫助你評估現有的思考技巧程度如何。如果你覺得這些題目很簡單，可以直接跳到對你較有幫助的章節，或是利用本章後面的習題，進一步練習這些技巧。

Assess your thinking skills

評估你的思考技巧

「比較」（Comparison）能力評估

下面的題目可以瞭解你辨別**同與異**的能力。每個題目都有好幾個方格，方格內有符號，將與其他格內符號不一樣的挑出來。請利用42頁的計分表，記錄得分。

範例 右圖中，第二格的箭頭方向和其他格不一樣，所以請把第二個挑出來。然後試試看下面這幾題。

1	2	3	4	5	6
←←	→→	←←	←←	←←	←←
←←	→→	←←	←←	←←	←←

A

1	2	3	4	5	6

B

1	2	3	4	5	6

C

1	2	3	4	5	6

D

1	2	3	4	5	6

解答見第 58 頁

「序列」（Sequence）能力評估

這一題要評估你辨識**排序**的能力。每一組方格子內的符號有固定的順序，下方是幾個選項，請從中選擇一個符號取代題目中的問號，完成該序列。

範例

答案是 5 ，因為範例中是菱形和星狀二個符號交錯，問號應該是星狀符號。接下來請完成下面各題。

序列A

選項

序列B

選項

序列C

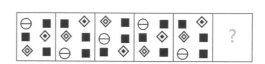

選項

序列D

選項

解答見第 58 頁

「歸類」(Categorising)能力評估

這一題要測驗你將資訊**分類**的能力。請將每個題目中的項目分成
(i) (ii) 兩組,同一組內的事物具有共同的特性,且和另一組明顯不
同。請指出各組特性。每組的項目數可能不一樣。

A mouse   typing   drive
   printer   talking   monitor
   screen   scrolling   eating

B pyramid   vast   oasis   gigantic
   palm-tree desert massive
   enormous   Nile   immense

C topaz   agate   silver
   ruby   gold
   opal   platinum

D Empty   Gate   Shoal   Divan
   burst   chops   Kenya   hertz
   micro   Pound

解答見第 59 頁

「依指示作答」(Following directions)能力評估

請依照指示回答下面的問題。

A 請從下面四個選項中選出這個問題的答案:牛有幾條腿?

1) 牛有三條腿。

2) 牛有二條腿和二條尾巴。

3) 牛有四條腿和一條尾巴。

4) 牛有四條腿。

B 請從下面四個選項中選出這個問題的答案:水是由什麼原子組成的?

1) 水是由氧和氫組成的。

2) 水可以是固體、液體或氣體的形態。

3) 水是由氧和氫組成的,且幾乎不存在於地球以外的星球。

4) 水冰凍之後會結成冰,此時就成了固體的形態。

解答見第 60 頁

練習 5

「細讀」（Close reading）能力評估

這些題目可以瞭解你閱讀時夠不夠細心。每篇短文都附有幾個問題，請依照下面的說明，在 A、B、C 中選出正確的答案。

★ 如果這句話符合文章中所提供的資訊，選 A。

★ 如果這句話有誤，或不符合短文中的邏輯，選 B。

★ 如果不能從短文所提供的資訊來判斷這句話對不對，
　或是否符合短文中的邏輯，選 C。

短文2-1 北極

　　北極位於北半球的頂端，是一片涵蓋格林蘭島與西伯利亞的廣大冰原。植物稀少，終年低溫，生存環境極為惡劣。居民每年夏天可以享受連續三個月的日光，到了冬天則完全見不到太陽，必須面對三個月的永夜。唯一能見到的自然光，只有月光、星光以及北極光。

① 這段短文的主要論點是北極的夏天很短暫。　　　　　　 A B C

② 北極的植物不好吃。　　　　　　　　　　　　　　　　 A B C

③ 太陽從來不露面。　　　　　　　　　　　　　　　　　 A B C

④ 一年有九個月的時間，每天都有日光，有時甚至持續整天。 A B C

⑤ 北極沒有電力。　　　　　　　　　　　　　　　　　　 A B C

解答見第 60 頁

　　喬治・華盛頓・卡佛二世（1865-1943）是一個著名的農業科學家。他一生致力農業研究，僅僅是花生一種植物，就發展出300多種產品。他從大豆等各種農產品，研發出100多種可應用在工業上的產品，包括塑膠替代物、顏料以及紡織染料。為了彰顯他的成就，羅斯福總統於1943年為他設立了一座國家紀念館。

　　對很多族群來說，卡佛也具有象徵意義。對他所就讀的大學而言，他是第一個黑人學生，他證明了即使是奴隸，也可以經由教育變得成就非凡。因為卡佛聲稱神是他的靈感來源，因此宗教團體推崇他的研究成果，認為那代表了神對於唯物主義的祝福。南方商人則視他為新南方哲學和唯物主義的典範。因為卡佛，南方從一個只能生產棉花的地方，變身為作物多元又有工業產出的經濟體。卡佛就像許多偉大的人物一樣，生平總會染上幾分傳奇色彩，到了今日，關於卡佛的很多事蹟，已經分不清是真是假。

⑥ 羅斯福在喬治 ・ 華盛頓 ・ 卡佛之後繼任總統。　　Ａ Ｂ Ｃ

⑦ 卡佛在 1943 年逝世後，羅斯福為他建了一座國家紀念館。　Ａ Ｂ Ｃ

⑧ 卡佛不是一個偉人，因為他的生平都只是傳說。　　Ａ Ｂ Ｃ

⑨ 宗教團體認為神鍾情唯物主義。　　Ａ Ｂ Ｃ

⑩ 在卡佛之前，美國沒有黑人上大學。　　Ａ Ｂ Ｃ

⑪ 在卡佛之前，美國南方是一個作物多元又有工業產出的　Ａ Ｂ Ｃ
　 經濟體。

⑫ 卡佛利用大豆，發明了一百多種工業應用產品。　Ａ Ｂ Ｃ

解答見第 60 頁

練習 6 「辨別相似處」（Recognising similarities）能力評估

以下選項1和選項2這兩段話，哪一段最符合〈短文2-1北極〉這篇文章的意思？

① 越往北走，環境會越來越惡劣，那裡每年大部分的時間都是冰天雪地，植物稀少，一連數月見不到任何日光。

② 沒有人要去北半球的北極地區，因為環境實在太惡劣了。但是當地居民很喜歡住在哪裡。他們喜歡夏日的永晝，還有月亮與星星的自然光。

以下選項 3、4、5 這三段話，哪一段最符合〈短文2-2喬治・華盛頓・卡佛〉這篇文章的意思？

③ 卡佛認為他的成功都是因為神給他靈感。這表示如果你信任神，神就會幫助你成為成功的發明家與唯物主義者。

④ 卡佛對於南方的黑人來說，是一個重要的象徵。他生在奴隸之家，卻成為他所就讀的學院裡第一個黑人學生。若不是他，南方的商人以及宗教團體，也不會期待教育對於天生為奴的人有這麼深的影響。一位美國總統彰顯卡佛的貢獻，是因為卡佛讓南方經濟不再只仰賴棉花一種作物。

⑤ 因為卡佛在農業科學上的成就，南方經濟變得多元，卡佛也因此成為美國南方社會重要的象徵與傳奇人物。

解答見第 61 頁

請利用次頁的評分表將你的分數相加，看看自己的表現如何。

練習 7

計分表（Scoring sheet）

解答在第58-61頁，請利用下表計算你的分數。

題目	設定分數	你的分數
比較	4	
A	1	
B	1	
C	1	
D	1	
序列	9	
A	2	
B	2	
C	2	
D	3	
歸類	14	
A	3	
B	4	
C	4	
D	3	
依指示作答	4	
A	2	
B	2	
細讀	15	
1	1	
2	1	
3	1	
4	1	
5	1	
6	1	
7	2	
8	1	
9	1	
10	2	
11	1	
12	2	

題目	設定分數	你的分數
辨別相似處	4	
短文 2-1〈北極〉	2	
短文 2-2〈卡佛〉	2	
總分	50	
將總分乘以 2，得出你的分數百分比	100	

分數評估

　　這只是一個粗略的測驗，目的在於讓你瞭解自己與其批判性思考相關的基本技巧表現如何。認為批判性思考很難的人，會覺得有些題目很難，但這並不是絕對的。人在某方面表現好，某方面表現不好，原因有很多，因此就算你覺得很難，或分數很低，也不要太灰心。

86-100	優秀！	得到這個分數，表示你已經擁有良好而完整的基本思考技巧，可以進行獨立思考。
60-85	很好！	如果得分很平均，表示你的基礎很好，有利於培養批判性思考的能力。要注意如果某些項目的分數明顯低於其他項目，或是你覺得比較難，在進到下一個章節之前，先多練習那一個類型的題目對你會很有幫助。
30-59	不錯！	你顯然已經具備部分基礎，可以訓練基本的思考技巧以及思辨技巧。有些人在真實的情境中比較容易發揮批判性思考，反而不習慣回答虛擬的題目，也許你也是這樣。無論如何，好好把本章後面的題目做完，或是找一些需要注意細節的活動來練習，都有助於進一步磨練思考的技巧。
30 以下		你能堅持把題目做完，已經很棒了。也許你今天的狀態不適合做這些題目。試著繼續練習本章的題目，看看是不是可以學到一些訣竅。如果還是沒有進步，而你覺得批判性思考太難了，也許可以找輔導老師或導師聊一聊。

2 集中注意力

注意歷程

注意力（attention）和專注（concentration）不太一樣。專注是指持續專心做一件事，即使這麼做有一點困難。而所謂**注意歷程**（attentional processes，是指運用注意力的過程）也可能需要專注，但並非絕對必要。注意歷程中，對於批判性思考較重要的有：

† 知道要找什麼、要把注意力放在哪裡。
† 注意力開始不集中、該休息的時候，能夠察覺到，這樣才能保持敏銳的注意力。
† 不論是閱讀、寫作或是考試，都能熟悉相關的慣例，這樣才能讓注意力發揮最大的效益。
† 對於笑話、謎語、電視節目、影片、各種不同的文字或口語的資訊，都能注意其慣用的手法或規則，有助於我們將注意力運用在最有效的地方。
† 能夠察覺各種訊息中的陷阱或假象。
† 記住先前的經驗，可以將我們的注意力引導至正確的地方。

自動思考與參考架構

我們可以訓練注意力，讓自己更注意相關的細節。大多數時間，我們的大腦都是「自動駕駛」的，這會讓我們在進行許多批判性思考以外的活動時更有效率。自動用各種方法幫我們節省心力，是大腦天生的本能。遇到任何狀況，它會盡可能利用現有的知識來應付，但沒辦法永遠都很精確，當然也就有出錯的可能。

我們的大腦會以先前的經驗建立一個可供參考的範圍，我們稱之為「**參考架構**」（frames of reference）。大腦接受到訊息後，就利用這個參考架構來將訊息分類。大腦一旦認為已經找出眼前事物歸屬的類別，就會停止繼續搜尋的動作。這就是錯覺或魔術能夠唬人的原因：我們的大腦自以為認得眼前的東西，所以就不再尋找進一步的解釋。

參考架構的運作方式，有時單純，有時複雜。基本上，為了生存，我們會先將情況分為**安全**與**不安全**兩類。就算不專心去聽，我們也能在一堆吵雜的聲音中聽到自己的名字，因為這也跟生存有關。我們根據自己擁有的詞彙、知識和經驗，將各種資訊分門別類。各種經驗可能相互連結，我們越有意識地去思考這種關聯性，並將這些經驗貼上標籤，我們就越有能力組織自己的思想，將注意力引導至我們適用的方向。

練習 1

數數看有幾個「t」

請看下面這句話，讀兩遍，然後算一算總共有幾個「t」。

> Terrifying torrents and long dark tunnels are used to create the excitement of the thrilling train ride at the park.

解答見第 61 頁

第 36 頁到 41 頁的自我評估，重點就在於構成批判性思考基礎的注意歷程。要正確寫出答案，就需要注意細節，才能以較全面的觀點來看出其中蘊含的固定模式。找得出模式，就能夠進行比較，找出相同與相異之處；看得出序列，就比較可能看出趨勢，藉以預測下一步，並且區別何者為因，何者為果。下面這幾頁有更多注意力開發的練習。

練習 **2**

集中注意力：辨別相異處

這些題目可以讓你進一步練習比較，把不屬於同一
模式的項目找出來。每一個題目裡都有一組方格，
請把和其他格子不一樣的方格挑出來。

1   a   b   c   d   e   f

7   a   b   c   d   e   f

2   a   b   c   d   e   f

8   a   b   c   d   e   f

3   a   b   c   d   e   f

9   a   b   c   d   e   f

4   a   b   c   d   e   f

10   a   b   c   d   e   f

5   a   b   c   d   e   f

11   a   b   c   d   e   f

6   a   b   c   d   e   f

12   a   b   c   d   e   f

解答見第 61 頁

集中注意力：辨別序列

下面是一些練習辨識序列的題目。請找出序列的規則，並從下方的選項中，選一個符號來取代問號。

1

a	b	c	d	e	f
#	#	#	##	##	?
	#	#	##	##	
	#	#	#	#	

選項

1a	1b	1c	1d	1e	1f
#	##	#	#	##	##
#	##		##	##	#
#	##		#	#	

2

a	b	c	d	e	f
	щξ		щξ		?
щξ		щξ		щξ	

選項

2a	2b	2c	2d	2e	2f
	щξ	щξ	щ	щξ	щ
щξ	щ	щξ			ξ

3

a	b	c	d	e	f
XxX	xXx	XxX	xXx	XxX	?
xXx	XxX	xXx	XxX	xXx	
XxX	xXx	XxX	xXx	XxX	

選項

3a	3b	3c	3d	3e	3f
XxX	xXx	xXx	xXx	XxX	XxX
xXx	xXx	XxX	XxX	xXx	xXx
	xXx	xXx	XxX	XxX	XxX

4

a	b	c	d	e	f
Ɔ	Ɔ	Ɔ	ƆƆ	ƆƆ	?
	Ɔ	Ɔ	Ɔ	ƆƆ	
		Ɔ	Ɔ	Ɔ	

選項

4a	4b	4c	4d	4e	4f
ƆƆ	ƆƆ	Ɔ	ƆƆ	ƆƆ	Ɔ
Ɔ	ƆƆ		ƆƆ	Ɔ	Ɔ
Ɔ	Ɔ	Ɔ	Ɔ		

5

a	b	c	d	e	f
←Ψ	Ψ↑	↓↓	↓⇔	⇔→	?
→↓	←↑	Ψ⇔	↓→	↓←	
⇔↓	→⇔	←→	Ψ←	↓Ψ	

選項

5a	5b	5c	5d	5e	5f
←←	ΨΨ	Ψ←	⇔Ψ	→←	←←
Ψ⇔	→⇔	⇔↓	→↓	⇔Ψ	⇔↓
↓↓	↓↓	↓↓	↓	↓↓	Ψ↓

6

a	b	c	d	e	f
□●	□●	■●	■●	●●	?
□●	□●	□●	□●	✱●	

選項

6a	6b	6c	6d	6e	6f
■●	●●	■●	■●	●●	□●
□●	✱●	□□	■●	✱●	□●

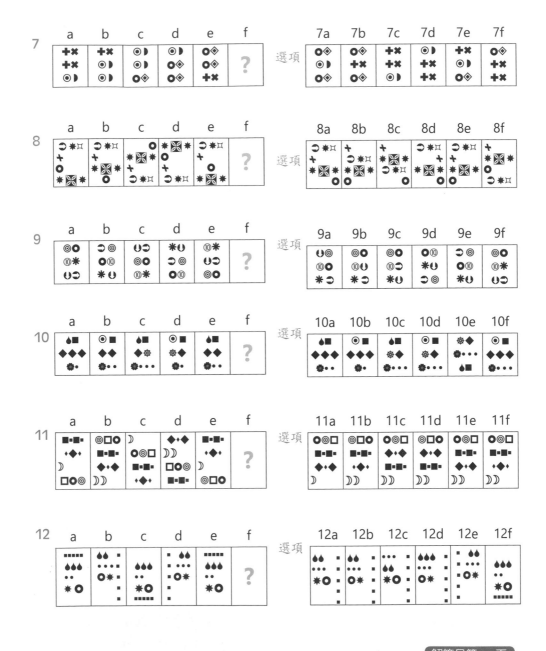

解答見第 61 頁

3

Categorising

分類

具備分類的技巧，你在批判性思考時，才能將資料分到適當的群組，同時辨認哪些資訊與其他資訊相關。要正確進行批判分析，必須拿對的事物，也就是同類的事物來相比。辯論、寫論文或報告等這些需要比較高深論證技巧的活動，絕對少不了這個能力。

比較

所謂比較，就是找出相似以及相異處。同樣兩件事，可以說彼此相似，也可以說彼此相異，端看在什麼情況下、用什麼標準來比較。下面就是一個很好的例子。

Q1 中列出的都是動物，Q2 則是一般家庭常見的寵物，而 Q3 則特別挑出**幼小**的寵物。這三個群組中，彼此的共同特質越縮越小，比較的條件就越來越精確。

練習 1

Q1	下面這八個項目有什麼共同的特質？

斑馬　　　貓　　　小狗　　　金魚
鯨魚　　　小貓　　　海豹　　　大象

Q2　下面這些項目有什麼共同的特質，使其有別於Q1其他項目？

貓　　　金魚　　　小貓　　　小狗

Q3　下面這二個項目有什麼共同的特質，使其有別於其他項目？

小貓　　　小狗

顯著（Salient）特質

所謂「**顯著**」（salient），就是指「與論點相關」。以上面的例子而言，你原先所具備的關於動物與寵物的知識，就可以輕易指出每個群組的共同特質。

練習 2

辨別下列各類型。（找出每一組有什麼共同點？）

a) pond lake sea pool
b) Indian Irish Iranian Bolivian
c) lair den pen burrow hutch
d) biology chemistry physics geology
e) creates stellar engines soothes
f) decide deliver denounce devour
g) never seven cleverest severe
h) memory language problem-solving
i) appendicitis tonsillitis colonitis
j) rotor minim deed peep tenet
k) cheluviation illuviation leaching salination
l) 21 35 56 84 91
m) oligarchy, exarchy, plutarchy, democracy
n) cete herd colony flock drove

解答見第 62 頁

能夠分辨一組事物的共同特質，實際上就是將這些事物分類。一種類型（category），就是一組具有共同特徵的事物。高而尖的物體、綠色蔬菜、現任首相，想怎麼分類，就怎麼分。

分類不只要找出共同的顯著特質，也得具有相關的背景知識以及字彙，才能給予辨識出的群組適當的名稱。你在做前面這個練習時，可能就發現自己在這方面能力有點不足。確實，具有充足的背景知識與字彙，對於眼前的資訊才能更迅速地辨識、分類與應用，進行批判性思考時也才能更有效率。

題目一開頭就已經告訴你，同一組事物屬於同一個類型，也就是已經做好分類了，所以你要做的只是想辦法把共同的顯著特質找出來。但是如果遇到尚未分類的事物呢？這時就要靠辨識模式的功夫了。

練習 3 分類

以下三篇短文，請在 a、b、c 三段中，找出意義最接近的二段。

短文2-3 物質

a 不同的時代對於物質有不同的分類方法。亞里斯多德認為，所有的物質都是由空氣、泥土、火和水組成的。這個觀念主導了很長的一段時間。現在，我們則依化學屬性，將物質分為液體、固體和氣體三種。

b 區分物質的系統，會隨著時間改變。我們現在用化學屬性來分析物質，不過有很長一段時間，大家都採用亞里斯多德的看法，也就是將物質的成分分為土、火、空氣和水。

c 不同的時代對於物質有不同的分類方法。亞里斯多德認為，所有的物質都是由空氣、泥土、火和水組成，這顯然是錯的，現在已經被正確的說法——也就是我們現在的分類方法——取代。我們依物質的化學屬性，將物質分為液體、固體和氣體三種。

短文2-4 塗抹聖油

a 伊莉莎白二世（Elizabeth II）登基為英格蘭女皇時，接受了塗抹聖油的儀式。聖油是一種混合香精油，成分包括肉桂、玫瑰、茉莉和麝貓香，是在麥西亞王朝艾格霍斯王（Egoforth of Mercia）當政時期發明的。艾格霍斯王是第一個遵循舊約行聖油禮的英格蘭王。塗抹聖油的儀式流傳至今，並由皇家醫師負責在加冕典禮前調製完成。

b　國王與皇后加冕時塗抹聖油禮一向是芳香四溢的事。加冕用的聖油，由皇家醫師準備，其中含有多種香精油。例如伊莉莎白二世時代，聖油的成分就包括肉桂、玫瑰、茉莉、麝貓香、麝香和橙花。這類混合香精油歷史悠久，甚至可追溯到西元785年，當時的麥西亞國王艾格霍斯就是第一個依循舊約行聖油禮的英格蘭國王。

c　在加冕典禮中，精油一向扮演重要的角色。伊莉莎白二世登基成為英格蘭女皇時，就由身兼醫生及藥劑師的人士準備了綜合精油，內含肉桂、茉莉、安息香、橙花等。這樣的配方可能早於西元785年，當麥西亞王朝的艾格霍斯即位時即開始使用。

短文2-5　**右腦**

a　右腦控制著人類辨認真假的能力。不管是哪一邊的大腦受到損傷，人可能就分不清母親與壁櫥有什麼不同。右腦如果受傷了，有些人會失去想像力，有可能會無法設想他們遇到的問題，左腦受傷則不會出現這種情形。

b　右腦控制著人類辨識外界事物真假的能力，例如分辨母親與櫥櫃。右腦受傷時，有些人會無法辨識或想像他們所遇到的問題，左腦受傷則不會出現這種情形。

c　人類辨認真假的能力由右腦所控制。右腦如果受損，人會無法想像損傷會引起什麼問題。而左腦受到創傷的人，還是能夠掌握那些損傷會引起什麼問題。

解答見第 63 頁

Close reading

細讀

進行批判性思考時，經常必須要以最精細的方式來閱讀，注意所有細微末節，以得出正確的詮釋。你可能因此而讀得很慢，但是只要經過練習，你也可以讀得又快又仔細。本章會提供你精細閱讀的練習。

本單元的這些練習，會要你根據短文回答一些選擇題。每一篇短文後面都附了一些問題，回答完一篇文章的問題，在繼續閱讀下一篇短文之前，可以先核對一下答案。如果你沒有全部答對，可以先想一想錯在哪裡，然後再看下一篇。請依照題目的敘述，按下面指示作答：

↗ 若該敘述與文中所言一致，或可由文中提供的資訊合理推論，選 A。

↗ 若該敘述與文中所言不一致，或無法由文中提供的資訊合理推論，選 B。

↗ 若文中提供的資訊，並不足以使你判斷該敘述是否為真，或是否為合理推論，則選 C。

↗ 想一想你還需要什麼資訊。

趣味練習

在下圖中，請找出圖1, 4, 5, 8, 9的鳥瞰圖分別是哪一張。

代代相傳的傳奇故事

　　傳統的美國傳說起源於各種族群與地區，融合許多族群特有的經驗，例如對抗天災、移居異鄉、應付野獸、旅行與各種事件等，最後淬鍊成神話，眾人會在其中看到自己的故事。傳說闡述了許多宇宙的主題，例如東西南北等方位。傳說不只是奇幻的故事，而是延續著一個民族的信仰與宗教傳統，用文化和道德的鎖鏈將人民連結在一起。

1 傳說具有社會以及文化上的目的。　　　　　　　　　　　　Ａ Ｂ Ｃ
2 傳說所處理的主題，是很多不同民族的共同經驗。　　　　　Ａ Ｂ Ｃ
3 所有的傳說都跟宇宙的主題有關，例如東西南北等方位。　　Ａ Ｂ Ｃ
4 這段話的意思是，如果你瞭解神話，方向感就會比較好。　　Ａ Ｂ Ｃ
5 雖然傳說是由很多不同的民族所創造，但所有的傳說都一樣。Ａ Ｂ Ｃ
6 這段話認為，人們擁有共同的經驗，從別人創造的傳說中，　Ａ Ｂ Ｃ
　　也可以看到自己的故事。

轉機

　　發展障礙以及各種疾病，也有意想不到的福利。這些情況確實會帶來不快與痛楚，但也會迫使我們正視生命中最重要的事。生病反而變成人生的轉機，這是很多人都有過的經驗。失去了某些機會，也會意外開啟其他機會，就像大腦某處的神經阻塞了，就會迫使另一些神經運作，開發新的潛能，有時甚至帶來新的生命。

7 依賴社會福利的人比較容易生病。　　　　　　　　　　　　Ａ Ｂ Ｃ
8 發展障礙以及各種疾病，對於腦神經的發展是必要的。　　　Ａ Ｂ Ｃ
9 多數人都發現，疾病是人生的轉機。　　　　　　　　　　　Ａ Ｂ Ｃ
10 因為疾病而失去某些能力的人，往往會學到新的方法來取代　Ａ Ｂ Ｃ
　　原來的功能。

短文2-8 臨床試驗

　　新藥上市前，都必須經過臨床試驗。這些臨床試驗的原始資料通常不公開，即使公開了，也可能是很片面的資訊。通常公開的都是顯示新藥有效的試驗結果，至於那些顯示該藥品無效的結果，則不會公開，大眾也無從得知。也因此，即使是關於新藥資訊的學術論文，也可能是不正確的，因為這些文章依據的是相同的資料。不僅如此，我們對於疾病的認知，也可能受到曲解。舉例來說，一般都認為憂鬱症是由血清素不足所引起的，臨床試驗建議，服用提高血清素的藥，可以大幅降低自殺的風險。《New Brain Sciences》（Rose, 2004）一書則對這個說法提出質疑。書中認為，這類藥物不但無法降低自殺率，甚至可能產生反效果，而且也少有證據證明憂鬱症與血清素的多寡，有任何關係。

⑪ 解釋憂鬱症成因的理由是有漏洞的。　　　　　　　A B C

⑫ 臨床試驗的原始資料幾乎不太公開，較常公開的是顯示　A B C
　 藥品有效的試驗結果。

⑬ 並沒有足夠的臨床試驗可以說明，藥品的效果會不會隨　A B C
　 著人的年紀增長而改變。

⑭ 學術論文通常比藥廠發表的試驗結果更正確。　　　　A B C

⑮ 血清素越少，自殺的可能性越高。　　　　　　　　　A B C

解答見第 63 頁

　　拄著枴杖的人跌倒了，通常很快會有人伸出援手，這表示一般人都是很有愛心的。但不是所有的人都有機會接受到這份愛心。比起正在流血或顏面傷殘的人，有超過三分之一的人比較願意幫助明顯行動不便的人。如果對方受傷很嚴重，旁人提供的協助就比較間接，例如找來救護人員。如果提供協助的成本低，或能發揮作用，人們就會比較願意伸出援手。如果對方明顯酒醉，幾乎所有可能幫忙的人都會躲得遠遠的。不過，在美國，黑人較願意幫助喝醉酒的黑人，而白人較願意幫助喝醉酒的白人（Piliavin等，1981）。至於其他需要提供協助的情況，則沒有明顯的種族差異。

⑯ 酒醉的人流血，會比沒有流血時更難得到幫助。　　　　　Ａ Ｂ Ｃ

⑰ 在有難的白人與有難的黑人之間，白人會比較願意幫助　　Ａ Ｂ Ｃ
　　前者，除非後者喝醉了。

⑱ 顏面傷殘的人相較於行動不便者，前者較不容易得到幫助。　Ａ Ｂ Ｃ

⑲ 覺得自己的幫助有用，大家會比較願意伸出援手。　　　　Ａ Ｂ Ｃ

⑳ 人們很可能是這樣想的：幫助拄著枴杖的人，成本不高；
　　又或者是，他們的幫助對這些人是可能有用的。

解答見第64頁

檢討你的方法

　　如果你沒有全部答對，那麼在看下一篇短文之前，先想一想哪裡錯了。
如果不是很清楚錯在哪裡，可以這麼做：

↗　多讀幾遍文章內容，特別是跟答錯部分相關的文字。

↗　注意原文的每一個用字，看看是不是漏掉什麼。

↗　檢查一下是不是你太快下結論了，其實原文並沒有提供證據。

↗　檢查一下是不是你擴大解釋了，其實原文沒那麼寫，也無法
　　從原有的資料中合理推論。

↗　你是不是把原文以外的資料加進來了？這個練習的規則是，
　　只能使用文章中的資訊，而非你的常識。

5 Sources and Answers
參考資料及解答

參考資料

Carwell, H. (1977) *Blacks in Science: Astrophysicist to Zoologist* (Hicksville, NY: Exposition Press).

McMurray, L. (1981) *George Washington Carver* (New York: Oxford University Press).

Piliavin, J. A., Dovidio, J. F., Gaertner, S. L. and Clark, R. D. (1981) *Emergency Intervention* (New York: Academic Press).

Rose, S. (2004) *The New Brain Sciences: Perils and Prospects* (Milton Keynes: The Open University).

Sachs, O. (1985) 'Right hemisphere syndromes,' *The Man Who Mistook His Wife for a Hat* (London: Picador).

Worwood, V. A. (1999) The Fragrant Heavens: *The Spiritual Dimension of Fragrance and Aromatherapy* (London: Bantam Books).

本章解答（請用第 42 頁的評分表來記錄答案與得分）

頁數	題目	解答	得分
36 ▶ 比較	A	不一樣的格子是 5，其他格子中第二列的圈圈都比較大。 ＊答對得一分。以下三題答對皆一分。	①
	B	不一樣的格子是 1，所有格子左下角的剪刀刀身都是黑的，只有方格 1 是白的。	①
	C	不一樣的格子是 4，左下角的圖案和其他方格中的圖案方向相反。	①
	D	不一樣的格子是 6，中間的圖案和其他方格不一樣。	①
37 ▶ 序列	A	應該選 1，答對得一分。前三個格子裡的圖樣是一樣的模式，尾巴都朝右。後三個方格應該是一樣的模式，尾巴朝左。 ＊正確說出原因得一分。	① ②

頁數	題目	解答	得分
	B	應該選 4，答對得一分。這裡有兩種圖案交錯依序排列。 ＊正確說出原因得一分。	①②
	C	應該選 5，答對得一分。每個方格的第一排圖案，在下一個方格中換到最後一排。 ＊正確說出原因得一分。	①②
	D	應該選 2，答對得一分。星星的符號從第一格一個，到第三格三個，依序增加，到了第四格又從一個開始，其位置也以「上→下」的順序變換，另外兩個符號（≡和≤）也從第四格開始重複一到三格的模式，只不過上下位置不一樣。 ＊正確說出原因得兩分。	①②③
38 ▶ **歸類**	A	(i) 電腦相關零件：滑鼠（mouse）、磁碟機（drive）、印表機（printer）、監視器（monitor）、面板（screen） (ii) 動詞（或皆以 ing 結尾的字）：typing、talking、scrolling、eating ＊正確分類得一分。 ＊說明群組 (i) 的共同特性，得一分。 ＊說明群組 (ii) 的共同特性，得一分。	①②③
	B	(i) 與埃及有關的東西：金字塔（pyramid）、綠洲（oasis）、棕櫚樹（palm-tree）、沙漠（desert）、尼羅河（Nile） (ii) 形容東西很大的字：immense、vast、massive、enormous、gigantic ＊正確分類得一分。 ＊說明群組 (i) 的共同特性，得一分。 ＊說明群組 (ii) 的共同特性，得兩分。	①②③④
	C	(i) 寶石：瑪瑙（agate）、黃寶石（topaz）、紅寶石（ruby）、蛋白石（opal） (ii) 貴金屬：金（gold）、銀（silver）、白金（platinum） ＊正確分類得一分。 ＊說明群組 (i) 的共同特性，得一分。 ＊說明群組 (ii) 的共同特性，得兩分。	①②③④
	D	(i) 字首皆大寫的單字：Empty, Gate, Shoal, Divan, Kenya, Pound (ii) 字首皆小寫（或沒有大寫）的單字：chops, hertz, micro, burst	①②③

頁數	題目	解答	得分
		* 正確分類得一分。 * 說明群組 (i) 的共同特性，得一分。 * 說明群組 (ii) 的共同特性，得一分。	
38 ▶ 依指示 作答	A	這個練習的目的是讓你知道自己能不能切實遵照指示，特別是在沒有特別提醒時。學術研究以及考試時，通常會要求你要完全依照指示作答。 正確答案是 4：牛有四條腿。如果你的答案是 3，請再看一遍題目，它只問牛有幾條腿。答對得兩分。	2
	B	正確答案是 1：水由氧和氫組成。題目很單純，只問了這個問題。雖然其他的答案也可能是對的，但未針對問題回答。 * 答對得兩分。	2
39 ▶ 細讀	**短文 2-1〈北極〉** * 答對一題得一分		
	1	B：文章確實提到夏天很短，但主要的論點應該是北極的環境很惡劣。	1
	2	C：這句話可能對也可能不對，但是文中並未提到。	1
	3	B：不對。文中是說有三個月的時間見不到太陽，但是其他時間太陽還是會出現的。	1
	4	A：正確，符合文章的邏輯。文中說有三個月的時間完全沒有日光。	1
	5	C：文中沒有足夠的資訊可以判斷是否有人工能源。	1
	短文 2-2〈喬治 · 華盛頓 · 卡佛〉		
	6	B：不對。文中並沒有這樣說，也無法合理得出這個結論。得一分。	1
	7	C：文中並沒有提供正確的日期，因此紀念館也有可能建於卡佛仍在世時。得二分。	2
	8	B：不對。文中說卡佛的生平染上了傳奇的色彩，這可能是因為他是個偉大的人，但並沒有說卡佛一生都是傳說。得一分。	1
	9	A：正確。文中說因為卡佛聲稱神是他的靈感，所以宗教團體如此認為。得一分。	1
	10	C：需要更多資料才能判斷。文中提到卡佛念的學校，但並沒有提到美國的其他學校。得二分。	2

頁數	題目	解答	得分
	11	B：不對。剛好相反，由於卡佛的發明才使得南方有此轉變。得一分。	①
	12	C：文中指出，卡佛從大豆等各種農產品研發出 100 多種可應用在工業上的產品，我們不知道其中有多少種是以大豆製成，以其他農產品製成的又有多少。得二分。	②
41▶ 辨別相似處	短文 2-1	每一題選出正確的選項得一分，答對原因再得一分。 選項 1 最接近短文 2-1〈北極〉的文意。 選項 2 説當地居民喜歡住在北極，這一點無法從文中得知。	①②
	短文 2-2	選項 5 最接近〈喬治・華盛頓・卡佛〉這篇文章的文意，是該文的重點摘要。選項 3 和 4 只偏重文章的部分觀點，而且所提出的假定不是文章的觀點。選項 3 中關於宗教的説法，文中並沒有提到。選項 4 所説，美國總統彰顯卡佛的原因並不正確，文章並沒有説明確實的原因。	①②
45▶ 集中注意力		數數看有幾個「t」，正確答案是 14 個，再看一次： Terrifying torrents and long dark tunnels are used to create the excitement of the thrilling train ride at the park. 如果你第一次數不到 14 個，這很正常，因為很可能你的大腦發揮「自動駕駛」的功能，把「to」和「the」這些較短的字當作是一個整體，而不是一串字母，就算是你很專心注意個別的字母，還是可能忽略這一點。遇到這種情形，表示你的大腦對於大多數的閱讀任務，都還是能發揮效率。	
46▶ 辨別相異處		1 = f　3 = a　5 = f　7 = a　9 = f　11 = b 2 = b　4 = f　6 = e　8 = e　10 = b　12 = d	
47▶ 辨別序列	1	= 1b　每一格都比前一格多一個符號。	
	2	= 2e　每兩格是一組，重複 a 和 b 的符號。	
	3	= 3c　每兩格是一組，重複 a 和 b 的符號。	
	4	= 4d　每一格都比前一格多一個符號，先往上加，然後再往左右加。	
	5	= 5e　六個符號以逆時鐘方向旋轉，每一格換一次位置。	
	6	= 6b　每一組符號重複一次。	
	7	= 7f　最後一列的符號到了下一格會重複二次，並向上移一段。	

8	= 8a ✱⊞✱ 這組符號一直向上移。
	◎ 由左向右移動，每換一格就下降一列。
	↻ ✱⊡ 位於第一列二次，換到最後一列二次，然後又移到最上面。
	✚ 每兩格換一次位置。
9	= 9d ◎ 這個符號先從左換到右，再到下一行，如此依序移位。其他的符號也依循同樣的規則移動。符號移到右下角後，換到左上角同樣繼續。
10	= 10f 第一列有二組符號輪流出現。後三格第二列的圖案，恰好是前三格圖案的倒影。第三列則是往右一格多一個黑點，到了第四格又從一個黑點開始。
11	= 11e ■·■· 每換一格就往下一列，到了第五格又從第一列開始。菱形組合 ◆·◆· 則由第一列開始，每換一格往下移一列，並且與另一個組合 ◆·◆ 交替出現。
	□◯◎ 這個組合則每換一格下移一列，然後再從第一列開始。而彼此間的順序變化，則是正方形每換一格就往右推移一個位子。
	☽ 每換一格下移一列，到了第五格又跟第一格一樣，且每隔一格變成二個。
12	= 12b 五個小方塊 ■■■■■ 順時鐘沿著方格邊移動。
	●●● 這組在第一列和第二列之間移動，數量也從三個變二個，再從二個變三個。
	●● 這組在第三列和第二列之間移動，到了第二列則變成 ●●●。
	✱◯ 這組在第四列和第三列之間移動，每移動一次兩者的順序也會對調。

50 ▶
分類

練習2

a) 各種水域	i) 身體器官發炎的狀況
b) 各種國籍的稱呼	j) 迴文：順著唸、倒著唸都一樣的字
c) 動物群聚地	k) 與土壤層（soil profile）變化有關的用語
d) 學科名稱	l) 七的倍數
e) 七個字母的字	m) 政府的型態
f) 字首為「de-」的字	n) 各種動物的集合名詞
g) 字母含有「eve」的字	
h) 認知（思考）的技巧	

51-52 ▶
分類

短文2-3〈物質〉

段落（a）與段落（b）的意思比較相近，只提到了兩種物質分類方法，但（c）則為兩種系統做了價值判斷。

短文2-4〈塗抹聖油〉

段落（b）與段落（c）的意思比較相近。段落（a）聲稱這樣混合精油的使用，是在艾格霍斯統治時期發明的，而另外兩段則只是認為有這樣的可能性。

短文2-5〈右腦〉

段落（b）與段落（c）的意思比較相近。段落（a）將辨別真假的能力障礙歸因於左右大腦，而段落（b）及段落（c）則只認為是右腦的問題。段落（a）也認為右腦損傷會失去想像力，其他兩段並沒有這麼說。

54-56 ▶
細讀

短文2-6〈代代相傳的傳奇故事〉

1	A：可由文章的最後一行推論得知。
2	A：可從文章的開頭幾句話看出來。
3	C：文中只提到美國的神話，所以沒有足夠證據可得知此點。
4	B：不對。文中並沒有提到跟方向感有關的事。
5	B：不符合文意。
6	A：與文中的重點一致。

短文2-7〈轉機〉

7	B：文中並沒有提到依賴社會福利的人。
8	B：文中並沒有這麼說，也不是合理的推論。
9	C：文中並沒有這麼說。我們需要更多資料，才能判斷是否多數人都認為疾病是一種轉機。
10	A：意思一樣，只是用字不同。

短文2-8〈臨床試驗〉

11	A：這段話與文章的說法一致。文章中認為，將憂鬱症歸因於血清素太低是錯誤的。
12	A：這段話與原文的說法一樣：原始資料鮮少公布，就算公布，也只公布對該藥品有利的測試結果。

13	C：原文並沒有提到跟老化有關的資料。
14	B：這段話與原文的說法不一致。原文是說，學術文章也不見得正確，因為它依據的是相同的資料。
15	B：這段話與原文的說法不一樣，原文認為，並沒有足夠的證據可以證明血清素的多寡和憂鬱症有關。

短文2-9

16	C：關於這一點，原文並未提供相關資料。
17	B：這段話不符合原文的觀點。原文是說，人們在決定要不要幫助人時，大多數情況都跟種族沒有關係。
18	A：這段話與原文的說法一樣，超過三分之一的人比較願意幫助行動不便的人。
19	A：這段話和原文中間的文字類似，句中提到如果能夠發揮作用，大家比較願意伸出援手。
20	A：這段話與原文的意思一致。原文第一句提到拄著枴杖的人需要幫助時，大家通常很快伸出援手。還有段落中間，提到人們在什麼情況下比較願意幫助人。

UNIT

3 他們的重點在哪裡？
——把論證找出來

本章學習目標

† 辨別論證的重要元素

† 學習適當的策略，面對
  各種訊息時能夠找出它
  的理由、結論和論點

† 練習辨識簡單的論證

批判性思考的重點，在於「**論證**」。本章要告訴你，什麼叫做「論證」，以及如何找出論證的重要元素。看得懂主要論點，才能把注意力放在正確的地方。焦點正確了，閱讀就更有效率，也可以因此節省很多時間。

這一章會利用很多短文，讓你練習批判性思考的技巧。但是提醒你，這些練習是要求你找出文中的論證，並不是問你同不同意文章的觀點。你可能不同意對方的理由或結論，但是批判性思考的重點，在於用**論證形式的好壞**，譬如說推論品質好不好，來評估論證的價值，而不是看論證的觀點和我們的觀念相不相符。我們要有能力辨識論證的好壞，不管這個論證的論點和我們自己的論點是否一致，這樣才算具備良好的判斷思考能力。

1 The author's position & Activity
作者的立場&練習

我們在閱讀、看電視或者聽別人說話時,都要面對他人提出的論證。這些論證的重點,就是對方試圖要向我們這些閱聽者傳達的觀點或立場。注意看下面這些作者的立場,與對立的論點有什麼關聯。

我們應該加重犯行的刑期(甲)

增加刑期不會有幫助的(乙)

太空旅行是好事(丙)

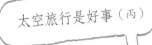

我們不需要太空旅行(丁)

主要論點	支持論點
甲 我們該要加重量刑	1. 重刑可以嚇阻犯罪。 2. 目前對於犯罪的處罰太溫和了,不能嚇阻犯罪。 3. 自從減輕刑罰之後,犯罪率就提高了。 4. 犯罪受害者希望可以看到加害者受到處罰。
乙 加重量刑並不能阻止犯罪	1. 刑罰較重時犯罪率一樣很高。 2. 坐牢有機會讓犯人成為更狡猾的罪犯。 3. 坐牢的犯人一旦出獄,很可能犯下更嚴重的罪。 4. 大部分作奸犯科的人,都是文盲或缺乏一技之長,因此最需要的是教育,而不是處罰。
丙 應該投入更多資金來發展太空旅行	1. 很多發明都是因為太空旅行而產生的。 2. 我們必須要瞭解我們所居住的宇宙。 3. 太空旅行所需的燃料可能要不了多久就會消耗殆盡了,所以應該趁還能利用時趕快利用。
丁 不應該再繼續投資太空旅行	1. 太空旅行太貴,根本不值得投資。 2. 比太空旅行更迫切需要資金的計畫多的是。 3. 或許未來會有更好的替代燃料可以供應太空旅行所需。

Argument

在批判性思考中，argument 一詞有兩種用法：

† **支持論點**（contributing arguments）：個別的理由，通常稱之為「論點」（arguments）或「支持論點」（contributing arguments）。

† **主要論點**（the overall argument）：主要論點呈現作者的立場，是由所有的支持論點（contributing arguments）或理由（reasons）組成的。我們也常用「推論思路」（line of reasoning）一詞來表示支持主要論點的一組理由或論點。

掌握作者的立場

仔細閱讀下面幾段短文，找出作者的立場。

1 很快看一遍，記下你的第一個印象，看能不能掌握作者的立場（也就是文章的重點）。

2 仔細再看一次，檢查一下剛剛得到的印象對不對。這樣你就會知道自己快速閱讀的時候能不能正確掌握訊息。

3 和第84頁的答案核對一下。

短文 3-1

　　出庭律師（Barrister，英國的制度）與客戶的直接接觸不多，不過你還是可以依據自己的喜好出庭的程度，選擇適合的法律工作。想要一展鴻圖的出庭律師們，最好依據自己的出庭偏好慎選專長領域。每一種領域的情況都不一樣。刑事律師大部分的時間都得出庭，相反地，稅務律師大概一個月只要出庭一次就可以。至於辯護工作，待在辦公室的時間多過出庭的時間。

疾病的本質與起源，一直到近期才逐漸明朗。十九世紀末，普魯士科學家柯霍（Koch）提出了一套鑑定疾病的辦法，稱為柯霍氏法則（Koch's postulates）。他從瀕死的牛隻身上取得血液，在實驗室裡培養出細菌，並以這些細菌來進行實驗。健康的牛隻注入這些培養細菌後，也染上同樣的疾病，這在當時是一項驚人的發現。柯霍因此得以證明他的理論：疾病是由病菌所傳染的。柯霍的這項貢獻，成為醫學史上十分重要的技術革新。

短文3-3

撒哈拉沙漠是一個值得旅人深入探索的地區，在它無垠的沙礫底下，藏著古老的建築。例如東撒哈拉某處，可能埋著消失已久的赭諸拉綠洲（Zerzura），而西部，則藏著傳說中的城市廷巴克圖（Timbuktu）。很多人都曾試圖尋找這些曾經在這塊區域發展，但如今已被沙漠掩埋的文化遺跡。

短文3-4

原本大家都認為，孩童在七歲以前無法瞭解別人的觀點，或沒有能力進行計算或測量。不過，後來發現，關鍵不在於幼童的能力，而在於理解力。如果孩子們覺得要他做的事沒什麼意義，或對方講的話讓他聽不懂，他們就會覺得那件事很難。只要經過適當的設計，讓孩子們覺得任務是有意義的，他們的能力會超乎大人的想像。舉例來說，跟泰迪熊或飲料有關的任務，對幼童來說是有意義的，但跟計數器和燒杯有關的任務，就是另外一回事了。

解答見第 84 頁

練習 2

請選一個主題，依據這個主題去找三本書或三篇文章，閱讀它的前言和結論。想想看：

† 前言有沒有恰當地呈現作者的立場？

† 你清楚作者想要說服你接受什麼觀點嗎？

† 結論是否清楚表達作者的立場？

2

Argument: Persuasion through reasons

論證：以理服人

說服與理由

「**argument**」這個字在一般用法中，可譯為「爭論」或「爭執」，望文生義，它代表的是溝通不良、人際關係不佳、不愉快，甚至也可能代表偏激的個性。不過在批判性思考中，這個字有不同的意涵，我們稱為「論證」。論證是用**理由**來支持你的**立場**或**觀點**，如果其他人能夠接受你的理由，就比較能夠被説服而同意你的觀點。

論證的要素包括：

↗ 一個立場或觀點
↗ 説服別人接受該項觀點的企圖
↗ 支持該項觀點的理由

以下這些問題可以幫助你辨識論證：

↗ 寫這篇文章或製作此節目的目的是什麼？
↗ 我應該從裡面得到什麼訊息？
↗ 作者或製作人想要我相信什麼？接受什麼？做什麼？
↗ 他們提出什麼理由來支持其說法？

大多數情況，作者想要說服我們接受特定的觀點，是因為他們也相信那個觀點，但也可能別有企圖，這企圖可能很明顯，也可能不容易察覺。可能是蓄意要和支持另一派學說的教授作對；或受雇於某家公司，想要觀眾購買產品，或在健康、汙染或遺傳這些議題上，希望觀眾支持特定的觀點。

作者在政治或宗教等意識型態上的立場，也會影響他對訊息的詮釋。這可能是有意的，也可能是無心的，論證也未必會因此無效，但事先瞭解作者的意識型態，才能判斷他們的思考邏輯可能受到的影響。

模稜兩可的論證

在日常生活中，許多話語都清清楚楚，不可能引起爭議。例如：

「下雨了。」　　　　　　　　　→ 下雨就是下雨，很清楚。

「吃了這條魚的人都生病了。」　→ 如果這是觀察了事實的結果。

「我一英里跑四分鐘。」　　　　→ 如果這是計時的結果。

但是我們每天聽到、看到、讀到的東西，往往比上述情況複雜萬分。我們可能聽不懂對方的重點，或懷疑對方的說法半真半假。通常我們會問「你的重點是什麼？」或「你到底想說什麼？」這些問題時，就是這種情況。我們會疑惑，對方的理由明明就說不通，為什麼可以得出那樣的結論。如果問題很明顯，我們或許可以指正出來，減少誤解。

但如果是看書或看電視，身旁就沒有作者可以立刻回答這些問題。對方提出的論證可能非常複雜，要花很多時間，仔細閱讀或觀察，費心分析，才能釐清作者的思路。作者也可能故佈疑陣，讓你一時沒辦法發現其實他沒有證據、論證不合邏輯，或根本就得出了錯誤的結論。既然我們無法隨時隨地得到直接的解釋，當然就更需要判斷思考的技巧了。

3

Identifying the argument & Activity

把論證找出來 & 練習

重要詞彙

命題與結論

† **命題**（propositions）：相信為真、並且提出論點或理由讓閱聽者
考慮之陳述。命題最後可能為真，亦可能為假。

† **結論**（conclusion）：推論最後會有一個終點，這個終點就是結論。
結論通常應該要跟作者的主要立場密切相關。在批判性思考中，
結論通常是從理由或證據推演得來。

這一節我們要來看怎麼樣在眾多的資訊中，將關鍵資訊找出來。在此之
前，建議你可以再看一次第 7-8 頁的〈語彙表〉。現在，先來看看你能不能將
下面這段短文的主要論點找出來。

短文3-5

這個地點聲名遠播，原因卻來自幾起不幸的事件。格林路與米爾
街的交叉路口，因為駕駛人轉彎速度太快，五年來已經發生十幾起重
大車禍。當地一位藝術工作者拍了一系列事故現場的照片，留下陰森
恐怖的紀錄，其中受害者不乏遊客。現在路口已經裝設了新的測速攝
影機，這將可降低車禍的次數。

你可能會發現，在〈短文 3-5〉中，有些陳述和訊息雖然可以讓我們對
車禍地點有更多的瞭解，但對主要論點沒有貢獻。以下有顏色的字就屬於這
一類訊息：

這個地點聲名遠播，原因卻來自幾起不幸的事件。格林路與米爾街的交叉路口，因為駕駛人轉彎速度太快，五年來已經發生十幾起重大車禍。當地一位藝術工作者拍了一系列事故現場的照片，留下陰森恐怖的紀錄，其中受害者不乏遊客。現在路口已經裝設了新的測速攝影機，這將可降低車禍的次數。

把這些訊息拿掉，這段文章的命題，也就是論證的主要陳述，就清楚了：

格林路與米爾街的交叉路口，因為駕駛人轉彎速度太快，五年來已經發生十幾起重大車禍。現在路口已經裝設了新的測速照相機，這將可降低車禍的次數。

接下來我們就可以用自己的話，把這個段落的重點標示出來：

☑ 命題一：很多車禍都是在格林路和米爾街的交叉路口發生的
☑ 命題二：駕駛在這個路口轉彎時速度都很快
☑ 命題三：路口已經裝了新的測速照相機
☑ 結論：以後車禍的次數應該會減少
☑ 主要論點：測速照相機可以降低這個路口的車禍次數

把命題和結論找出來以後，主要論點就會更明顯了。

重要詞彙

前提；論證基礎

† **前提**（premises）：相信為真並且當作論證基礎之命題；論證之基礎建設。

† **假前提或偽前提**（false premises）：最後證明是假的或錯誤的命題。

† **論證基礎**（predicate）：論證的目的；最根本的觀點；構成論證基礎的假設。例如：「這個論證的基礎，是馬克斯主義對於財富的詮釋」；「這個計畫是以被告無罪之假設為基礎」。

針對〈短文 3-5〉還可以進一步分析如下：

↗ 這是一項論證，因為它提出了理由來支持結論，其理由分別是：

　† 駕駛在這個路口轉彎速度太快

　† 也因此發生車禍

↗ 這項論證是基於下面這個假設：駕駛會注意到測速攝影機，並因此在轉彎時減速。如果你不同意這個假設，可能就會認為它的結論是依據「偽前提」推論得來的。

　　現在，再看看你能不能找出〈短文 3-6a〉的主要論點。跟前一個例子一樣，我們在〈3-6b〉裡將主要資訊和細節列示出來，讓論證的重點更清楚。

　　閱讀〈短文 3-6b〉時，想一想，結論出現在文章的哪一個部分？是開頭？結尾？還是其他地方？

　短文3-6a

　　石坑角（Pit's End）應該成為重要的考古地點。原本一般皆認為，靠近村落的三塊花崗岩，是在上一個冰河時期尾聲，冰河融化之後所豎立的。近幾年的挖掘工作，又挖出了11塊岩石。這個地區原本都是農田，空拍照片顯示此地具有開挖的價值。這14塊花崗岩的排列方式顯示，原始完整的圖形應該是橢圓形，這是很不尋常的。石塊排列整齊，彼此相隔約二公尺，可能是以前的居民所為，也許是為了宗教的目的。地質學家證實，這些石塊的排列不太可能是由冰河或其他自然的力量所造成。近來在當地挖掘出來的工具，是這個國家最古老的出土文物，這項發現使得該地區更受到各界矚目。挖掘工作的資金來源是國家發行的彩券。

　短文3-6b

　　石坑角應該成為重要的考古地點。又挖出了11塊岩石。這14塊花崗岩的排列方式顯示，原始完整的圖形應該是橢圓形，這是很不尋常的。石塊排列整齊，彼此相隔約二公尺，可能是以前的居民所為，也許是為了宗教的目的。地質學家證實，這些石塊的排列不太可能是由

冰河或其他自然的力量所造成。近來在當地挖掘出來的工具，是這個國家最古老的出土文物，這項發現使得該地區更受到各界矚目。

接下來我們就可以用自己的話，把重點標示出來。你注意到了嗎？文章一開始就是論證的結論，隨後才一一提出支持這個觀點的理由：

☑ 結論：石坑角應該成為重要的考古地點。
☑ 命題一：新找到的 11 塊岩石，改變了原來大家對於這個地區的看法。
☑ 命題二：14 塊花崗岩以橢圓形的方式排列，這很不尋常。
☑ 命題三：石塊排列整齊，顯示這是人類居住環境的一部分。
☑ 命題四：這些石塊的排列不太可能是由自然力量造成的。
☑ 命題五：近來在當地挖掘出來的工具，是這個國家最古老的出土文物。
☑ 論證：由於石坑角有石塊不尋常地成橢圓形排列，並且挖掘出古老的工具，該地應該成為重要的考古地點。

針對段落內容，我們還可以進一步分析得知：

✝ 這是一項論證，因為有提出理由支持它的結論。這些理由包括：這些不尋常的石塊是人類聚落的一部分；在其中找到的工具是這個國家最古老的出土文物。這些發現都有可能引起眾人的興趣。
✝ 這個論證所依據的假設是：這些石塊的排列，可追溯至那些工具所屬的年代，甚至更早。不過，這可能是個假前提，因為石塊形成的時間有可能晚於工具所屬的年代。該地是否能成為重要的考古地點，可能會受到這個問題的答案影響。

由上面這個例子可以看得出來，一大串資料擺在面前時，常常沒辦法立刻看出來，哪些是命題，哪個是結論，哪些又只是額外或不相干的資訊。如果能夠先把結論找出來，就比較容易找到相關的證據了。

訣竅　先把結論找出來，就可以很快看出重點了。

練習 1

辨識簡單的論證

仔細閱讀每一篇短文，分辨哪些屬於論證，哪些不是。
如果你不敢確定，可以把句子的順序換一下，看是不是
可以找到結論和支持的理由。答案在第85頁。

短文3-7

我喜歡那幅畫。它的色彩讓落日展現強而有力的效果，令人賞心悅目。畫中的人物都很有趣，也畫得很好。這是一幅佳作。

短文3-8

餅乾可能會對牙齒不好。我們常常會在十點左右吃點東西，因為那時候早餐已經消化完了。為了衛生以及安全的考量，餅乾公司和其他食品工廠一樣，都會要求員工戴帽子把頭髮包起來。

短文3-9

量子物理學已經發現，除了在人們所熟知的長、寬、高以及時間這四度空間之外，宇宙還有其他的空間。這方面的研究非常耗時。在時空連續體（time-space continuum）的其他方面，也有新的研究發現。

短文3-10

彩衣吹笛手吹起了神奇的旋律。山裂開了，吹笛手鼓勵鎮上的孩子們走進去，隨後山又合起來，孩子們永遠失蹤了。孩子們的父母從此再也見不到他們的孩子，這是吹笛人設計好的，因為他很氣鎮上的人。他幫這個鎮趕走了老鼠，鎮民卻拒絕付給他應得的報酬。這不是意外，這是吹笛人的復仇。

火車誤點了，一定是號誌故障了。

一如預期，昨日上午九點，蘇格蘭的天空出現日蝕。很多人聚集觀看。民眾到達的時候天色還很明亮，沒多久就陰暗了。觀看日蝕時，必須要保護眼睛，而且不可以直視太陽。

窗戶咯咯響，門也發出砰砰聲。氣氛十分緊張。一直傳來奇怪的聲音。我們都很害怕。一定有鬼。

很多成人都是長大以後才學習閱讀的，約翰和米蘭達就是如此。雖然他們像小孩一樣，覺得讀書很難，但程度還是可以趕得上同年齡的人。他們喜歡去社區裡開的識字課程。近幾年，幾乎有上百萬的人透過成人課程改善了讀寫的能力。

植物需要氮才能生長。雖然空氣中有氮，但是植物沒辦法從空氣中直接吸收，必須透過土壤中的微生物加以轉化，這個轉化過程稱為「固氮作用」（nitrogen fixation）。微生物將氮轉化為硝酸鹽，植物就可以經由根部來吸收。

練習 2　理由與結論

找出下面這些段落的主要論證、理由與結論。
建議你可以用色筆或螢光筆將理由與結論標示出來。

短文3-16

上個月底，一對老夫婦溜狗的時候，在河邊發現一具人骨。這對老夫婦相信這是鄰近一個怪家庭所為。警方訊問那一家人後，排除了他們涉案的可能。據信這些人骨可能有數百年的歷史。歷史學家證實，馬勒河流經幾處古老的墓地，歷史上亦有人骨被這條河流沖走的紀錄，不過這回倒是150年來頭一遭。最近幾場暴雨使得河水上漲超過五十公分。讓這些骸骨遠離安息之地的，或許是暴漲的河水，而不是當地那一家人。

短文3-17

所謂單子葉植物（monocotyledon），也就是大家熟知的海草，種類只有六十種。儘管如此，海草對於各塊大陸（南極洲除外）的海岸生態貢獻良多。這一點直到十二世紀末才被發現。在河口或海灣這些淺水域，海草甚至是主要的植物類型，供養著一大群海中生物。他們是魚類的養殖場，這些魚類很多都具有經濟價值。此外，如果沒有海草，海岸地區的物種就會變得極度稀少。聯合國贊助了《世界海藻圖鑑》（*World Atlas of Sea Grasses*）（Green and Short, 2004），想以此喚起大眾對於海草的重視。

短文3-18

根據契氏（Csikszentmihalyi）的說法，現代社會是人們不快樂的根源，因為我們滿腦子都是這個世界的現狀，忘了一個理想的世界應該是什麼樣子。雖然大部分的人都知道，發揮愛心、支持他人、體諒他人，自己也會受益，但是我們很容易忘記這點。即使知道有很多

人一無所有，我們還是以滿足自己的需求為首要目標。那些人離我們太遠了，沒有我們個人重要，所以我們寧可多買一台電視，或多買一片CD，也不會把錢送給那些陌生人。保持生態平衡必須遵守一些基本原則，但常常被我們忽略。舉例來說，我們知道以碳為基礎的能源已經短缺了，但還是任意揮霍煤、天然氣和石油，以為這些能源取之不絕。這種行為造成的後果，就是不快樂。日常生活裡，我們短視近利，一點都不考慮人類長遠的幸福。人類目前面臨的挑戰，就是要找到互相合作的方法，與這個世界和諧共存。

短文3-19

懷孕婦女和免疫功能不好的人，都應該更注意貓可能引起的危險。很多人都把貓當家庭寵物，對於貓可能帶來的危害一無所知。貓是弓蟲（toxoplasma gondii）的宿主。這是一種有傳染性的單細胞動物，會對人類等哺乳類動物引發住血原蟲病（toxoplasmosis）。這種單細胞動物成半月形，本質上沒什麼特別，但是成長到具傳染力的階段，就會寄生在貓身上。一般成年人感染後不會出現明顯症狀，但是懷孕的婦女如果感染，卻可能傳染給胎兒，導致嚴重的先天疾病，最糟的情況是失明以及動作缺陷（motor deficits）。至於免疫功能不好或罹患愛滋病的人，住血原蟲病會助長病情、加速死亡。由於貓受到感染後不會出現明顯症狀，因此無從得知哪一隻貓具有危險性。

解答見第 85 頁

Hunting out the conclusion

4 抽絲剝繭找結論

重要詞彙

推演之結論 Conclusions as deductions

在批判性思考的情境中，結論通常是推演的結果，也就是說，在眾多資料中抽絲剝繭，根據相關的理由得出一個合理的假設。這個結論可能是對於某項事物的詮釋，或是最該採取的行動。

繼續閱讀之前，先來檢驗一下你尋找結論的能力如何。再看一次〈短文3-5〉、〈3-6〉，還有〈短文3-16〉、〈3-17〉、〈3-18〉、〈3-19〉，把這幾個段落的結論找出來。然後閱讀下面這段解說分析。

結論的位置

要尋找結論，可以先看段落的結尾，〈短文3-5〉、〈3-16〉、〈3-18〉就是這類型的論證。很多作者喜歡先陳述理由，然後將這些理由做個總結，當作是結論的一部分，之後才推演出這整個論證的重點所在。

段落的第一句也可能是結論所在，例如〈短文3-6〉、〈3-17〉和〈3-19〉。有些作者選擇一開始就把結論說出來，先建立自己的立場，接著再提出支持這個立場的理由，讓讀者看出結論是怎麼推演出來的。

結論具有歸納解釋的性質

〈短文3-16〉的結論，具有歸納解釋的性質。最後一句綜合了前面的線索提出解釋，讓整篇文章符合邏輯推演，是一個有效的論證。在批判性思考中，結論並不只是全文摘要，但摘要卻可以是結論的一部分。為什麼〈短文3-16〉的結論不只是摘要呢？因為它具下面兩點：

↗ 它選用了幾個相關細節，針對事件提出解釋

↗ 它也對於這個解釋的可能性提出判斷

作者就是利用這些技巧，說服讀者接受他所提出來的解釋。

質疑與建議

〈短文 3-18〉及〈3-19〉的結論，針對主題提出了質疑和建議。它根據想要達到某個目標必須採取什麼行動來推演，最後得出的結果即代表結論。

信號字

作者會利用一些特定的字眼來「發出信號」，表示他要下結論了，例如〈短文 3-17〉中的「儘管如此」（nonetheless）。雖然這些字的後面並不一定百分之百都是結論，但可能性很高，所以閱讀的時候要特別注意。其他需要特別注意的信號字包括「因此」（therefore）、「所以」（so）、「結果」（as a consequence）、「最後」（finally）以及其他類似的字詞。

代表推演的信號字

推演的結果通常跟結論有關，而某些字通常代表作者正在進行推演，因此也要特別留意這些字。例如：

這應該是（this ought to be）

結果（as a result）

這會（this will、this would have）

這應該（this should、this must）

這表示（this means that）

實際上（in effect）

當然，也不要忘了注意上面這些字的否定詞，例如：

絕對不應該（this ought never to、this should never）

Summary of features

5 論證要素一覽

不是所有的訊息都具有論證的性質。接收訊息時，如果能夠懂得尋找論證的要素，可以節省時間，讓批判性思考進行得更有效率。本章我們將先討論明白表示的論證，後面的章節會進一步討論隱性的論證。到目前為止，我們已經討論了六項論證的元素，綜合整理如下表。

這是一個論證嗎？

1. **立場**（position）：作者會有一個立場或觀點，並試圖說服閱聽者接受。

2. **理由／命題**（reasons/propositions）：理由是用來支持結論的，也可以稱為「支持論點」或「命題」。

3. **推論思路**（a line of reasoning）：推論思路是以符合邏輯的順序，呈現一組理由。可以想成是作者鋪了一條路，引導閱聽者經由他所提出的理由，一步步走向結論。推論思路應該條理分明，前一個理由和下一個理由間，環環相扣。推論思路如果做得不好，就很難看出那些理由如何得出結論。

4. **結論**（conclusion）：所有的論點加起來，會導向一個結論，這通常是作者希望你接受的立場。不過也有可能作者陳述的結論，並沒有支持他所擁護的立場。

5. **說服**（persuasion）：論證的目的是要說服閱聽者接受特定的觀點。

6. **信號字**（signal words and phrases）：這些字能夠導引閱聽者一路隨著論證的方向前進。

結論的位置

　　有些訣竅可以幫助我們迅速在段落中找出主要結論，但這些都只是可能的線索，因為作者並不一定如我們所願，使用這些方法來告訴閱聽者結論在哪裡。

尋找結論的線索

1.　**文章開頭**：結論常常被安排在訊息一開始，例如第一、二個句子，或第一、二段。

2.　**文章結尾**：結論也常常放在訊息的結尾，例如最後一、二句或最後一、二段。

3.　**具解釋性質的摘要**：看看是否可以在一連串論述之後，找到一個綜合整理的摘要。這種摘要通常會出現在文章的結尾，因為前面已經提出所有的證據了。不過，摘要並不見得就是證據，關於這點請見第 95 頁。

4.　**信號字**：注意一些用來暗示結論即將出現的字，請見第 304 頁。

5.　**質疑與建議**：質疑與建議往往是結論的一部分，常會含有作者的立場或觀點。

6.　**代表推演的信號字**：注意代表可能的結果或解釋的文字。

6 Summary
本章摘要

　　本章的重點在教你怎麼**辨認論證**。首先，論證一定要有一個**觀點**，作者利用各種論證的技巧說服閱聽者同意這個觀點。

　　雖然作者有此意圖，但有可能因為技巧不好，反而讓閱聽者搞不清楚他的立場是什麼。這一章以及第五章都會討論這個問題。第六章及第七章則要進一步探討，作者可能為了要說服閱聽者接受他所提出的論證，而掩藏真正的立場。

　　能夠辨別論證後，我們如同站在一個制高點，一眼就看出對方是不是試圖要說服我們接受他們的觀點。這樣的認知，可以讓我們對對方的推論思路保持警覺，分析論證時會更客觀。知道論證含有哪些基本元素，可以幫助我們成功辨識論證。首先要尋找的兩個要素，一是用來**說服閱聽者的理由**，另一個是**作者希望我們接受的結論**。

　　構成一個論證的主要元素都列在第 81 頁的表框中了。這些元素連同「尋找結論的線索」表格，可以幫助我們集中焦點，讓閱讀變得更快更有效率。

　　在批判性思考的活動中，所謂論證，是由**理由**（reasons）所組成的。這些理由經過整理，變成**推論思路**（line of reasoning），或**主要論點**（the overall argument），意圖說服可能接收到這個論證的閱聽者。

　　論證也應該要有一個結論，這個結論是從各項理由推演而來。從理由一路推演到結論的過程中，可能還會摻雜著許多與結論無關的資訊，讓讀者分心。所以，成功的判斷閱讀，除了要能辨認論證的主要特性之外，還要能夠撥開雜草，看到論證的重點。

7 Sources and Answers
參考資料及解答

參考資料

The work of barristers（出庭律師的工作）: Boyle, F. (1997) *The Guardian Careers Guide: Law* (London:Fourth Estate).

Children's cognitive development（兒童的認知發展）: Donaldson, M. (1987) *Children's Minds* (London: Fontana).

The Sahara（撒哈拉沙漠）: Sattin, A. (2004) *The Gates of Africa: Death, Discovery and the Search for Timbuktu* (London: HarperCollins).

Sea grasses（海草）: Green, E. P. and Short, F. T. (2004) *World Atlas of Sea Grasses* (Berkeley, CA: University of California Press).

Use of shadow and light to depict social class in eighteenth-century painting（十八世紀的繪畫如何利用光影變化來描繪社會階級）: Barrell, J. (1980) *The Dark Side of the Landscape: The Rural Poor in English Painting, 1730-1840* (Cambridge: Cambridge University Press).

The working of the eye（眼睛的作用）: Arnheim, R. (1954, 1974) *Art and Visual Perception: The Psychology of the Creative Eye* (Berkeley, CA: University of California Press).

本章解答

頁數	短文	解答
67-68 ▶ 掌握作者的立場	3-1	作者的立場是：**你還是可以依據自己喜歡出庭的程度，選擇適合的法律工作**。這篇文章主要是針對想要一展鴻圖的律師，建議他們可以根據自己想要到庭的時間多寡，選擇適合的專長領域。
	3-2	作者的立場是：**柯霍的這項貢獻，成為醫學史上十分重要的技術革新**。這篇短文提出的證據是，柯霍的實驗證明了疾病是由病菌所傳染。
	3-3	作者的立場是：**對歷史有興趣的人而言，撒哈拉沙漠是一個值得探索的地區**。文中提出數個埋藏在沙礫之下的文化遺跡來證明這個論點。

| --- | --- | --- |

	3-4	作者的立場是：**只要經過適當的設計，讓孩子們覺得任務是有意義的，他們的能力會超乎大人的想像**。支持這個觀點的理由是：只要講孩子聽得懂的話，孩子們就會表現得比較好。
75-76 ► 辨識簡單的論證	3-7	這是一個論證。結論是：**這是一幅佳作**。支持的理由包括：色彩的運用、有趣的人物、畫得很好等。
	3-8	這不是一個論證。即使將句子重新組合，還是找不到一句可以當作結論的句子，同時其他資料又都支持這個句子的情況。
	3-9	雖然這段文章裡，所有的敘述都是對的，但它仍不是一個論證。即使重新排列順序，也沒有一個句子可以做為結論，其他的句子也都不成理由。科學的主題並不表示一定具有論證的特性。
	3-10	這是一個論證。結論在文章最後：**這是吹笛人的復仇**。支持這個結論的理由是：他很生氣鎮民，因為他們沒有付給他應得的報酬；他故意將孩子們帶到山裡，讓孩子們都失蹤了。
	3-11	雖然內容很短，但這段話仍是一個論證。結論是：**一定是號誌故障了**。至於「火車誤點了」，則是支持這個想法的理由。
	3-12	這只是一堆相關資訊的組合，不是一個論證。沒有任何一句話可以成為其他句子的結論。
	3-13	這是一個論證，即使你可能不同意它的結論。最後那一句「**一定有鬼**」，就是結論，而砰砰作響的門窗、緊張的氣氛、害怕的感覺，這些就是證據。
	3-14	這是一個論證。結論在一開頭就出現了：**很多成人都是長大以後才學習閱讀的**。支持這個論證的理由有：約翰和米蘭達的閱讀能力趕上了同年齡的人；幾乎有上百萬的成年人改善了讀寫的能力。
	3-15	這不是一個論證。作者並沒有試圖要說服讀者接受特定的立場或結論，他只是在敘述一個過程。
77-78 ► 理由與結論	3-16	**主要論證**：上漲的河水讓骨骸遠離安息之地。 以下是支持這個論證的理由： **理由一**：在河邊發現一具人骨。 **理由二**：警方排除了附近一家人涉案的可能。 **理由三**：找到的骨頭據信有數百年的歷史。 **理由四**：歷史學家證實，這條河流經幾處古老的墓地。 **理由五**：歷史上亦有人骨被這條河流沖走的紀錄。 **理由六**：最近幾場暴雨使得河水上漲超過五十公分。 **結論**：讓這些骸骨遠離安息之地的，或許是暴漲的河水，而不是當地那一家人。

3-17		**主要論證**：海草很重要。 以下是支持這個論證的理由： **理由一**：在淺水域中，海草是主要的植物類型。 **理由二**：海草供養著一大群海中生物。 **理由三**：海草是魚類的養殖場，其中很多都具有經濟價值。 **理由四**：如果沒有海草，海岸地區的物種會變得極稀少。 **結論**：海草對於海岸生態具有重要貢獻。
3-18		**主要論證**：人會不快樂，是因為我們把焦點都放在這個世界的現狀，只想著要滿足眼前的需求，忘了長遠的幸福，沒有去想要如何和他人以及這個環境更和諧相處。 以下是支持這個論證的理由： **理由一**：我們忘了要發揮愛心、幫助他人。 **理由二**：我們總是先滿足自己的需要，沒有想到那些比我們更匱乏的人。 **理由三**：我們知道我們的環境需要什麼，卻刻意忽略。 **理由四**：我們短視近利，忽略了長遠的後果。 **結論**：人類目前面臨的挑戰，就是要找到互相合作的方法，與這個世界和諧共存。
3-19		**主要論證**：懷孕婦女以及免疫功能不好的人，要更小心可能經由貓染上住血原蟲病。 以下是支持這個論證的理由： **理由一**：貓是弓蟲的宿主。弓蟲是一種會傳染疾病給人類的單細胞動物。 **理由二**：懷孕的婦女如果感染，可能傳染給胎兒，導致胎兒失明或患有動作缺陷。 **理由三**：免疫功能不好或罹患愛滋病的人，住血原蟲病會助長病情、加速死亡。 **理由四**：受到感染的貓沒有明顯症狀。 **結論**：懷孕婦女和免疫功能不好的人，都應該更注意貓可能引起的危險。

4

這是一個論證嗎？
——論證與非論證

在第三章中,我們知道了論證具有幾個重要元素。其他類型的訊息也可能含有其中幾個元素,但仍不構成一個論證。本章我們要來看幾個常會和論證混淆的訊息類型,包括反對、描述、摘要和解釋等。

瞭解哪些類型的資訊不是論證,你就可以將各種訊息分類,有助於批評分析的工作,處理一大堆資料時也會更有效率。最重要的資料通常都在論證裡,越快找到,幫助越大。

進行判斷思考,必須從各種類型的資訊中,把真正相關的資料找出來,過程中你可能還會被很多不相關的資料搞糊塗,反而漏掉了重點。不過,只要學會從紛雜的資訊中找出核心論證,你就可以做到下面這些事:

本章學習目標

† 瞭解論證與反對的差異

† 認識幾個非認證的類型,例如摘要、解釋和描述

† 辨別分析性質的文章(論說文)和描述性質的文章(敘述文)有什麼不同

† 把相關的資料與不相關的資料中分開來

↗ 將注意力放在正確的資訊上,充分善用有限的時間
↗ 確定自己是針對重點加以回應
↗ 避免浪費力氣去批評根本不是重點的觀點
↗ 寫作或寫報告時,可以更有效率地引用相關的資料

1 論證與反對&練習

重要詞彙

† **立場**（position）：一種觀點。

† **同意**（agreement）：與他人的觀點一致。

† **反對**（disagreement）：與他人的觀點不一致。

† **論證**（argument）：舉出理由支持某個觀點，讓所有閱聽者都能信服而同意該觀點。論證中可能包含反對的意見，但只要是根據理由，就不只是反對而已。

論證與反對不同。不同意他人的立場時，你不一定要解釋不同意的原因，也不必說服對方接受另一種想法。在批判性思考的範疇中，立場、同意、反對和論證，定義都不一樣。

範例

立場	我很擔心基因工程這件事。我認為不應該容許進行基因工程。〔沒有說明理由，所以這只是一個立場。〕
同意一	我不瞭解基因工程，不過我同意你的觀點。
同意二	這方面我很懂，我同意你的觀點。〔並未說明理由，所以這二個都只是同意。〕
反對	你的說法並沒有說服我。我認為基因工程很令人興奮。〔同樣沒有說明理由，只算是反對意見的陳述。〕
論證一	基因工程應該要受到限制，因為我們創造了新的物種，卻沒有天敵來保持生態平衡，關於這點會造成什麼長遠的影響，還沒有足夠的研究可以知道。
論證二	基因工程具有無限的可能，可以增進健康以及長壽，對於目前無藥可醫的病人來說，是希望之所繫。我們應該繼續推動基因工程，以盡速幫助這些人。

　　上面這兩個論證，都針對所持立場提出理由，希望說服其他人接受他們的觀點。請注意，這二個都是簡單的論證，沒有推論過程，也沒有證據，所以要靠語氣或肢體語言等其他要素來加強論證的力道。

　　另外，也可以事先掌握聽眾的特性，譬如該議題的結果是不是攸關這些聽眾的利益，然後對症下藥。

論證與反對

練習

看完每一篇短文後，將文章分成以下兩類：

☐ A　屬於論證，並且說出你判斷的依據

☐ B　屬於反對的陳述

短文4-1　□A　□B

　　具備雙語或多語能力，好處多多。懂兩種以上語言的人，可以拿不同的語言系統來互相比較，所以會更瞭解語言的結構。而只會一種語言的人，就缺少這種互相參考的資源。此外，會說另一種語言，通常也會讓人對母語有更多的瞭解與欣賞。

短文4-2　□A　□B

　　越來越多人在正規的治療之外，還選擇輔助療法，以補充正式療法的不足。選擇採用腳底按摩、順勢療法（homeopathy）以及指壓等的人認為，這些輔助療法可以和正統醫學互補。有些人甚至聲稱這些治療方式比傳統醫療更有效，街頭巷尾亦不乏幾近奇蹟般的療效傳聞，也有很多人相信這些療法可以和正規醫療技術分庭抗禮。這些說法實在沒有說服力。

短文4-3　□A　□B

　　每年都有很多年輕人在工地當學徒時死亡。在工作環境的安全與員工健康這方面，並非沒有相關法源，但雇主總是說，如果依照相關規定執行的話，資方負擔太重，在監督管理上也很麻煩。雇主說，是因為年輕人工作時太輕忽才會喪命，他們該做的都已經做了。這種說法實在是站不住腳。

短文4-4　□A　□B

　　跟以前比起來，現在的人比較沒有政治意識。有好幾百年的時間，人們會不顧個人的利益與安危，為他人的福祉奮鬥。這種情況現在比較少見了。一直到1980年代，很多國家還是會為了聲援另一個國家的人民，舉辦大型集會遊行。而現在，集會遊行的目的多半都是為了個人利益，譬如爭取加薪，或爭取獎助學金等等這類事情，而不是為了更宏觀的政治議題。即使是像選舉投票這樣低風險的活動，民眾的參與意願也很低了。

短文4-5　☐A　☐B

千百年來，海平面有時高，有時低，就像氣溫一樣。研究顯示，全球暖化（如果這是事實的話）主要是因為地球溫度的自然改變，以及太陽風作用的結果。所以有人認為，工業化以及燃燒碳氫化合物對氣候變遷的影響微乎其微。我的主張是，這種不認為全球正逐漸暖化的論調，是很危險的。

短文4-6　☐A　☐B

有些人說，打小孩對小孩沒有傷害。我反對這種說法。當然有傷害，身體跟心理都會受傷。打人就是一種攻擊的行為，如果被打的是大人，沒有人會容忍。很多大人無法真正感受打罵的殘忍，因為他們就是被打大的，根本誤以為打小孩是正常的。這些小時候被打的人，長大以後繼續攻擊沒有反抗能力的人，落入永無止盡的惡性循環。

解答見第 106 頁

Non-arguments: Description

非論證：描述

敘述某件事情的發生經過，或描寫某件事的狀況，就叫做**描述**（description）。描述不解釋事情為何，或是如何變成那樣，也不對結果提出評論。在報告以及學術性的論文中，描述應該要陳述正確的事實，避免價值判斷。描述和**批評分析**（critical analysis）有時會分不清楚，因為這兩種都會詳細檢視細節。

詳細描述的目的，並不是為了要說服他人同意某個觀點，而是要讓閱聽者對於它所描述的項目或主題，能夠有更深刻的印象。

範例 1

將混合液放在試管裡，加熱到攝氏三十五度，出現了少量的黃色氣體，這些氣體沒有氣味。再加入四十毫升的水，繼續加熱到沸騰。這時冒出了灰白色的水蒸氣，試管周圍也有水珠凝結。

上面這段話是描寫一個實驗的步驟。仔細地敘述實驗中採取的各項方法與步驟，對於書寫研究性質的實驗成果來說，是非常重要的。文中沒有提到為什麼出現這些現象，這部分的批評分析，應該會在報告的另一個部分提及。

範例 2

這幅畫中，有一些人聚集在小屋或空地四周。這些人都穿著農民的服裝，並且位於房子的陰影或樹蔭之下。臉上的容貌或服裝看不出來任何個人的特徵。相反的，委託畫家畫這幅畫的貴族們，則打扮精緻入時，各具特色。這些人都在畫的前景中，在陽光的直接照射下，容貌清晰可辨。

　　上面這個段落描述了一幅風景畫的特徵。作者選擇對讀者仔細描繪的細節，暗示了他本身的特定看法，但文中並沒有明說。這個沒有被明說的論點可能像是：在某個時期、某個地點，窮人與富人在繪畫中被呈現的方式不一樣。但是此論證要成立，必須再加上一個結論，如此一來，這些細節就會變成很有效的支持論點。少了結論，這個段落就只是描述，而不是論證。

範例 3

　　通常，人們看到大象、樹、碗、電腦等等這些熟悉的物體時，立刻就會知道那是什麼。人們認得這些物體的整體樣貌，不需要聲音、味道、顏色等其他感官資訊的輔助，就可以知道眼前的東西是什麼。但是，患有視覺失認症（visual agnosia）的人，沒有辦法靠視覺來辨認物體，他們的視覺無法為他們解讀眼前的事物。如果這些人用手來觸摸大象的外形，或許就會知道那是一頭大象，但他們眼中看不到大象。他們還是看得見，也知道自己看到了東西，但就是沒辦法看出，那是一隻大象。

　　上面這個例子的作者描述了視覺失認症患者的病徵，是一篇針對事實的報告，至少在作者寫作之時，它是一個事實。作者並不打算說服讀者接受特定的觀點。你可以再看一次，看找不找得到一個論點，以及支持這個論點的理由。「但是」（however）這個字常常在論證轉折時出現，但這裡是用來描寫視覺功能的變化。

3 非論證：解釋

　　非論證有時候也會很像論證，特別是含有下面這二個特性時：導出最後的結論；為了行文更順暢，使用論證常用的信號字。

　　解釋也可能含有事實陳述、理由，並且導向一個最後的結論，也會使用論證常用的信號字，這些都讓解釋看似具有論證的結構。不過，**解釋不會試圖說服閱聽者接受特定的觀點**，而是用來：敘述某件事發生的原因或過程；解釋某個理論、論點或其他訊息的意義。

> **範例 1**
>
> 調查發現，很多駕駛在開車時常昏昏欲睡，而長時間開車，是車禍的主要原因。因此，公路沿線設置了越來越多的暫停區，讓駕駛可以休息一下。

上面這段話解釋了公路沿線暫停區越來越多的原因。

> **範例 2**
>
> 孩子們吃了蘑菇，是因為那些蘑菇很像他們在餐桌上以及超市裡看到的。大人沒有教他們怎麼區別安全的蕈類和危險的蕈類，也沒有告訴他們灌木叢裡的蘑菇不能吃。

　　上面這段話在解釋為什麼孩子們會吃有毒的蘑菇。如果再多一句，例如「因此我們應該要教孩子們認識蕈類」，這段話就會成為論證，而原來的解釋就成了理由。

Non-arguments: Summaries

非論證：摘要

摘要是長篇訊息或文章的精華版，通常會重複幾個已經提過的重點，來提醒閱聽者將焦點放在最重要的地方。結論中可能會包括前文的摘要，而摘要中通常不會加入新的資訊。下面這個例子是一段烤蛋糕的步驟，並不具有論證的要素。最後一句只是總結前面所説的摘要。「總而言之」（therefore）這個字常用來表示論證的結論，不過這裡只是用來表示最後的總結。

範例 1

做這個蛋糕，需要等重的低筋麵粉、植物性奶油和糖，以及在每50公克的麵粉中加一顆蛋。把所有材料放在大碗中，用力攪拌三分鐘，將材料充分混合，然後倒進抹好油的蛋糕模型裡，用190℃的高溫烤20分鐘，烤到蛋糕膨脹、變成金黃色，和模型盒之間出現空隙為止。不同的烤箱可能烤的時間會不一樣。等蛋糕涼了之後，再加入果醬和奶油等裝飾。總而言之，烤蛋糕很簡單，買好材料，攪拌均勻，用190℃高溫烘烤、放涼，然後依個人喜好裝飾就可以了。

下面這個段落是第 77 頁〈短文 3-18〉的重點摘要。

範例 2

契氏（Csikszentmihalyi）認為，因為我們沒有努力建立一個理想的世界，所以人會不快樂。我們自私自利，只著眼短期的利益，忽略了我們的行為對於他人以及環境會有長遠的影響。契氏認為，我們要與周遭的世界和諧共處，才是解救之道。

5 練習：這是哪一種訊息？

短文4-7

太陽系不只不適合人類居住，也不適合機器存在。儘管如此，在1957年到2004年之間，仍然有三十幾個國家總共發射了八千多個衛星和太空船進入太空。已經有超過350個人曾經衝向太空，但是並沒有全數返回地球。這些發射基地都設在赤道附近，例如法屬蓋亞那（Guyana）的庫魯（Kourou），這是為了讓火箭可以充分利用地球自轉的特性。

短文4-8

初生嬰兒在三個月大以前，可能沒有能力察覺自己的呼吸和體溫。睡在母親身旁可以讓嬰兒跟著母親的節奏，學會規律的呼吸與睡眠。跟母親一起睡的嬰兒，比獨睡的嬰兒更常醒來。此外，跟嬰兒同房的母親，更能夠掌握孩子夜晚的動靜。因此，新生嬰兒和父母一起睡，可能比較安全。

短文4-9

這篇文章列出單獨的呵欠與具有傳染力的呵欠之間的不同。它主要是參考普拉泰克（Platek）教授的一份研究。普拉泰克教授認為，只有人類和猩猩的呵欠具有傳染力。文章繼續提到，看到別人打呵欠，自己也跟著打呵欠的人，比較能夠感受別人的心情。最後，文章還指出打呵欠對社會有一些好處，它認為互相傳染的呵欠可以讓同一個團體裡的人更能同心協力。

短文4-10

　　這個村落靠近城市的市郊。城市正沿著道路慢慢朝村落逼進，一點一點將村落吞噬。要不了多久，整個村子就會完全消失，成為東海岸這個巨大城市聚落的一部分。往西方望去，盡頭的山林把村落困在山和城市之間。一條路從城裡那頭過來，穿過村落，通向山裡去。

短文4-11

　　兩隻玩具鼠大小形狀都一樣，把這隻狗搞糊塗了。雖然一隻是紅色，一隻是藍色，小迷糊還是沒辦法光用看的就知道哪一隻是牠的玩具。牠必須像其他狗一樣，這隻聞聞，那隻聞聞，用嗅覺來區分兩隻老鼠。這是因為牠無法分辨顏色。

短文4-12

　　莎士比亞的《羅密歐與茱麗葉》故事背景設在義大利小鎮維洛納。故事一開始，羅密歐正愛著另一個女人，但很快就在舞會上為茱麗葉神魂顛倒。雖然兩家是世仇，羅密歐與茱麗葉還是在朋友以及一個神父的幫助下結為連理。但是很不幸，故事就此轉向悲劇，兩人先後在誤認為對方已經死亡的情況下自殺了。

短文4-13

　　這個學生研討課遲到，有很多原因。首先，一個著火的平底鍋讓他的廚房經歷了一場小災難，收拾善後花了他20分鐘。然後，他找不到大門的鑰匙，又浪費了十分鐘。然後，正當他關好門要離開時，郵差來了，說有個包裹要他簽收。他的筆偏偏這時沒水了，又耽擱了一些時間。最後，他得再找一次鑰匙，因為鑰匙又掉到他的袋子裡頭，而他必須再開一次門，把包裹放到桌上。

一直到2003年，英格蘭諾丁漢的克雷斯威爾峭壁上雕刻的馬、赤鹿和野牛，才被人發現。這些雕刻之所以一直被忽略，部分是因為沒有人認為這類作品可能在英國出現。最早勘查該處洞穴時，專家們確實沒有注意到洞穴周圍的藝術遺跡。

這些在英格蘭克雷斯威爾峭壁所發現的馬、野牛和赤鹿的浮雕，與在德國發現的動物浮雕極為類似。二地文化不同，不太可能產生如此雷同的藝術作品。這表示在冰河時期，歐洲大陸和英國二地之間的文化關聯，比我們以往的認知更為密切。

最近，冰河期的專家們很興奮已經找到證據，可以證明冰河時期的人類文明，已經跨出歐洲大陸。再度探勘英格蘭克雷斯威爾峭壁，專家們在牆上找到馬、野牛和赤鹿的圖畫，發現它們和已經在德國出土的動物形象十分類似。至於在洞穴牆上發現的其他圖案，就有各種解讀了。有些專家認為那是跳舞的女人，但也有人不認同。

解答見第106頁

6

Distinguishing argument from other material

區分論證與其他資訊

不屬於論證的資料

基本上論證不會是單獨存在的，它的周圍一定摻雜著很多不屬於論證的資料，例如：

↗ 前言
↗ 描述
↗ 解釋
↗ 背景資訊
↗ 摘要
↗ 其他不相關的資料

範例 1

在一張1539年的大洋環流圖上，有一些標示海水溫度的漩渦。現在已經有人拿衛星雲圖來和這些漩渦對照。這張地圖是一個名叫奧勞思·馬格努斯的瑞士製圖師所繪。過去那些在海蛇和海怪之間的圈圈，被認為純粹只是一種繪畫技法。但是圈圈的大小、形狀和位置，都十分符合海水溫度的變化，這一點應該不只是巧合。這張地圖很可能如實呈現了海潮向冰島西方及南方推進的情況。據信繪圖者是由漢薩同盟（Hanseatic League）的德國水手那邊，取得海潮變化的相關資料。

上例分析

主要論點	上面這個例子的主要論點是:「一張古老的海洋圖很可能精確呈現了海洋的一部分。」
描述	這一段的開頭,是描述地圖的樣貌以及驗證地圖的方法:「在一張 1539 年的大洋環流圖上,有一些標示海水溫度的漩渦。現在已經有人拿衛星雲圖來和這些漩渦對照。」
背景資訊	「一張 1539 年的大洋環流圖……這張地圖是一個叫做奧勞思 · 馬格努斯的瑞士製圖師所繪。過去那些在海蛇和海怪之間的圈圈,被認為純粹只是一種繪畫技法。」
支持結論的理由	這篇短文陳述的理由符合關於漩渦的描述,很清楚地駁斥圈圈只是繪畫技法的說法:「**但是圈圈的大小、形狀和位置,都十分符合海水溫度的變化,這一點應該不只是巧合。**」
結論	從理由合理地導出結論:「這張地圖很可能如實呈現了海潮向冰島西方及南方推進的情況。」
補充解釋	這個段落最後,又補充了一點資訊,解釋繪圖者如何得到製圖的資訊:「據信繪圖者是由漢薩同盟(Hanseatic League)的德國水手那邊,取得海潮變化的相關資料。」

練習小技巧

　　能夠分辨各種類型的資訊,閱讀時就可以很快地把讀到的內容分類。如果還是有困難,可以在手邊放隻鉛筆或螢光筆。如果書不是借來的,當你看到結論和理由時,就在上面畫線或做記號,然後再用你自己的話加以摘要、記錄。

Activity: Selecting out the argument

7 練習：把論證找出來

閱讀〈短文 4-17〉，然後把下面這些元素找出來：

↗ 結論

↗ 支持結論的理由

↗ 作者如何回應反對的論點

其他不屬於論證的資訊包括：

↗ 前言

↗ 描述

↗ 解釋

↗ 摘要

↗ 背景資訊及其他

短文4-17 **有人在那裡嗎？**

5 → 「其他星球有生命存在」，這樣的說法在某些國家會遭到訕笑，但是也有一些國家的人不只深信，更想盡辦法要和外星生物聯絡。這必然是個有人相信有人持疑的議題，9-1 → 其中一個支持外星生物存在的傳統論點，稱為「豐富理論」（plenitude theory）。這派人士認為，宇宙有那麼多星系，不太可能只有地球可以孕育高等生物。如果我們認為整個宇宙中只有人類一種具有智能的生物，也未免太愚蠢自大了。9-2 → 但認同偶發理論（contingency theory，也稱權變理論）的人卻不以為然，而且6 → 他們的說法很具說服力。這一派認為，生命是一個美麗的意外，完全不在預定計畫之內。生命進化的過程太複雜，發生一次已經夠特別了，所以同樣的過程再發生一次的機

率，是微乎其微的。[8] → 因此，對於外太空到底有沒有生物，各界看法分歧。[1] → 地球以外，不太可能有生命。[2] → 人類利用無線電波在外太空搜索生命跡象，已經一百多年了，至今仍一無所獲。[4] → 如果那裡有高等生物存在的話，我們早就收到一些訊息了。現在關於外太空生物這個議題，大家比較相信的是聚合理論（convergence theory）的觀點。兩種不同的物種，遇到同樣的問題，不約而同地以同樣的方式解決問題，這種情況就叫做聚合理論。舉例來說，為了能夠飛，蝙蝠和鳥類都逐漸進化，長出翅膀。而章魚和烏賊也因為同樣的原因，而長了一雙像照相機般的眼睛。這些物種各自演化出同樣的特徵，[7] → 這表示，宇宙或許有無限可能，但大自然傾向重複一樣的過程。莫理斯（Morris，2004）主張，大自然已經發生過一次的事，就很可能再發生一次。不過，莫理斯自己也承認，宇宙裡適合生命存在的基本環境可能十分稀有。大自然或許有此意願，但環境卻不允許。[3] → 也許絕對適合生存的環境只會出現一次。與太陽的距離要剛剛好；地心引力要對；各種化學與物理、水和空氣，都要正確組合，這樣的星球實在不太可能存在。聚合理論認為大自然會重複產生同樣的結果，而豐富理論也聲稱眾多星系的存在，增加了地球以外有高等生物的可能性，但是這些論點，都缺乏說服力。適合生命存在的環境如此複雜微妙，能夠出現一次生命演化已經夠了不起了，不太可能會在另一個地點重複一次同樣的過程。

〈短文4-17〉分析 **有人在那裡嗎？**

1. 結論	「地球以外，不太可能有生命。」最後一段話則支持這個結論的論證做個總結。
2. 理由一	「人類利用無線電波在外太空搜索生命跡象，已經一百多年了，至今仍一無所獲。」
3. 理由二	「也許絕對適合生存的環境只會出現一次。」這個理由是用來駁斥下面第（4）項的反面論證。
4. 作者回應對立的理論	「如果那裡有高等生物存在的話，我們早就收到一些訊息了。」作者提出他對於聚合理論和豐富理論的看法。這部分亦當作支持結論的理由。
5. 前言	「『其他星球有生命存在』，這樣的說法在某些國家會遭到訕笑。」
6. 描述	這段話中，作者描述了偶發理論，列出它的重點。雖然作者用了「很具說服力」這樣的詞，但並無提出理由來說明為什麼很具說服力，所以這是描述，而不是論證或解釋。在這個例子裡，這段描述也可能是這個理論的摘要。
7. 解釋	文中只列出偶發理論的重點，略作描述，卻對聚合理論做了解釋，但這裡還舉了兩個例子來說明，並且從所舉例子中導引出一般的原則：「這表示，宇宙或許有無限可能，但大自然傾向重複一樣的過程。」
8. 摘要	「因此，對於外太空到底有沒有生物，各界看法分歧。」
9. 背景資訊	「其中一個支持……高等生物。」這一句話提供了背景資訊，為論證做準備。 接後又提出更多的背景資訊：「但認同偶發理論的人卻不以為然……同樣的過程再發生一次的機率，是微乎其微的。」

這一篇的重點在於教導大家分辨論證與其他類型的訊息。這些訊息很容易和論證混淆，是因為「argument」這個字除了指「論證」以外，還有一般的用法，而且有些類型的訊息乍看之下很像論證。

反對，有時會被誤認為就是批判性思考（critical thinking）。但是對批判性思考來說，論證是指提出一系列的理由，支持某個結論，然後說服他人同意某個觀點，這其中可能包含反對，但並不是必要元素。相反地，沒有提出理由的反對，對於批判性思考來說，就不是論證。

描述是敘述某件事的過程或樣貌，也可能會提到很多細節，而批判推論（critical reasoning）時也會分析細節，因此兩者很容易混淆。不同之處在於，描述不會解釋事情發生的原因，也不會對結果提出評論。在各式報告和學術文章中，描述應該要陳述正確的事實，避免價值判斷。簡短而精準的描述可以在評論之前，先對主題做個簡單扼要的介紹。

解釋和**摘要**中，可能都含有理由、結論，以及論證常用的信號字，所以也常被誤認為是論證。不過，解釋不會試圖說服閱聽者接受特定觀點。解釋的目的在於說明「為什麼」（why）及「怎麼會」（how），而不是表明支持或反對某個論點。摘要可能是縮短版的論證，其作用在於減少訊息的長度。

9 Sources and Answers
參考資料及解答

參考資料

The nature of happiness（快樂的本質）：Csikszentmihalyi, M. (1992) *Flow: The Psychology of Happiness* (London: Random House).

Social class in eighteenth-century painting（十八世紀繪畫中的社會階級）：Barrell, J. (1980) *The Dark Side of the Landscape: The Rural Poor in English Painting, 1730-1840* (Cambridge: Cambridge University Press); Amheim, R. (1954, 1974) Art and visual Perception: The Psychology of the Creative Eye (Berkeley: University of California Press).

Sudden Infant Death Syndrome（嬰兒猝死症）：Trevathan, W., McKenna, J. and Smith, E. O. (1999) *Evolutionary Medicine* (Oxford: Oxford University Press).

Contagious yawning（會傳染的呵欠）：Platek, S. et al. (2003) 'Contagious Yawning: the Role of Self-awareness and Mental State Attribution,' *Cognitive Brain Research*, 17(2): 223-7; Farrar, S. (2004a) 'It is Very Evolved of Us to Ape a Yawn,' Times Higher Educational Supplement, 12 March 2004, p. 13.

Cresswell Crags cave art（克雷斯威爾峭壁洞穴藝術）：Farrar, S. (2004b) 'It's Brit Art, but Not as We Know It,' *Times Higher Educational Supplement*, 16 July 2004.

Research on Olaus Magnus's sea charts（克勞思 · 馬格努斯的航海圖研究）：Farrar, S. (2004c) 'Old Sea Chart is So Current,' *Times Higher Educational Supplement,* 16 July 2004.

Theories about extra-terrestrial life（關於外太空生物的理論）：Morris, S. (2004) *Life's Solution: Inevitable Humans in a Lonely Universe* (Cambridge: Cambridge University Press); Mark Pagel (2004) 'No Banana-eating Snakes or Flying Donkeys are to be Found Here,' *Times Higher Educational Supplement*, 16 July 2004.

頁數	短文	解答
89-91▶ 論證與 反對	4-1	A：是論證。主要論點是：**具備雙語或多語能力，好處多多。**理由如下：（1）懂兩種語言以上的人會更瞭解語言的結構；（2）懂另一種語言，會讓人更瞭解母語。
	4-2	B：最後一行雖然不認為輔助療法可以和正規醫療分庭抗禮，但並沒有提出反對的理由，所以這不是一個論證。
	4-3	B：最後一行表示不認同雇主對工作場所的員工安全無能為力，但也沒有提出理由，所以這不是一個論證。
	4-4	A：這是一個論證。結論出現在第一行：跟以前比起來，現在的人比較沒有政治意識。理由是：（1）以前的人會為與私人利益無關的原因奮鬥；（2）以前的人比較願意為政治冒險；（3）以前的集會遊行較具國際觀；（4）現在會去投票的人比較少。
	4-5	B：有些人不認為全球正逐漸暖化，作者在最後一行表示反對這個說法，但並沒有說明反對的原因，所以這不是一個論證。
	4-6	A：是論證。結論在第一行後半段：**當然有傷害**，身體跟心理都會受傷。這個結論是針對段落一開頭提到的打小孩問題。它根據的理由是：（1）這是一種攻擊的行為；（2）沒有人可以接受攻擊大人的行為；（3）打小孩會造成惡性循環。
96-98▶ 這是哪一 種訊息？	4-7	**描述**：這一段敘述了關於太空探險的幾件事。
	4-8	**論證**：認為嬰兒與母親一起睡比較好。
	4-9	**摘要**：這是一篇普拉泰克等人所寫的文章之摘要，作者是 Farrar（2004a）。
	4-10	**描述**：描述一個村落的地理位置。
	4-11	**解釋**：這一段話是解釋，為什麼這隻狗不看顏色，而要靠聞的，才能分辨哪隻是牠的玩具鼠。
	4-12	**摘要**：這是一段莎士比亞戲劇的劇情摘要。
	4-13	**解釋**：解釋這個學生遲到的原因。
	4-14	**解釋**：說明洞穴的壁畫為什麼直到最近才被發現。
	4-15	**論證**：這段話的論點是：冰河時期，歐洲大陸和英國二地之間的文化關聯，比我們以往的認知更為密切。
	4-16	**描述**：描述專家們對於洞穴壁畫的反應。

UNIT

5 他們講得好嗎？
——清楚、一致與論證結構

第三章第 81 頁的圖表，告訴我們論證通常具有下面這六個要素：

本章學習目標

† 檢查論證是不是說得夠清楚、論點是否前後一致

† 檢查論證邏輯是否一致

† 檢查論證的邏輯順序

† 瞭解聯合理由（joint reasons）和獨立理由（independent reasons）是什麼意思

† 認得出暫時性結論，並且瞭解它的作用

↗ 作者的立場
↗ 命題與理由
↗ 推論思路
↗ 結論
↗ 說服
↗ 使用信號字詞

不過，這些要素只能讓我們知道作者提出的是一個論證，但這個論證的品質好不好，沒辦法這樣就知道。論證要清晰有力，必須善用聯合理由、獨立理由及暫時性結論，論述發展也必須符合邏輯順序。這一章我們就要更深入來討論，如何安排論證架構，寫出論點清晰、前後一致的論證。

1 作者的立場清楚嗎？

說重點

要建立一個好的論證，清不清楚很重要。有時作者可能說了一大堆有趣的資訊，但是最重要的觀點或立場，卻淹沒在細節裡。作者的立場如果夠清楚，別人才看得懂他想說什麼，然後一路跟著他的推論思路去走。

一個好的論證，不管在論證的哪個階段都會清楚看出作者的立場，例如：

↗ 前言
↗ 最後一、二個句子
↗ 結論
↗ 整體推論思路
↗ 論證的重點摘要
↗ 選用最相關的資料，不讓論證的焦點模糊了

瞭解論證架構的好處

↗ 能夠利用論證架構找到閱讀的焦點
↗ 瞭解各項論證要素之間的關聯，理解力也會因此增加

閱讀下面這些短文，然後想一想下面這兩個問題。

作者的立場清楚嗎？

作者立場清楚或不清楚的原因是什麼？

短文5-1

　　大象的腦，是人腦的五倍大，有人認為大象很聰明。但是大象再怎麼聰明，會比人類聰明五倍嗎？應該不能這樣算。拿不同體型動物的腦袋尺寸來相比，這樣公平嗎？或許應該算相對尺寸吧？人類大腦的重量，約占體重的2.5%，大象的腦重則不到體重的0.5%。按比例算起來，人類的大腦，應該比大象的腦大十倍才對。或者，應該要算腦與身體的尺寸比例？如果是這樣的話，鼩的腦那麼重，應該比人類和大象都聰明許多吧？結果鼩除了吃，什麼都不會。

短文5-2

　　個人有自由意志，所以可以掌握自己的命運。另一方面，團體也具有一個集合的身分。舉例來說，坎培爾（Campbell, 1984）做的一項研究顯示，女生如果常和男生一起玩，就會比幾乎只和同性一起玩的女生，更常看別人打架或甚至參與打架。這表示侵略行為不只是個性的關係，也會受到社會環境影響。在日常生活中，自我意識讓我們以為我們的決定都操之在己。我們知道自己有選擇權，也自己做決定。但是團體也會迫使它的成員接受團體的決定，有時甚至是不知不覺的。

短文5-3

　　這篇報告是研究甲地該不該蓋新的運動中心。市場調查的結果是，這個地區不太需要再多一間運動中心。但是這個地區的人其實很少利用運動器材來改善自己的健康。政府正積極鼓勵更多人為自己的健康與身材負責，運動中心剛好可以幫助政府達到這個目的。這一區的人都不太注意健康，也不喜歡運動。或許政府有提供相關的補助。

解答見第 135 頁

2 論點一致性 & 練習

論點前後一致會讓論證更清楚

要清楚呈現作者的立場，很重要的一點是要能建立一個從頭到尾一致的論證，讓所有的推論細節都支持同一個結論，並且沒有任何一點削弱主要訊息的力道，或是與其相左。前後不一致的論證，會讓閱聽者很難理解，不確定作者到底要說服他什麼。

> **範例 1**
>
> 蘋果對牙齒很好。酸具有腐蝕的作用。蘋果有很多果酸，所以不可能對牙齒很好。

上面這段話缺少論點一致性。讀者看完了之後，一頭霧水，搞不清楚蘋果到底對牙齒好不好。

考慮對立的論點

論述要有說服力，最好要考慮到其他的觀點，包括明顯與主要論證對立的意見。好的論證會用下面這些方法來處理對立的觀點：

- ☑ 從頭到尾都清楚讓閱聽者知道你要說服他們接受的立場是什麼；
- ☑ 提到其他的觀點時，很清楚讓閱聽者知道這不是主要論點（請參考第 299 頁的信號字）；
- ☑ 利用相對論證，向閱聽者證明另一個觀點為什麼不足取；
- ☑ 一一反駁反對的觀點，證明主要論證經得起考驗。

蘋果比其他精緻的甜食對牙齒更好。有些人認為蘋果是含酸的食物，而酸會損害牙齒的琺瑯質。不過不管是哪一種食物，只要殘留在牙齒上，就對牙齒不好，精緻的甜食危害更甚。跟大多數人吃的含糖零食相比，蘋果是一個較好的選擇，而且也一直受到牙醫師推薦。

上面這段話就具有論點一致性了：蘋果比其他精緻的甜食對牙齒更好。文中提到的理由都支持這個結論，而反對的觀點（酸會腐蝕牙齒）也提到了，但其重要性已經被削弱了。

值得一提的是，這裡的主要論證力量夠強，部分原因是它的用字比較溫和，比較容易找到理由來支持這個結論。與其很絕對地說「蘋果很好……」，不如說某件事（蘋果）「比……更好」，因為前者並不見得在任何情況下都是事實。

精確

上面這個例子說明，論證的用字需要更精確一點。用錯字常常是導致論證不一致的原因，就像下面這個例子一樣：

蘋果對牙齒很好，牙醫生也一直這麼推薦。你可能會覺得很奇怪，因為蘋果含有果酸，而酸會腐蝕琺郎質。不過，相對來說，蘋果是比較無害的。比起糖果蛋糕這類用精糖製作的零食來說，蘋果有益多了。

這一段話比起第一個例子而言，結構比較好，論點也比較一致，但仍然不能稱為是一個前後一致的論證。一開始作者就說「蘋果對牙齒很好」，但後來又變成「這種果酸是比較無害的」、「蘋果比其他零食有益多了」。一個是表達相對益處，一個是絕對陳述，兩者不一致，所以這段話未前後一致。

論點一致性

閱讀下面這些短文。辨別每一段文章的論點,是屬於前後一致
（A），或前後不一致（B），並說明原因。想一想可以怎麼修
改,讓前後不一致的文章變成一致。

短文5-4 □A □B

　　能夠讓運動員表現更好的藥物都應該被禁止,因為這會造成比賽
不公平。任何人只要被發現服用這些藥物,就應該自動被禁止參加全
國性及國際性的競賽。服用這些藥物的運動員,沒有展現公平比賽的
精神。但是另一方面,因為治療需要而服用藥物的人,則不應該被禁
止參賽,因為這些人並沒有故意作弊。

短文5-5 □A □B

　　教練應該勸阻運動員服用增進表現的藥物,因為這些藥物對於運
動員的健康可能有嚴重的後果。這類藥物有些會導致身體變形、傷害
皮膚甚至讓人有激烈表現。某些藥物尚不知是否有長期的副作用。另
一方面,有些人患有氣喘之類的疾病,他所服用的藥物當中,就含有
這類藥物的成分。對這些人而言,當然還是服用這類藥物比較好。因
此,完全禁止這種增進表現的藥物是不對的。

短文5-6 □A □B

　　真人實境秀（Reality TV）並非觀眾想看的節目。現在有太多節
目,只要稍微操作一下,拿架攝影機對準想要短暫出名的平凡人就
好,根本不需要什麼成本。結果,高品質節目越做越少,節目內容千
篇一律。數位電視雖然預告了觀眾具有選擇權的時代來臨,但這個承
諾尚未落實。更離譜的是,昨天晚上,幾乎全國的人都在收看最近這
個真人秀的完結篇。其他電視劇、優良的娛樂節目,還有內容嚴謹的
紀錄片都到哪裡去了呢?

短文5-7　□A　□B

　　鄉村已是注定要消失的地區了。城市四周的綠野與林地，是城市的「綠色腰帶」，也是美麗的鄉間景致不可或缺的一部分。現在有8%以上的鄉村土地已經開發，對於不斷成長的城市來說，綠色腰帶更像是它的肺一樣，幫助城市「呼吸」。不幸的是，因為新的建築不斷從城市向外擴展，鄉間已經在快速消失當中，不用多久就會不留痕跡。那一天一旦來到，就算我們有辦法重建消失的森林與灌木所形成的複雜生態系統，也將不是一件容易的事。

短文5-8　□A　□B

　　哥倫布向西航行，找到了西印度群島，這是一件非常勇敢的行為，因為在此之前，大家都相信世界是平的，認為哥倫布此舉太瘋狂，他在航行到世界的盡頭後就會掉下去。拉可坦尼爾斯（Lactanius）和印第科普萊特斯（Indicopleustes）這些四世紀的基督教作家，則把世界描繪成長方形，不過他們的觀點並不廣為人知。而到了中世紀，諸如奧古斯丁（Augustine）、阿奎那（Aquinas）和阿爾伯圖斯（Albertus）這些知名的學者已經知道地球是圓的，但他們關心的是更崇高的宗教議題。哥倫布出發之前，撒拉曼卡的學者們已經有了更精確的計算，他們知道地球正確的形狀，但是因為認為哥倫布低估了此行的距離，所以反對他出航。不過哥倫布還是堅持出發了。要是沒有哥倫布的勇氣，或許美洲就永遠不會被發現了。

解答見第 136 頁

3 邏輯一致性 & 練習

論證如果清楚而且前後一致，所有的理由都會支持同一個結論。判斷一個論證好不好，還需要注意作者提出的理由是否確實支持結論。換句話說，我們要檢查論證的推展是不是很合乎邏輯，這就是所謂邏輯一致性。

有時候，作者自己也會講到不知所云，然後端出一個與前面的理由不太一致的結論。有時候，我們會看出作者提出的理由其實不好，感覺好像他已經詞窮了，所以隨便丟一個理由，希望我們不會注意到他的論證缺乏邏輯。舉例來說，下面範例一的理由就沒有支持結論。請想一想為什麼。

範例 1

> 昨晚車站附近發生命案。常常有青少年在那裡閒晃，兇手可能就是其中一人。市議會應該禁止青少年在車站附近閒晃才對。

上面段話的結論是：**應該禁止青少年在車站附近閒晃**。理由是：**有一群青少年常在發生命案的車站附近閒晃**。這個理由無法支持結論，原因如下：

☑ 沒有證據顯示那群青少年真的殺了人
☑ 就算這些青少年真的殺了人，並不表示其他青少年也會殺人
☑ 沒有理由認為禁止青少年閒晃就可以避免發生更多命案

上面這個例子不是個好論證，部分是因為它的證據不足，不過我們這裡要看的是它的推論錯誤，因為它的結論並不是從理由推論得來的。

如果要幫他修改的話，可以將結論改成：如果命案發生當時，這些青少年在附近，可能會聽到或看到什麼動靜，或許可以協助破案。我們再來看看下面的範例二。請先找出結論，以及支持這個結論的理由。

範例 2

鄉下地方學童的在校行為表現，比大都市裡的學童好。在鄉下長大的孩子，比較有責任感，會幫忙做家事、照顧小動物，這也讓他們養成成熟、尊重生命的心態。而大都市裡的孩子擁有的東西比較多，卻比較不會珍惜。我們應該要把都市的孩子送到鄉下去念書，這樣就會教出更多乖巧有禮、尊重別人的孩子。

上面這段話的結論，出現在最後二行：**如果把都市的孩子送到鄉下去念書，他們的態度和行為就會進步**。主要的理由是：**鄉下地方的孩子比較成熟、心態比較正確**。不過，文中提到鄉下的孩子表現比較好，是因為他們比較有責任感，而這些責任感是在家裡、而非學校學的。都市的小孩不會因為去鄉下念書，就變得比較負責任。因此，換學校就會改變孩子的行為，這個結論並不是合乎邏輯的推論。按照文中提出的理由，或許可以把結論改成這樣：如果多給都市裡的小孩一些責任，或許有助於改進他們的行為。

練習

邏輯一致性

請判斷下列短文是否具有邏輯一致性，A 是屬於前後一致，B 為前後不一致，並說明原因。

短文5-9　□A　□B

海底最深處，稱為深海帶或底層區（abyssal zone）。在大陸棚邊緣的深海帶稱為半深海帶（bathyl zone），這裡已經深到連陽光都無法穿透。雖然這裡是絕對的黑暗，但仍然有動物生存。人類也是動物的一種，而動物可以在半深海帶生存，證明人類生存並不需要光線。

短文5-10　□A　□B

建築工地裡的工人如果不注意自己的健康和安全，意外就會發生。很多雇主根本不切實遵守健康及安全上的相關規定，可想而知，明年的工地意外事故一定會增加。

短文5-11　□A　□B

　　雖然研讀體育、媒體與流行文化等學科，必須以理論的角度去研究該學科的應用原理，但這些科系在校際間以及在大眾心目中的地位，卻不及歷史或古典文學，這類沒那麼費神的科系重要。部分原因是修讀體育、媒體或流行文化這些學科的學生，多半來自藍領階級的家庭，而他們畢業後賺的錢比傳統科系的學生少，使得藍領階級的人永遠只能從事薪資較低的工作。因此我們應該鼓勵出身藍領家庭的學生，去念諸如歷史這類傳統科系。

短文5-12　□A　□B

　　沈積層堆積在山谷或海中，經過歲月的淬鍊，最後變成岩石。最古老的岩石一定在最下層，除非是遇到地殼變動而翻轉。地底或火山中的岩漿太多時，就會一直向沈積岩推擠，穿過好幾層沈積岩，最後硬化形成火山岩牆，我們稱這種現象為火成侵入（igneous intrusions）。因此，發生火成侵入現象時，火成侵入體本身的年代一定小於周圍的沈積岩。

短文5-13　□A　□B

　　已經不可能找到絕對安靜的地方了。現在，到處是手機鈴聲、人的喊叫聲、汽車喇叭聲，還有音響裡傳來震天嘎響的音樂聲。不管走到哪裡，一定會有某種聲音劃破寂靜。噪音汙染絕對日益惡化中。

短文5-14　□A　□B

　　如今電腦已經能向人類挑戰像西洋棋這種複雜的遊戲，並且獲勝。這是上個世紀末時大家都認為不可能發生的事。電腦的記憶能力如今也今非昔比，只要極微小的空間就可以儲存大量的記憶。電腦唯一的缺點是，它沒有感情，而要和其他人產生共鳴，就不能沒有感情。儘管如此，終有一天電腦在各方面的表現都會超越人類。

解答見第 136 頁

4 Independent reasons and joint reasons & Activity
獨立理由與聯合理由 & 練習

作者為結論提出的理由如果不只一個，這些理由可能屬於：

↗ 聯合理由
↗ 獨立理由

聯合理由

屬聯合理由者，各項理由彼此相關，具有互相加強的效果。

範例 1

英國的雇主應該積極鼓勵較年長的人留在職場上。主要的原因
是，人口逐漸老化，未來在職場上的年輕人力，將無法滿足經濟
發展的需要。其次，較年長的人累積了一輩子的技術和經驗，對
社會經濟很有幫助。此外，較年長的人往往具有罕見的技術或難
得的態度，那是學不來也無法速成得到的。

上面這個例子的結論，出現在第一句。它所提出的這三個理由，都與經
濟發展所需的技術有關，並且彼此支持：

☑ 未來將沒有足夠的年輕人力應付所有的工作
☑ 較年長的人具有相關的技術與經驗
☑ 他們的技術與態度往往很難得，不容易學到

獨立理由

作者可能會用好幾個理由來支持同一個結論，每個理由有自己的道理，但彼此之間沒有任何關聯。

範例 2

英國的雇主應該積極鼓勵較年長的人留在職場上。較年長的人往往具有罕見的技術與難得的態度，太早離開職場，是一種浪費。再者，待在職場上的時間越長，不管是全職或兼職，都對健康比較好。此外，一個人退休之後要活四十年，甚至更久，期待儲蓄或退休金能支付退休後的生活，是不切實際的想法。

上面這個例子，所有的理由都支持作者的論點，但彼此獨立存在：

- ☑ 第一個理由重點是經濟層面（擁有罕見的技術）
- ☑ 第二個理由提到健康問題
- ☑ 第三個理由則是個人財務因素

瞭解每一個理由本身是不是足以支持論證，對於辨別論證的有效程度，非常有幫助。下面這個例子讓我們來看看力道薄弱的理由對於論證的影響。

範例 3

英國的雇主應該積極鼓勵較年長的人留在職場上。首先，年紀較大的人也有權利過較好的生活。第二，這些人如果不在這個地方保持活躍性，就會移民。第三，老年人喜歡和年輕人在一起，而職場以外少有這種機會。

這三個理由分別看來，可能都有點道理，而且看起來好像這個論證理由充足。但是，以雇主的立場來看，這些都是比較社會層面的議題，在商言商，並不算是留下較年長員工的充足理由。

練習

獨立理由與聯合理由

請閱讀下列短文，然後判斷支持結論的理由屬於獨立理由
還是聯合理由。結論以粗體字表示。

短文5-15

　　滿十六歲的年輕人應該被賦予投票權。他們繳稅，所以對於他們
的錢怎麼花，應該也有說話的權利。他們可以為國而戰，為國捐軀，
當然也應該有權利對國家的政治方向表達意見。如果他們有政治上的
義務，就應該也有政治上的權利。

短文5-16

　　探險隊常常留下一大堆垃圾、壞掉的工具等廢棄物，漸漸破壞了
當地環境。進行了這麼多次的探險活動，實質的發現卻很少。此外，
探險隊的各項需求，排擠了地方經濟的空間。有時探險活動並不安
全，不能保證一定會活著回來。**因此，應該要大量減少往北極探險的
次數。**

短文5-17

　　有時說謊情有可原。謊言會傷人，但有時事實傷人更重。人們不
見得總是需要知道事實，一點假象，有時也是面對難題的好方法。此
外，有時候不一定說得出實話，因為到底什麼是「事實」，其實沒那
麼清楚。舉例來說，誇大也算是一種謊言，但其中也含有事實的成
分。謊言是維繫社會的重要因素，因為我們會說謊，多半是為了維持
友誼，或維持社會和諧。

短文5-18

　　作者跟著樂團巡迴各地，拜訪他們的家庭，投宿同一家旅館，參加家庭的聚會和葬禮。作者曾經擁有自己的樂團，深刻瞭解樂團生活的箇中甘苦，但是因為本身不是這個樂團的一員，也不是競爭對手，所以能夠客觀記錄樂團的運勢起伏、音樂以及團員的生活。**因此，這本書忠實呈現了這個搖滾樂團的發展。**

短文5-19

　　知識管理在商場上越來越重要。少了它，就會浪費資源。舉例來說，員工過去所受的訓練與經驗，本來應該可以傳遞給其他員工，但公司卻往往未善加利用。此外，沒有做好知識管理的公司，看起來比較像過時的老公司，對潛在消費者來說，比較沒有吸引力。要因應電子資訊的普及與便捷，各企業必須協助員工做好心理準備，以應付資訊爆炸的時代。

短文5-20

　　剛開始，大眾無法欣賞馬格利特（Magritte）的藝術，因為他留下來的線索太少了，大家不知道怎麼去詮釋他的作品。他的作品非常注重無意識的部分，但他一直堅持拒絕外人探知他的個人生活，連一些簡單的早年生活都不願透露，因此他人也無從得知他的無意識所發揮的作用。他不認同以私人的問題與經驗來詮釋藝術，所以也就不提供相關資訊，讓大眾無法以此來詮釋他的作品。

解答見第 137 頁

5 Intermediate conclusions
暫時性結論

　　在較長也較複雜的推論中，可能會用很多組理由來支持一個最終的結論。這些理由必須適當安排，整個論證才能結構清楚、力道強勁。排列的原則如下：

↗ 同性質的理由要放在同一組

↗ 同一組理由要支持同一個暫時性結論

↗ 全部的暫時性結論要支持主要的論證思路

　　一組理由配合一個暫時性結論，可以幫助讀者瞭解論證演進的階段。暫時性結論也可以當作論證各個環節之間的踏板，讓論證的結構更清楚。

範例

我們應該給吸菸的人更多吸菸的自由，也讓他們為個人的選擇承擔更多的責任。很多人都知道香菸嚴重危害健康，但這是那些成年人願意冒的風險。大部分的吸菸者都打算在風險升高時戒菸。既然是成年人，就應該有權利自己決定要不要吸菸，根本不需要在香菸盒上加警語。吸菸者除了要付跟其他人一樣多的稅金和保險費外，還多付了菸品附加稅，有時還必須支付更高額的保險費。儘管如此，有些醫務人員還拒絕提供這些人醫藥照護。吸菸者應該和其他納稅人一樣，享有相同的醫藥照護。吸菸者也應該可以自由進出公共區域。有些國家已經幾乎找不到地方可以吸菸，不管天氣如何，想吸菸的人都被迫要到室外去。吸菸一度是最具社交意味的活動，如今這些人卻成了社會的賤民。

這段話的結論在一開始：我們應該讓吸菸的人為自己的選擇承擔更多的責任。

下面的範例是在同樣的段落上加上標記，標示出暫時性結論。這些暫時性的結論有的用來介紹一組新的理由，有的用來歸納前面說過的理由。

這個段落共有三組理由，每一組理由都有一個暫時的結論（如以下段落中的色字所示）。

很多人都知道香菸有嚴重危害健康的風險，但這是那些成年人願意冒的風險。大部分的吸菸者都打算在風險升高時戒菸。既然是成年人，就應該有權利自己決定要不要吸菸，根本不需要在香菸盒上加警語。

吸菸者除了要付跟其他人一樣多的稅金和保險費以外，還多付了菸品附加稅，有時還必須支付更高額的保險費。儘管如此，有些醫務人員還拒絕提供這些人醫藥照護。吸菸者應該和其他納稅人一樣，享有相同的醫藥照護。

吸菸者也應該可以自由進出公共區域。有些國家已經幾乎找不到地方可以吸菸，不管天氣如何，想吸菸的人都被迫要到室外去。吸菸一度是最具社交意味的活動，如今這些人卻成了社會的賤民。

Intermediate conclusions used as reasons & Activity

6 暫時性結論當作理由 & 練習

不同性質的暫時性結論

暫時性結論具有兩種功能：

1 當作摘要
2 當作理由

當作摘要

在論證推演的過程中，適時做個摘要，可以將論證分段，讓論證更清楚，讀者也更容易吸收。它也具有加強訊息的功能，提醒閱聽者主要的論點為何。第 98 頁的例子就用了這個方法。一個好的論證，作者必須：

↗ 將各項理由依其性質適當分組。
↗ 用一句話或一個段落將每一組理由做個摘要，這個摘要就扮演了暫時（或稱過渡）的結論。

當作理由

暫時性結論也可以當作理由。在歸納出暫時性結論之前，作者的推論必須非常堅實，這樣才能將暫時性結論當作主要論證的理由。

換句話說，先用一組理由來支持一個暫時性結論，然後這個暫時的結論才成為支持主要論證的理由（詳見下頁表）。

大學希望教師評量學生的成績要客觀，但客觀是很耗時的一件事。教師評估學生的答案後，還得花很多時間檢查解讀是否有誤。由於選擇題只有一個正確答案，沒有主觀評判的空間，這樣的評分方式就會比較公平，也可以利用電腦快速而客觀地評分。因此，選擇題是一種更快也更公平的評分方式。由於學生人數越來越多，學校方面也希望更妥善運用教師的時間，所以大學應更常採用選擇題測驗。

▶ 上例的主要結論是：大學應更常採用選擇題測驗。

▶ 暫時性結論則是：擇題是一種更快也更公平的評分方式。

此段落作者必須先讓這個論點成立：選擇題是一種快速而客觀的評分方式，然後才能證明大學應該採用這種方式。

支持這個暫時性結論的理由是：由於選擇題只有一個正確答案，所以：

☑ 評分可以很客觀
☑ 評分可以很快速

使用暫時性結論之論證結構

較小的理由 →	作暫時性結論的證據	暫時性結論變成主要的理由 →	支持主要論證或結論
理由 a 理由 b 理由 c	這三個理由都支持暫時性結論1 →	暫時性結論1變成理由1	這二個理由都支持主要結論
理由 d 理由 e	這二個理由都支持暫時性結論2 →	暫時性結論2成理由2	

暫時性結論

請找出下面這個段落的主要論點及暫時性結論。

短文5-21

　　雖然大部分的吸菸者都說喜歡吸菸，但也有很多人希望自己不抽菸。一個記者這麼寫道：「我感覺好像自己把自己的錢燒了。」香菸支出可高達個人總花費的一半。目前一般來說，每個人的借款金額比以前多，付的利息也比較多，吸菸的總成本有時沒那麼明顯。但是，很多吸菸者都很清楚，從經濟的角度來說，吸菸實在不是個明智的行為。長遠來看，吸菸對於健康一樣具有毀滅性的影響。吸菸者不僅常欠銀行錢，也在不知不覺中損害了自己的健康。人們很容易忘記吸菸對健康的傷害，那些關於疾病以及死亡的警告，似乎都離我們很遠。遺憾的是，一旦腸、肺、喉、胃等各種癌症找上門，這時再做什麼都來不及了。而且，這些疾病還可能在吸菸者年輕時就發病，讓人措手不及。吸菸者會發散出強烈而難聞的氣味，讓四周的人避也避不開，而吸菸者的味覺因為吸菸而受損，根本就不知道自己叫別人忍受的是多麼難聞的味道。有些人認為只要在室外吸菸，就不會有那種討人厭的味道，事實並非如此。研究顯示，即使是一向在室外吸菸的人，在他家裡採集到的、屬於香菸的化學物質，是非吸菸者家裡的七倍。這些有毒的化學物質在空氣中飄散，影響其他人的健康，甚至危害性命。所以，不管是在室內還是室外，吸菸殘害的不僅僅是吸菸者，還包括其他人，我們不應該容許這種情況繼續存在。政府應該採取強硬措施，喚醒大眾對菸害的危機意識，禁止在公共場所吸菸。

解答見第 137 頁

練習 2 **暫時性結論**

下面兩段短文，分別有兩個暫時性結論，請將它們找出來。這兩段文章的主要結論，都在最後一句。

短文5-22

　　攻擊他人是違法的行為。不管是用拳頭捶還是用手打，都是一種攻擊的行為，就算沒有在身體上留下傷痕，也會造成心理上的傷害，所以這些行為都應該屬於違法的攻擊行為。這個原則雖然適用於成人，但是發生在兒童身上時，大家往往沒有同樣的認知。有些人辯稱小孩不打不成器，也認為孩子們不是獨立的個體，這些說法都不能成立。孩子們或許必須依賴成人，但他們一樣是人。**因此，打小孩也應該算是違法的攻擊行為。**

短文5-23

　　很多人在討論事情的時候，會急著發言，因為他們怕冷場。當被問到這個問題時，這些人往往承認，他們早早發言，是因為不想讓討論有空檔。他們不習慣和人交談時陷入沈默，也不知道如何技巧性處理安靜的場面。他們認為討論的時候太安靜會讓人緊張，很尷尬。其實，寂靜也有它的功效。首先，它給人多一點思考的時間，發言的時候可以更周詳、更準確，對於討論更有貢獻。其次，它讓更多人有機會第一個發言。**因此，要讓討論更有成果，大家都必須具備處理安靜場面的技巧。**

解答見第 138 頁

歸納式結論與推論式結論 & 練習

請注意歸納性質的結論和推論性質的結論兩者之間的不同。

歸納式結論

　　將前面提出的資訊綜合整理後，用比較簡短的摘要寫出，做為結論，這就是歸納式結論。舉例來說，文中如果提到兩種觀點，歸納式結論就會將兩種觀點，簡短地再做個概述。

　　歸納式結論，通常是將文章或論述做個收尾的動作，而不下判斷，就像下面這個例子：

> **範例 1** **胃潰瘍的原因是什麼？**
>
> 以前大家都認為胃潰瘍是壓力造成的。認為過度勞累或過度焦慮，產生過多的胃酸，最後引起潰瘍。現在還是有很多人相信這個說法。不過另一方面，有研究顯示百分之七十的胃潰瘍，是由幽門螺旋桿菌引起的。幽門螺旋桿菌會改變胃壁的狀況，使得胃壁容易遭受胃酸作用的傷害。這種細菌感染可以用抗生素來治療，而不必勉強患者減輕壓力。綜合以上所說，有些人認為胃潰瘍是壓力造成的，現在則有另一些人認為是因為細菌感染。

　　在〈範例 1〉中，最後一句是結論，並且對此段短文做了概述。例中，作者敘述了兩種相反的觀點，而對胃潰瘍最有可能的主要原因，並未基於實證的結果去採取推論式的結論。此例沒有做出推論式結論，而是屬於歸納式結論的一個例子。

推論式結論

推論式結論是根據各項理由推演而來，所以不是把論點或證據做個歸納而已。通常它會分析作者提出的理由之後，做出一些判斷。

範例 2　**如何預測火山何時爆發？**

目前的科學還無法精確預估火山爆發的時間。監控火山口的活動往往無助於預測火山側翼的爆發運動。在義大利西西里島監控埃特納火山（Mount Etna）的科學家，本來以為已經發現火山的側翼噴發運動，會在火山口噴發運動之後數個月發生。但是1995年發生火山口噴發，隨後整整六年側翼卻沒有任何動靜。因此他們又認為，如果從火山口和側翼的噴發活動之間的關聯來看，埃特納火山的爆發週期，恐怕比他們原先所想的更為複雜。其他火山可能也是同樣的情況。因此，一段期間的火山口噴發運動，不能拿來當作預測側翼活動的指標。

在〈範例 2〉中，最後一句的「因此」，代表作者要告訴你結論了。他從前面提出的理由中，推演出結論，所以這是一個有效的論證。本段的結論是：火山頂的活動頻繁，並不一定表示接著熔岩就會從火山的側翼流出。

這個結論很明顯是根據最近一份研究所做的判斷。早期認為，埃特納火山的火山頂與火山側翼之間的噴發活動是連動的，但這份研究結果推翻了這個説法。

練習　**歸納式結論與推論式結論**

閱讀以下短文，然後判斷它的結論是屬於歸納式還是推論式，並且說明這是不是一個有效的論證。

短文5-24 **壞胚子是天生的？還是後天的？**

□歸納式　　□推論式　　□有效的論證　　□無效的論證

1960年代，賈寇斯（Jacobs）主張犯罪行為是由於人的基因中具有犯罪的因子。另一方面，心理學家鮑比（Bowlby）卻認為，引發犯罪行為的應該是後天的環境，與基因無關。他強調，極大多數的罪犯在小時候要不是受虐，就是缺少家庭溫暖。較晚期的學者威爾森（Wilson）及賀恩斯坦（Hernstein）提出更新的觀點，他們認為一個人如果天生具有犯罪的基因，再加上後天的壓力，例如童年遭受虐待，或成年後受到不公平的對待，犯罪的機率就比較大。基因雖然讓人比較容易犯罪，但並非主因。由於很多罪犯的童年都有過受虐或被忽略的經驗，因此犯罪應該是環境而非基因造成，也就是說，壞人是「後天的」，不是「天生的」。

短文5-25 **「真」人實境秀對電視品質有好處？**

□歸納式　　□推論式　　□有效的論證　　□無效的論證

這幾年電視節目大量出現製作容易的真人實境秀，製作人辯稱那是因為觀眾喜歡看到「真實的人」出現在螢光幕前。不過，評論家警告，真人秀擠壓了原創戲劇以及時事節目，降低了整體的電視品質。因此，有些人主張真人秀便宜又受歡迎，對電視品質有好處，而另一些人則主張真人秀讓電視品質更低劣。

免除債務的真正成本？

☐歸納式　　☐推論式　　☐有效的論證　　☐無效的論證

　　債務特赦組織（jubilee organization）一直呼籲要免除第三世界的債務，但是也一直有人擔憂，免除這些窮國債務，代表銀行或西方政府總有一方要面對極大的損失。羅勃森（Rowbotham）認為其實有辦法既免除債務、又不造成任何一方的損失。他的主張是，雖然銀行在計算資產與負債時必須遵循相關的會計制度，但現代經濟最主要的貨幣，是銀行信用（bank credit），而信用並不是擺在金庫裡等著被人花用或借貸的鈔票，它並非實體，而是一種數字上的，或者說「虛擬的」貨幣。由此可見，如果銀行可以不必保持資產與負債之間的均價關係，就可以免除第三世界的債務，同時也不必從準備金中拿出等量的金額來彌補減免的債務。因此，既然免除的是「虛擬」的貨幣，那麼銀行就不會有實質的財務損失，而第三世界也不再負債累累了。

有機食品比較美味？

☐歸納式　　☐推論式　　☐有效的論證　　☐無效的論證

　　支持有機農產品的人主張，有機食品不只比一般商業製造的食物更健康，也更美味。費利安（Fillion）與阿拉茲（Arazi）（2002，見參考書目）曾訓練了一組人，蒙著眼品嚐有機與非有機的果汁及牛奶，雖然測試結果有機的果汁確實比較好喝，但牛奶則沒有差異。不過支持有機食品的人還是堅持，用常識想也知道有機食品比較美味，因為它的生產過程比較健康。所以，雖然沒有什麼科學證據能支持有機食品比較美味的說法，但是選用有機食品的人仍然如此堅信。

解答見第 139 頁

8 Logical order & Activity
邏輯順序 & 練習

推論思路或主要論點應該都是朝著一個清楚的方向前進，而不是雜亂無章地東談一點西談一點，或拉著閱聽者在原地打轉。下面這個例子的作者就是從一點跳到另一點，毫無邏輯與方向。

範例 1

寵物會提高生活品質。它帶來的好處遠超過負擔。不過，寵物會破壞屋子裡的家具。據說撫摸寵物可以減輕壓力。動物在地毯和窗簾上留下的味道，可能會影響房價。很多人都發現，跟寵物說話可以幫助他們釐清自己的問題。寵物引起的問題都是可以處理的，所以並非無法克服。

上面的段落如果用下面這些方法，就可以建立更有條理的論證：

☑ 將同類的觀點放在一起
☑ 先提出支持論點的理由，以便建立一個有效的論證
☑ 說完了己方的論點之後，再提出反面的理由，然後證明這些理由沒有那麼重要，或比較不可信

下面這段話的觀點和前一例相同，請注意兩者在表達上有什麼不同。

範例 2

寵物會提高生活品質，這顯示在多個方面，例如，撫摸寵物可以降低壓力。很多人也發現，跟寵物說話可以幫助他們釐清自己的問題。養動物也有壞處，像是家具會受損、家裡會有怪味道等，不過這些問題都很容易解決。養寵物的好處遠遠超過壞處。

遇到邏輯混亂的論證時

遇到像第一個例子那樣跳來跳去的論證時，你可以用下面這二個方法來重新排序：

☑ 將論點分成「反對」或「贊成」兩組
☑ 將論點分成「支持結論」或「不支持結論」兩組

閱讀下面段落，先想想要怎麼將混亂的論點分組，然後再看下面的示範。

範例 3

核能發電廠並不是未來可行的能源來源。建造核能反應器比石化電廠還要貴。煤、天然氣、石油等這些石化燃料是會日益消耗的能源，因此核能是未來可用的替代能源。核能反應器一旦退役，處理的成本也非常高，所以長期而言不見得划算。當石化原料越來越稀少時，煤的價格會高漲，這使得核能發電更有吸引力。至今尚未找到可以安全儲存核廢料的辦法。尋找替代能源的研究已經進行了一段時間，也有了一點成果。太陽能以及廢棄物所產生的甲烷，就是兩種可能取代石化燃料的替代能源。

▶ 贊成核能廠的論點

☑ 石化燃料的存量逐漸減少，價格會越來越高
☑ 石化燃料終有耗盡的一天

▶ 反對核能廠的論點

☑ 建造成本較高
☑ 退役的反應器處理成本很高
☑ 還沒有找到安全儲存核廢料的辦法
☑ 有其他可替代石化燃料的能源

練習

邏輯順序

下面這篇文章並不是很有條理，很難看懂思考路線。你不需要熟知這個主題，也可以判斷該怎麼讓這段論證的結構更清楚一點。列出這篇文章安排不好的地方，然後重新安排句子，使其更合邏輯。你可以利用句子前的編號來重新排列組合。

短文5-28　**生理節奏**

1 自願進行實驗者，在二十四小時開著燈的地下室待了數個星期。**2** 剛開始，他們的生理節奏和睡眠規律都亂掉了。**3** 幾個星期之後，他們的生理節奏又開始運作，二十四小時左右一個循環，和外面世界的人差不多。**4** 我們的生理節奏可以因陽光照射而調整，也會對光亮與黑暗的變換模式有所反應。**5** 我們的身體真正反應的是生理節奏，而不是時鐘的轉動，也不是外界的干擾。

6 自從基因體計畫開始探索人類的基因排列之後，我們已經越來越瞭解人的生理節奏，以及它們在遺傳上所扮演的角色。**7** 有些家族遺傳了某種基因，對於生理節奏比較不敏感。**8** 這或許可以解釋常見於這些家族成員的睡眠失調狀況。**9** 我們的睡眠模式、休閒模式、建築、照明、食物以及藥物等，其實都在跟自然的生理節奏對抗。**10** 我們稱這種天生的生物節奏為生理節奏，在鳥類身上作用最為明顯。

11 人類的生理節奏主要由大腦底層下視丘前端之視叉上核（SCN）所控制。**12** 如果有人的大腦這部分受損，他就會喪失二十四小時一個循環、夜晚到了就想睡覺的天然機制。**13** 至於其他人，生理節奏作用之強超乎我們的想像。**14** 太空人因為長時間脫離日升日落的環境，就會很難適應。**15** 很多人得靠藥物才能入睡。

16 上夜班的人，即使維持同樣的工作型態二十年，他的生理節奏也不會配合夜晚工作的需求自動調整。**17** 夜班工作的人常會患有消化性潰瘍、心臟病等疾病，發生車禍的機率也較高。**18** 生理節奏受到干擾有何後遺症，目前尚不得而知。對於夜班工作者，還有那些因為遺傳導致生理節奏不夠敏感的人，我們都應該更關心他們的健康。**19** 精神分裂症和躁鬱症這類心理疾病，也很可能與生理節奏失調有關。

解答見第 140 頁

9 本章摘要

　　這一章討論了幾個判斷論證鋪陳好壞的方法。結構良好的論證不一定正確，但至少會比較有說服力。懂得判斷論證安排得好不好，具有這些好處：你會知道如何安排論證，使它更具說服力；你可以很清楚自己被某個論證說服的原因。有時你之所以被說服，是因為對方呈現論證的技巧非常高明，而不是因為證據很強，或論點本身十分有價值。

　　本章一開始先討論作者的立場。有些論證看不出來作者的立場何在，而結論通常是最能看出作者立場的部分。能夠正確判斷作者的立場，才比較容易找出結論，以及支持結論的理由，進而瞭解論證的重點，判斷論證的優劣。清楚自己的立場並提出相呼應的結論，你在建構自己的論證時會比較容易一點。如果這對你而言有困難，那麼你可能想得還不夠清楚，必須再多努力一點，直到你清楚自己的想法以及原因為止。

　　其他幾個本章討論的重點，也都跟呈現清楚的立場有關。一個強而有力的論證，不能把支持正反方的意見統統混在一起，這樣主要論點的力道會被削弱。立場一清楚，支持與反對的觀點就很容易分開來，論證內容就會比較一致。在論證中妥善提出反對的意見並且加以反駁，可以加強論證的力道。

　　只要清楚哪些是支持論證的意見，就很容易把同類的論點放在一起，論證的前後順序就會更合邏輯，閱聽者也更容易看出不同元素串連的方式。好的論證所呈現的資料是合乎邏輯的，換句話說，所有的資訊各就其位，環環相扣。安排論證先後次序的方式不只一種，重點是要能清楚、有條理、合邏輯地把所有的重要資訊呈現在閱聽者面前。我們在第十章中還會進一步討論。

10 Sources and Answers
參考資料及解答

参考資料

Brain Size（腦的大小）：Greenfield, S. (1997) The Human Brain: A Guided Tour (London: Phoenix).

Columbus and the flat or round earth argument（哥倫布以及地球是圓的還是平的之爭）：Eco, U. (1998) Serendipities: Language and Lunacy (London: Weidenfeld & Nicolson).

Girls fighting（女生打架）：Campbell, A. (1984) The Girls in the Gang (Oxford: Basil Blackwell).

Magritte（馬格利特）：Hammacher, A. M. (1986) Magritte (London: Thames & Hudson).

Circadian rhythms（生理節奏）：Foster, R. (2004) Rhythms of Life (London: Profile Books).

Telling lies（說謊）：Stein, C. (1997) Lying: Achieving Emotional Literacy (London: Bloomsbury).

本章解答

頁數	短文	解答
108-109 ▶ 作者的立場清楚嗎？	**5-1**	作者的立場不清楚。如果用第一句來引出主要論點，或用最後一句來做個總結，就會比較清楚。作者問了太多問題，卻沒有提供答案。他也提出很多事實，但這些事實無助於澄清他的立場。作者的推論思路必須更清楚一點，讀者才看得出來他的論證方向在哪裡
	5-2	作者的立場並不清楚。作者知道有兩種觀點存在，這是很好的。但是他的文字卻在兩種觀點之間游移，讓讀者不知道作者想要他接受那一種觀點。作者對於這兩種觀點既不是全然接受，也不是全面否定，亦沒有提出第三種看法。他必須重新整理，將同一類的意見放在一起，導出一個清楚的結論，不然會讓讀者覺得作者不知道該相信哪一邊。論證一定要有立場，即使只是說甲因為具有某些優點，所以比乙好，這樣也可以。

頁數	短文	解答
	5-3	作者的立場並不清楚。這篇報告的目的是說明該不該建運動中心，文中贊成與反對的觀點都提到了，這是對的，但二邊的觀點卻混在一起。如果先寫贊成興建運動中心的理由，再寫反對的理由，就會比較清楚，讀者也更容易看出兩者的相對重要性如何。作者必須更清楚指出，到底該不該建運動中心，這樣他的立場才會明顯。
112-113▶ 論點一致性	5-4	答案是 B：不一致。作者主張禁用增進表現的藥物，是因為公平問題，而不是有沒有故意作弊，但是段落結尾，「公不公平」的論點，卻被治療的需要以及服用藥物的意圖所取代。要讓論點更一致，作者必須堅守他的立場：不管是什麼原因，服用這類藥物都是不對的。或者，換一個比較溫和的立場，像短文 5-5 一樣。
	5-5	答案是 A：一致。作者從頭到尾都認為，為了健康，應該禁止服用該類藥物，但如果是因為個人健康的關係，可以准許使用。
	5-6	答案是 B：不一致。作者先說真人秀不是觀眾要看的節目，後來又說「幾乎全國的人」都在看，顯然這類節目很受歡迎。要讓論點更一致，作者可以這樣做： i) 解釋為什麼觀眾不想要這種節目，卻又收看； ii) 證明觀眾別無選擇； iii) 提出調查結果，證明觀眾寧可選擇其他更優質的節目。
	5-7	答案是 B：不一致。作者主張鄉間正逐漸消失，但他提出的數據卻是只有 8％的鄉村土地已經開發。作者必須進一步證明，其他 92％的土地也面臨消失危機，這樣論點才能一致。
	5-8	答案是 B：不一致。作者說在哥倫布以前大家都相信世界是平的，但他所舉的例子裡卻有好幾個人不認為世界是平的。這種不一致的情況是很常見的。人們常常提出大家普遍相信的觀念（例如中世紀的教會都相信世界是平的），卻沒有注意到舉出來的證據與論點有所矛盾。要讓論點更一致，作者可以改變他的說法：哥倫布之所以勇敢，不是因為大家都相信世界是平的，而有其他因素。譬如作者可以主張，哥倫布知道距離很遠，後果也無法預知，但還是堅持出航，所以哥倫布很勇敢。
115-116▶ 邏輯一致性	5-9	B：邏輯不一致。他的論點是某些動物沒有光線也可以生存，因此所有的動物都可以。這是不合邏輯的推論。
	5-10	B：邏輯不一致。結論是明年的工地意外事故會增加，但是並沒有理由可以支持這個結論。

頁數	短文	解答
	5-11	B：邏輯不一致。從作者提出的理由來看，更合邏輯的結論應該是：我們應該提高體育、媒體和流行文化這些科系的地位。照作者原來的說法，如果學科的地位高低，是視學生的社會階層而定，那麼階層低的學生換了科系，那麼那些科系的地位也會下降，問題依然存在。
	5-12	A：邏輯一致。沈積岩必須先形成，火成岩才可能穿過它。所以沈積岩比較老，火成岩比較年輕。
	5-13	B：邏輯不一致。不可能找到絕對安靜的地方，這或許是事實，但並不表示噪音汙染日益嚴重。跟以前比起來，噪音指數可能一樣，只是原因不一樣；文中並沒有足夠的資訊可以證明。
	5-14	B：邏輯不一致。結論是終有一天電腦在各方面的表現都會超越人類。但是作者也說電腦缺少能夠和他人產生共鳴的特質，這並不符合電腦在「各方面」都會表現得比較好的結論。
119-120 ▶ 獨立理由與聯合理由	5-15	聯合理由。所有的理由都支持年輕人有其責任，也有其權利。
	5-16	獨立理由。幾個理由的重點分別是環境（垃圾）、價值（多次探險卻沒什麼發現）、經濟（對於當地經濟的影響）以及安全。
	5-17	獨立理由。作者用了幾個不同的論點來為說謊辯護：（1）事實會傷人；（2）說謊也是面對難題的好方法；（3）謊言與事實有時不是那麼容易分辨；（4）謊言對社會也有些好處。
	5-18	獨立理由。主要論點是：這本書忠實描繪一個搖滾樂團。理由是：（1）實地接觸：作者對於這個樂團有充分的認識；（2）經驗：作者曾經組過樂團；（3）客觀：文中說明作者能夠客觀的原因。
	5-19	獨立理由。文中提出的理由分屬三個重點：（1）充分利用資源；（2）公司形象；（3）對員工的支援。
	5-20	聯合理由：所有的理由都跟馬格利特沒有留下線索讓別人詮釋他的作品有關。
125 ▶ 暫時性結論	5-21	**主要論點：**在最後一段：政府應該採取強硬措施，喚醒大眾對菸害的危機意識，禁止在公共場所吸菸。 **暫時性結論：**下方**粗體**部分即是暫時的結論（<u>底線</u>部分則是其支持的理由）。

頁數	短文	解答

雖然大部分的吸菸者都說喜歡吸菸，但也有很多人希望自己不抽菸。一個記者這麼寫道：「我感覺好像自己把自己的錢燒了。」香菸支出可高達個人總花費的一半。目前一般來說，每個人的借款金額比以前多，付的利息也比較多，吸菸的總成本有時沒那麼明顯。但是，很多吸菸者都很清楚，**從經濟的角度來說，吸菸實在不是個明智的行為**。<u>長遠來看，吸菸對於健康一樣具有毀滅性的影響</u>。吸菸者不僅常欠銀行錢，也在不知不覺中損害了自己的健康。人們很容易忘記吸菸對健康的傷害，那些關於疾病以及死亡的警告，似乎都離我們很遠。遺憾的是，一旦腸、肺、喉、胃等各種癌症找上門，這時再做什麼都來不及了。而且，這些疾病還可能在吸菸者年輕時就發病，讓人措手不及。<u>吸菸者會發散出強烈而難聞的氣味，讓四周的人避也避不開</u>，而吸菸者的味覺因為吸菸而受損，根本就不知道自己叫別人忍受的是多麼難聞的味道。有些人認為只要在室外吸菸，就不會有那種討人厭的味道，事實並非如此。研究顯示，即使是一向在室外吸菸的人，在他家裡採集到的、屬於香菸的化學物質，是非吸菸者家裡的七倍。這些有毒的化學物質在空氣中飄散，影響其他人的健康，甚至危害性命。所以，**不管是在室內還是室外，吸菸殘害的不僅僅是吸菸者，還包括其他人，我們不應該容許這種情況繼續存在**。

| 126 ▶
暫時性結
論當作理
由 | 5-22 | 每段短文都有兩個暫時性結論，請見下方底線部分（**粗體字**為其理由）： |

....

攻擊他人是違法的行為。不管是用拳頭捶還是用手打，都是一種攻擊的行為，就算沒有在身體上留下傷痕，也會引起心理上的傷害，所以<u>這些行為都應該屬於違法的攻擊行為</u>。這個原則雖然適用於成人，但是發生在兒童身上時，大家往往沒有同樣的認知。有些人辯稱小孩不打不成器，也認為孩子們不是獨立的個體，這些說法都不能成立。<u>孩子們或許必須依賴成人，但他們一樣是人</u>。因此，**打小孩也應該算是違法的攻擊行為**。

....

作者為了要證明打小孩也應該算是違法的攻擊行為，所以他先以各項理由讓下面這兩件事成立：
i) 打人就是攻擊行為；ii) 孩童也是人。

....

| | 5-23 | 很多人在討論事情的時候，會急著發言，因為他們怕冷場。當被問到這個問題時，這些人往往承認，他們早早發言，是因為不想讓討論有空檔。<u>他們不習慣和人交談時陷入沈默，也不知道如何技巧性處理安靜的場面</u>。他們認為討論的時候太安靜會讓人緊張， |

頁數	短文	解答
		很尷尬。**其實,寂靜也有寂靜的功效。**首先,它給人多一點思考的時間,發言的時候可以更周詳、更準確,對於討論更有貢獻。其次,它讓更多人有機會第一個發言。**因此,要讓討論更有成果,大家都必須具備處理安靜場面的技巧。**
		作者必須先得出兩個暫時的結論,讓這兩個結論本身能夠成為理由或論點:i) 人們太快發言,是因為不知道怎麼處理沈默的場面;ii) 安靜可以增進討論的效果。
		(1) 人們太快發言,是因為不知道怎麼面對安靜的場面。這個理由如果成立,就可以支持他的結論:有技巧地處理安靜的場面,可以讓討論更有成果。作者怎麼讓這個理由成立呢?他的作法是:a) 讓別人自己承認這個說法是正確的;b) 說明為什麼人們不習慣交談時陷入沈默,所以不知道如何技巧性處理安靜的場面。
		(2) 安靜可以增進討論的效果。作者用二個獨立的理由來證明這一點:a) 沈默讓人有思考的時間,發言會更周詳;b) 讓更多人有機會第一個發言。
129-130▶ 歸納式結論與推論式結論	5-24	推論式結論。作者比較了兩種不同的論點,然後推演出下面這個結論:環境對於犯罪行為的影響,大過基因,因此這是一個有效的論證。
	5-25	歸納式結論。作者只是將兩種立場做了整理,但是結論並沒有表明真人秀到底對節目品質是好還是壞。由於這不是一個依據各項理由得出的結論,因此也不是一個有效的論證。
	5-26	推論式結論。如果減除開發中國家的債務,銀行要付出多少成本?作者做出判斷,根據幾項理由得出結論,因此構成一個有效的論證。
	5-27	歸納式結論。作者只是將兩種觀點做了整理,並未判斷有機食物是不是比較美味。這不是一個從理由推論得出的結論,因此也不是有效的論證。
133▶ 邏輯順序	5-28	這篇文章組織很差,原因如下:❶ 作者沒有把同一類的論點集中在一起,反而跳來跳去,讓讀者看得頭昏眼花。❷ 沒有明顯的前言。❸ 作者的立場以及結論並不明顯。❹ 論點與論點之間缺少轉承用語,無法突顯論證的推演方向。

頁數	短文	解答

下面是修改後的文章，請與原文做個對照。內容幾乎一模一樣，只是先後次序做了調整，並且加入轉承用語（以粗體表示），讓文意發展更明顯。

5 我們的身體真正反應的是生理節奏，而不是時鐘的轉動，也不是外界的干擾。**10** 我們稱這種天生的生物節奏為生理節奏，在鳥類身上作用最為明顯。**11** 人類的生理節奏主要由大腦底層下視丘前端之視叉上核（SCN）所控制。**12 我們之所以知道這一點，是因為**如果有人的大腦這部分受損，他就會喪失二十四小時一個循環、夜晚到了就想睡覺的天然機制。**13** 至於其他人，生理節奏作用之強超乎我們的想像。**1 舉個例子來說**，自願進行實驗者，在二十四小時開著燈的地下室待了數個星期。**2 剛開始**，他們的生理節奏和睡眠規律都亂掉了。**3 但是**幾個星期之後，他們的生理節奏又開始運作，二十四小時左右一個循環，和外面世界的人差不多。

4 不過，我們的生理節奏可以因陽光照射而調整，也會對光亮與黑暗的變換模式有所反應。**14** 太空人因為長時間脫離日升日落的環境，就會很難適應。**15** 很多人得靠藥物才能入睡。**16** 上夜班的人，即使維持同樣的工作型態二十年，他的生理節奏也不會配合夜晚工作的需求自動調整。**17** 夜班工作的人常會患有消化性潰瘍、心臟病等這類疾病，發生車禍的機率也較高。

6 自從基因體計畫開始探索人類的基因排列之後，我們已經越來越瞭解人的生理節奏，以及它們在遺傳上所扮演的角色。**7** 有些家族遺傳了某種基因，對於生理節奏比較不敏感。**8** 這或許可以解釋常見於這些家族成員的睡眠失調狀況。**19** 精神分裂症和躁鬱症這類心理疾病，也很可能與生物節奏失調有關。

9 我們的睡眠模式、休閒模式、建築、照明、食物以及藥物等，其實都在跟自然的生理節奏對抗。**18** 生理節奏受到干擾有何後遺症，目前尚不得而知。對於夜班工作者，還有那些因為遺傳導致生理節奏不夠敏感的人，我們都應該更關心他們的健康。

上面這個例子並不是唯一的修改方式，另一個可行的排列順序可以是這樣：

5, 10, 11, 12

6, 7, 8, 13

9, 1, 2, 3, 4, 14, 15

16, 17, 19, 18

完整的文章念起來就像這樣：

5 我們的身體真正反應的是生理節奏，而不是時鐘的轉動，也不是外界的干擾。**10** 我們稱這種天生的生物節奏為生理節奏，在鳥類身上作用最為明顯。**11** 人類的生理節奏主要由大腦底層下視丘前端之視叉上核（SCN）所控制。**12** 如果有人的大腦這部分受損，他就會喪失二十四小時一個循環、夜晚到了就想睡覺的天然機制。

6 自從基因體計畫開始探索人類的基因排列之後，我們已經越來越瞭解人的生理節奏，以及它們在遺傳上所扮演的角色。**7** 有些家族遺傳了某種基因，對於生理節奏比較不敏感。**8** 這或許可以解釋常見於這些家族成員的睡眠失調狀況。**13** 至於其他人，生理節奏作用之強超乎我們的想像。

9 我們的睡眠模式、休閒模式、建築、照明、食物及藥物等，其實都在跟自然的生理節奏對抗。**1** 自願進行實驗者，在二十四小時開著燈的地下室待了數個星期。**2** 剛開始，他們的生理節奏和睡眠規律都亂掉了。**3** 幾個星期之後，他們的生理節奏又開始運作，二十四小時左右一個循環，和外面世界的人差不多。**4** 不過，我們的生理節奏可以因陽光照射而調整，也會對光亮與黑暗的變換模式有所反應。**14** 太空人因為長時間脫離日升日落的環境，就會很難適應。**15** 很多人得靠藥物才能入睡。

16 上夜班的人，即使維持同樣的工作型態二十年，他的生理節奏也不會配合夜晚工作的需求自動調整。**17** 夜班工作的人常會患有消化性潰瘍、心臟病等這類疾病，發生車禍的機率也較高。**19** 精神分裂症和躁鬱症這類心理疾病，也很可能與生理節奏失調有關。**18** 生理節奏受到干擾有何後遺症，目前尚不得而知。對於夜班工作者，還有那些因為遺傳導致生理節奏不夠敏感的人，我們都應該更關心他們的健康。

UNIT

6 聽懂言外之意
——找出隱藏的假設與論證

本章學習目標

† 辨識隱藏的假設與論點，並
且把它們找出來

† 判斷論證所根據的是不是假
前提

† 瞭解什麼叫做「隱性論證」
（implicit argument），並且
有能力辨識

† 瞭解什麼叫做「顯義」
（denoted meaning），什
麼叫做「隱義」（connoted
meaning），並且能夠在論
證中清楚指出這兩者

我們在前面幾章中，討論了一個有效的
論證所應具備的要素。但是，並不是所
有論證的特性都這麼清楚。論證依據的
常常是不確定的假設，也會暗藏一些說
服的技巧。這一章我們要來看為什麼會
有這種現象，並且練習怎麼找出隱藏的
假設及論點。

論證所依據的前提，也不見得一眼就會
被看出來。這些前提常常會含有未言明
的假設，或根據的是不正確的資訊。前
提如果不健全，論證就可能站不住腳，
表達技巧再好都沒有用。這表示我們不
僅要注意論證的推論，也要注意它的前
提。

這一章也稍微討論了用來強化論證、但
並未明說的訊息。這種言外之意可以增
加說服的力道。能夠聽出言外之意，更
能掌握論證的結構，也更能判斷是否要
同意論證的觀點。

Assumptions & Activity
假設 & 練習

什麼是假設

對批判性思考而言，一項論證中被視為理所當然的任何內容，都叫做假設（assumption）。其性質可能是事實、想法或信念，雖然沒有明確陳述，但卻是論證的基礎。沒有這些假設，就不可能得出同樣的結論。

適當運用假設

論證幾乎都含有假設。作者不證明這些假設的真實性，而是要求閱聽者直接接受，通常這樣做可以節省時間，也可以讓論證單純一點。事實上也不是每一件事都需要證明。假設運用得當，代表作者已經做了判斷，決定了哪些事項閱聽者知道意思，也應該會同意。

> **範例**
>
> 假日是放鬆與享樂的時刻。今年，成千上萬人的假日卻毀在我們的沙灘那一大片漏油上。

上面這段話有好幾個武斷的說法，但是我們可能因為在感情上認同它，所以根本沒有察覺那些都只是假設。結論是成千上萬名遊客的假日都被毀了。隱含其中的假設包括：

假設 1：假日就是要放鬆享樂，看似理所當然，但假日（holiday）的原意是「聖日」（holy days），是宗教上要求人要安靜省思才訂定的。此外有人視假日為家庭日，而學生則可能利用假日打工。

假設 2：這成千上萬休假的人，都會到海邊去。

假設３：這些放假去海邊的人都不喜歡沙灘上有油汙。

假設４：沙灘上的油汙本身可以毀掉假日。

假設５：閱聽者都瞭解**假日、沙灘、放鬆、享樂、毀掉、我們的、漏油**等等這些字代表什麼意思，不需要特別定義。

　　這幾個都是合理的假設。雖然不見得每個人都同意，譬如對有些人來說，就算沙灘上有漏油，還是可以度過愉快的假日。不過，這些都是可以普遍被接受的說法，所以算是恰當的假設。我們大可不必要求作者證明，到海邊去度假的人都想要一個無油汙的沙灘。要是作者真的浪費時間解釋這類說法，或定義一些大家都瞭解的字詞，我們還可能會受不了呢。

考量論證的背景

　　辨識哪些是合理的假設，哪些是不合理的假設，對批判性思考來說是很重要的。要做這樣的判斷，可以從論證的背景來看，例如目標閱聽者是誰？這些人能夠認同同樣的假設、具有共同的背景知識嗎？如果這篇講沙灘油汙的文章，收錄在一本寫給學英文的人看的書裡，文中要是用了「oil slick」（水面浮油）這樣的字，作者就有必要解釋了。

　　同樣地，如果「我們的沙灘」指的是當地海岸線一個特定的地點，而文章發表在全國性的刊物上，就不應該假設讀者知道受汙染的只是部分地方上的海灘而已。

練習 **找出論證的根本假設**

請找出下面這些短文中的假設。請注意，我們稱之為「假設」，不代表它就一定不正確，或不合理。

短文6-1

　　二十世紀末的學生常會舉辦反對核子武器的活動，但現在的學生則很少舉辦這種活動。現在的學生一定沒有以前那麼關心政治了。

很多國家的房價在八〇年代都急遽上漲,到了九〇年代又大幅下跌,使得很多投資房地產的人損失慘重。現在房價又漲得很快,買房子的人又要損失一筆錢了。

短文6-3

養兒育女的成本越來越高。孩子要求父母付出更多時間,希望父母可以帶他們從事各種活動;要是以前,會以父母的興趣為優先。父母的壓力越來越大,衣物鞋子要買昂貴的名牌,要買玩具,要旅行,連早餐吃的麥片也要貴一點的,一切只為了讓孩子被同儕接納。我們應該禁止以兒童為訴求的廣告,以減輕這種過度的同儕壓力。

短文6-4

根據搜尋行銷網站overture.com,當代科學家艾麥格瓦利(Emeagwali)是網路上最多人搜尋的科學家。下載此人資訊的次數,等同於一本暢銷書銷售的數量。現在應該所有人都已經知道他的發現了。

短文6-5

企業會把工作機會移到勞工比較便宜的國家。一個國家的薪資水準上升時,企業就在海外尋找更便宜的人工,原來的員工就會失業。類似電話客服中心這樣的工作,在數千哩以外都可以進行。很快地,原來那個薪資比較高的經濟體,就會失去任何工作機會了。

短文6-6

消費者對於吃得更健康這件事十分警覺。包裝上的資訊可以讓人們瞭解食物的內容,這樣更有充分的資訊可以決定什麼該吃,什麼不該吃。不過,現在很多人拒絕吃標籤上只寫個英文字母 E,加上一個數字的食物,這樣資訊未必有用,因為大家需要的是知道它的意思。

解答見第 167 頁

2 找出隱性假設

Identifying hidden assumptions

為什麼要找出隱性假設

把構成論證基礎、但是沒有明說的假設找出來，有助於瞭解並評估論證整體的效果。

未恰當運用隱性假設

我們常用未明說的假設來支持論證的結論，但是有時用得不好，反而達不到效果。

範例 1

假日是放鬆與享樂的時刻。人們需要利用這段時間，釋放工作與家庭生活的壓力。今年，成千上萬人的假日都將因我們的海灘上有油汙而泡湯。因此，已經為假日做了各項預約的人，都應該得到補償，以彌補這個假日帶來的壓力。

這裡的假設是：人們有權因為假日泡湯、壓力無法抒解而得到補償。如果沒有建立這樣的假設，就沒有必要主張遇到特定的狀況應該得到補償。這段短文的另一個假設是，人們放假時，有權利不去感受任何壓力：

☑ 為了要抒解壓力，必須有假日
☑ 如果假日存在壓力，就應該得到補償

還有另外一個假設是，如果已經預約，但假日又出狀況，無論如何都要有人支付相關費用。不過，這樣的假設只有在某些情況下才能成立。這段短文中的假設解釋得不夠清楚，也不完全依據事實，所以讓人覺得有點牽強。

沒有根據前提的推論（non-sequitur）

所謂「non-sequitur」，是指「沒有連貫」。有時我們會搞不清楚作者怎麼會得出那樣的結論，理由與結論中間似乎有斷層，遇到這種情況，我們就要懷疑中間存有隱藏的假設。

> **範例 2**
>
> 獄中的人數每年都在增加，已經大幅超過一百年前的人數，很多監獄都已經爆滿。幫助罪犯重新回到社會才是較好的作法。

這個段落的結論是，幫助罪犯重新回到社會才是比較好的作法。這句話看起來很有道理，但跟前面提到的理由似乎沒有合理的關聯，這樣的結論，就叫做「non-sequitur」，也就是理由和結論之間沒有連貫。監獄人口太多、監獄過度擁擠，這可能都是事實，但並不能說明更生與坐牢兩者孰優孰劣。更恰當的作法應該是提出其他的理由，就像下面的範例 3 一樣。

> **範例 3**
>
> 研究顯示，監獄不僅不能矯正犯人的犯罪行為，反而擴大他們犯罪的領域，教導他們繼續作奸犯科，以及怎樣可以不再被抓到。另一方面，諸如提供教育、增加他們的社會責任、安排他們和被害者面對面等這些方法，屢屢在個別案例上發揮功效，幫助人們遠離犯罪生涯，不必把牢獄當作唯一的選擇。

此處的結論可能正確，也可能不正確，但很明顯是從前面的理由導出來的。作者提出的理由很清楚地說明：坐牢沒有用，幫助犯人重新回到社會比較有用。

3

Implicit assumptions used as reasons & Activity

當作理由之用的隱性假設 & 練習

作者可能把隱性假設當作理由，證明論證的正當性。實際上，這樣得來的結論算是「無中生有」。我們可以用下列方法來檢驗這種情況：

☑ 尋找論證不連貫的地方

☑ 然後想想看，缺少的東西是否被當成其中一個理由

☑ 接著再看，如果少了那些隱藏的假設，還有足夠的理由支持結論嗎？

範例 1

考試是評估學生學習成果的基本方式，大家也都知道考試會帶來多大的壓力。不知道有多少人很怕聽到象徵考試結束的這句話：「把你的筆放下來」？如果考試的時候時間夠多，學生就可以更從容地答完後面的問題，成績也會比較好。殘障學生可以要求額外的時間，所以考試時他們比較有利，那是不公平的。

a) **這段短文的結論是：** 殘障學生可以要求額外的時間，所以考試時他們比較有利，那是不公平的。

b) **支持這個結論的理由有三個：**

1 如果考試的時間夠多，學生就能更從容地答完所有題目。

2 如果能更從容地回答後面的問題，成績就會比較好。

3 殘障的學生可以要求額外的時間。

這之中有一個隱藏的假設，被當作支持結論的第四個理由，那就是：**殘障學生會利用額外的時間從容地回答最後的問題**。如果沒有這個假設，這個論證的推論就有了斷層。此外，這個論證中完全沒有談到殘障考生的不便之處，例如一邊承受極大的痛苦一邊考試，或必須將答案說給另一個人抄寫，或口試的內容必須由另一人以手語傳譯給聽障生等等。很可能多餘的時間根

本不夠彌補殘障考生面對的這些問題，更別提比較有利了。我們需要更多的證據，才能證明是否有任何學生不公平地因為額外的時間而獲利。有時隱性假設會不只一個，以言語表達的論證更常出現這種情況，因為說話時我們很容易就跳到結論，中間留下了很多沒有明說的假設。

範例 2

老年人很怕錢被偷，所以他們不應該把錢藏在床底下。

上述這句話隱藏的假設是：
☑ 老年人普遍怕被偷，而不是只有一些特定的老年人
☑ 老年人會把錢藏在床底下
☑ 他們是因為這個原因被偷
☑ 他們害怕被偷，和把錢藏在床底下，這兩件事是有關聯的

以上這些假設都需要更多證據來支持。舉例來說，我們不知道老年人擔心被偷錢的情況有多麼普遍？或有多少百分比的老人，是透過銀行或合作社這些機構來管理自己的財務？不過，更可能的事實是，老年人怕被偷的理由應該有很多，譬如已經靠退休金生活，如果被偷了也沒有能力再賺回來，或是因為媒體上偶爾會報導嫌犯轉偷為搶、對老人施暴的行為。

當作理由之用的隱性假設

閱讀下面這些短文，然後找出：一、結論；
二、當作理由之用、支持結論的隱性假設。

短文6-7

很多人一直在期待機器人可以為建築工作和家務等這些日常瑣事及繁重的工作帶來嶄新的變革。史上第一個人形機器人是由達文西在1495年所設計的，幾百年來進展不大，人形機器人對家務及建築工程的幫助還是很有限。能夠節省人類勞力的機器人只是一個夢想。人形機器人至今對家務及建築的幫助仍少有進展，或許這個夢永難實現。

短文6-8

　　選舉委員會發現在地區性的選舉中，有人利用脅迫的手段影響某些選舉人郵寄投票（postal voting）的行為。我們應該取消郵寄投票，這樣才能回歸公平選舉。

短文6-9

　　在現代醫藥發明之前，幾個世紀以來人們都用植物來治病，即使是到了現在，相同的植物仍是藥廠製造藥物的基本原料。現在藥品製造的成本高、售價也高。我們最好還是回歸傳統，充分利用植物的根莖葉，不要再靠大量製造的藥物來治病了。

短文6-10

　　為了延長人類的壽命，我們應該繼續改善公共衛生與飲食習慣。以前的人壽命比現在的人短，工業社會以前，人類的壽命平均只有三十歲。現在已開發國家中的人可以活到七十歲以上。特別是男人，壽命更是長。

短文6-11

　　大部分的餐飲事業在第一年就會倒閉。業者往往低估了建立穩定客源所需要的時間，還沒在市場站穩，就把資金用完了。很多新餐廳提供的食物分量多得過份，雖説目的是要吸引顧客再度光臨，但也是一種錯誤的嘗試。因此，要讓餐廳順利營運，餐廳老闆應該等到生意穩定了，再蓋新廚房。

短文6-12

　　世界上有很多人營養不良，或根本沒有足夠的食物可吃。我們應該更積極減少世界的人口，讓食物的供給量足以分配給所有的人。

解答見第 168 頁

False premises

偽前提

將論證的基礎建立在前提上

論證的基礎，是那些支持結論的理由。但是當論證形成時，它其實也是建立在特定的觀念、理論或假設上，這些就是所謂的前提。我們說論證基於前提，這裡的「基於」，英文的專業術語叫做「be predicated」，我們用下面這兩個例子來示範這些術語怎麼用。

> **範例 1**
>
> 通常參加夏日慶典的人只有七萬人，但最近有一份報告卻認為，今年主辦單位在準備各項設施時，應預期將出現五十萬人。那一天大家一定都會想要到那裡去觀看難得一見的日蝕奇景。

上面這段話，主辦單位必須準備五十萬人所需的設備，這個論證所依據的前提是：人們都對日蝕感興趣，所以會到慶典會場去觀看日蝕。以這個例子來說，日蝕的受歡迎度就是一個隱藏的前提。

> **範例 2**
>
> 機場管理單位主張，因為去年使用機場的足球迷比例增加了，所以他們需要更多安全人員。

〈範例 2〉中，這個「機場需要更多安全人員」的說法，是基於這個前提：足球迷一定會造成機場更多安全危機。

偽前提

前提是論證的基礎，就像地基是大樓的基礎一樣。如果前提不夠穩固，論證就會垮下來。隱含的假設如果不正確，這個論證就是基於偽前提。我們需要具備一些知識，例如相關數據或事件的結果，才有能力辨認前提的真偽。

範例 3

慶典舉辦之前，有報導認為主辦單位應該要提供五十萬人使用的設備。這項主張所根據的是一個偽前提，認為民眾會想要到慶典會場去觀看日蝕。結果當天大部分民眾都待在家裡，看電視上轉播的日蝕。參加慶典的只有七萬人，與往常一樣。

事件發生之後，就很容易看出原來的論證所依據的是不正確的假設，也就是偽前提。

範例 4

去年使用機場的足球迷比例增加了。在鑽油井工程還沒有移到更遠方的海岸之前，機場主要的使用者是鑽油井工人。現在機場為了維持相同的旅客人次，提供帶著小孩同行的足球迷便宜的家庭套票。

〈範例 2〉所認定的足球迷是特定的類型，但根據〈範例 4〉，我們知道很多足球迷都是攜家帶眷來看比賽的，當然也就沒有理由增加機場的安全危機。

重要詞彙

找出關鍵之處

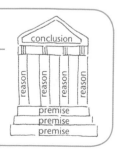

結論（conclusion）：應有充分支持
理由（reason）：是論證的支柱
前提（premise）：潛藏的觀念、假設、基礎、理論

偽前提

請判斷以下論證文章所依據的前提是真是偽？並提出你的理由。

短文6-13

波灣戰爭很可能會影響未來幾個月的原油產量。原油短缺時，汽油通常會漲價，因此，今年的油價很可能會上漲。

短文6-14

被雨淋濕了會感冒。那些建築工人在大雨中工作了好幾個小時，所以他們會感冒。

短文6-15

城市的空氣已經被車輛廢氣和各種化學物質汙染了。郊區的空氣沒有汙染，住在郊區比較健康，所以大家不該繼續住在城市裡了。

短文6-16

大部分的新餐廳都要很努力才能生存下來。為了要在開幕一年後達到收支平衡，月營業額必須要有二千五百英鎊。要達到這個目標，我們每天晚上都必須客滿。這地區其他餐廳平日的客人都只有一半。我們的菜單很棒，每天客滿的機率很大。所以我們會收支平衡。

短文6-17

　　印度寶萊塢（Bollywood）是個以印度孟買為根據地的電影工業城，每年製造出的電影超過900部，遠勝於任何競爭對手。現在這些電影外銷的數量比起往年都還要多。印度電影以前只有國內觀眾，但現在也吸引了很多印度以外的觀眾。印度電影多元發展，其中藝術電影深獲國際肯定。由以上種種看來，印度電影業正逐漸吸引全球觀眾的目光。

短文6-18

　　去年有5％的人結婚，前年也是5％，這表示每兩年會有十分之一的人結婚。因此，二十年以後，所有的人都會是已婚。

短文6-19

　　每個國家的特質都是根深柢固的。到國外的海灘去，你光看人的行為就可以知道他是哪一國人。舉例來說，法國人會在沙灘上玩法式滾球（boules），英國人會光著上半身走來走去。因此，在基因的組成中，一定有某種因素，使得同一個國家的人表現出類似的行為。

短文6-20

　　數位電視會增加可供觀眾選擇的頻道數量。選擇越多，節目的品質就會越好。因此，數位電視會提升節目品質。

解答見第 169 頁

5 隱性的論證＆練習

顯性的論證與隱性的論證

論證的結構清晰可辨，就是一個顯性的論證。本書到目前為止所討論的論證，幾乎都算是顯性的論證。而當論證看起來並沒有照著熟悉的論證結構發展，這個論證就是隱性的。隱性的論證可能缺少下面這三項要素：

- ↗ 明顯的推論思路
- ↗ 清楚的結論
- ↗ 欲說服閱聽者的明顯企圖

為什麼要使用隱性論證

論證如果偽裝得當，看不出來是個論證，或看不出來有說服閱聽者的意圖，可能會更有力量。面對顯性的論證，閱聽者比較可能會仔細分析、評估它的說法合不合理、證據夠不夠強等等，這可能不是作者所願。

如果一連串的敘述導向一個沒有明說的結論，閱聽者很可能會自己推論出結論，正中作者下懷。當閱聽者以為結論是他自己推論出來的，這樣的論證會更有說服力。這一類的隱性論證具有下面這種用途：

- ↗ 在不知不覺中用某種訴求卸下閱聽者的心防，廣告就是一例
- ↗ 說服某人去做他不想要做的事
- ↗ 讓對方不知不覺產生一些想法
- ↗ 威脅他人，或讓別人覺得情況很危險
- ↗ 以指桑罵槐的方式抹黑別人
- ↗ 暗示某種後果，但不明確說出來，目的是要誤導閱聽者，或讓閱聽者以為是他自己想到的

範例

> 超過一百萬英鎊的巨額獎金！我們在340萬個號碼當中挑中了你的號碼，你可以贏得其中一份獎金！預知詳情，現在就打電話！

這個例子中隱藏的論證是：收到這個訊息的人已經得到一大筆獎金，金額可能超過一百萬英鎊。是不是所有的獎金加起來超過一百萬、收到訊息的人是否真的得到什麼獎，這段話都沒有明說，我們只知道這個號碼有機會「贏」。通常結果很可能只是有機會參加抽獎而已，但是很多人都會被這種手法吸引，得到的獎金連付電話費都不夠。

意識型態的假設

作者身處的社會或文化中，某些觀念或作法有可能已經是文化的一部分，是這個社會的共同信仰與意識型態，在這種情況之下，相關的隱性論證就有可能不被視為隱性的。舉例來說，以往大家都認為男人不應該表露情緒，或男人不會帶孩子，這個觀念一直到最近才稍微有點改變。當這個觀念被當作論證的基礎時，就不一定得明說，因為大家都「知道」這個道理。隱性的論證，也等同於一個社會的「盲點」。

很多現代的文化研究或媒體研究，都特別著重在分析這種「理所當然」或牽涉意識型態的觀念，也讓我們更能察覺以往所不覺的隱性假設。

練習 1 隱性的論證

找出下面這些短文中潛藏的論證。

短文6-21

員工應該謹記，除了運動和娛樂的團體以外，雇主不喜歡任何形式的工會和組織。員工不得和其他人討論薪資。

短文6-22

我們的候選人說，他也為了國家而戰，他也確實為國家而戰了。我們的候選人說，他沒有偷過國家一毛錢，他真的沒有。所以，我們的候選人做了一些關於稅務的選舉承諾，他會說到做到。

短文6-23

週六下午，經理和其他工人離開的時候，三百根銅管放在卡車上，而卡車停在工廠的停車場裡。週日一大早，銅管不翼而飛。朱利安和伊恩週六晚上都加班，二人都會開卡車，也都提不出週六晚上的不在場證明。

短文6-24

我們國家的人民都相信誠實與正直。我們都不支持欺騙國家、竊取國家的行為。現在，官員卻開放二千個其他國家的移民進來。

短文6-25

這個國家的大部分人民都贊成死刑。這是一個民主國家。在民主國家中，多數人的意見就要算數。這個國家目前沒有死刑。

練習 **2** 意識型態的假設

下面這些段落裡，藏有哪些屬於意識型態的假設呢？

短文6-26

我不明白有大人在場的時候，厄尼斯特為什麼要講話呢？他還不滿二十歲，這年紀應該要聽大人的指示。小孩子不應該這樣強出頭。

短文6-27

安娜已經八歲，應該去工作了。奈斯比那裡的農場需要人幫忙撿牧草、餵豬餵雞。他們會收留她，供她吃住。她每天只需要從早上六點工作到傍晚六點。他們是好人，會注意不讓她偷懶而染上罪孽。安娜每年都可以回家過聖誕節。

短文6-28

現在帕茲先生死了，我們必須處理他的財產。他沒有兒子，只留下三個女兒，所以家產必須由他死去兄長的兒子，安德魯‧帕茲先生繼承。

短文6-29

雇用女性來播報新聞實在很不恰當。新聞裡不是只有蛋糕、市集和卡在樹上的貓，有很多新聞會讓人不舒服。新聞播報員常常要報導戰爭、死亡或政治動亂，這些都需要更嚴肅和穩重的播報方式才行。

解答見第 **170** 頁

6 Denoted and connoted meanings
顯義與隱義

重要詞彙

顯義（Denoted meanings）：指字面上的、明白表示的意義。

隱義（Connoted meanings）：指論證中藏有沒有明說的含意與暗示，有些讀者可能很容易就看穿，但它們通常都很巧妙地隱藏著，需要慢慢梳理開才能發現。

顯義

任何訊息都會含有顯義與隱義兩種意涵，顯義是明白表示的意義，從表面上就看得一清二楚。

範例 1　顯義

只有今天！所有電腦全面降價100英鎊！

上面這段話明顯的意思是：如果你今天在貼有這張廣告的地方買電腦，通通便宜 100 英鎊。

範例 2　顯義

你，也可以活在陽光下！

上面這段話明顯的意思是：你可以活在任何有陽光的地方。

隱義

　　然而，任何論證都會有隱藏的訊息，我們多半沒有察覺，往往在不知不覺中受到影響。在不知不覺中產生作用的訊息力量往往最為強勁，有些論證看似很有道理，但不是因為論述很紮實，而是因為它的言外之意。我們最好能夠看穿這種情況，才能真正獨立思考。言外之意可能讓論證更有説服力，我們有能力認出這種隱含的意義，就更能看透論證的結構，也更能判斷是否要同意隱含的論點了。在〈範例 1〉中，有兩個隱義：

☑ 在這裡買電腦很划算
☑ 今天不買電腦，就沒有 100 英鎊的折價，所以心動不如馬上行動

〈範例 2〉中有兩個隱義：

☑ 每個人都想活在陽光下，但不是每個人都做得到
☑ 如果聽從我們的建議，你就有機會活在陽光下

利用聯想的效果

　　一個產生言外之意常用的辦法，是把要談的東西和另一樣東西聯想在一起。如此一來作者不需要明説，就能用另一個東西來產生暗示的效果。

範例 3

　　你生日得到的真是一輛好車。我生日收到的是這張CD。這張CD像黃金一樣。

　　〈範例 3〉的顯義是：那個人的生日禮物是一張 CD。至於隱含的意義就比較複雜了。把 CD 比作金子，CD 就變得稀有而珍貴，這份禮物以及收到禮物的人，頓時更顯得重要。還有另一個可能性是，作者想要讓人覺得，CD 這樣的禮物比起昂貴的車子來，一點也不遜色。

有些產品跟金子沒有關係，但名稱中還是會用上「金」這個字。或是把商品跟婚戒這類與黃金有關的意象連在一起，吸引消費者的目光。這種連結會立即產生高貴、富有、稀少等印象。「黃金時代」代表的是美好的時代，金戒指代表持久的關係，這會讓觀眾把商品和婚禮的浪漫連結在一起。這種聯想除了浪漫的婚姻之外，也暗示著消費者與產品之間，也會建立長久的關係。

隱含的訊息

日常生活中，我們應該對「沾光」（reflected glory）這類概念所傳達出來的意義不陌生。大部分的人多多少少都見過這種人，他不會明白告訴你：「我是重要人物。」但是他會提到他認識某某名人，或他的朋友或家人做了多了不起的事。廣告和政治圈最常使用隱性的訊息。大家都會把自己的產品、選舉候選人或某個政治議題，與具有正面形象的事物或觀念連結，至於另一方的候選人和意見，就與負面的訊息連結在一起。

這種隱含的訊息常需要依賴共同的社會觀念、文化價值與意識型態。就像上面提過的，閱聽者在不知不覺中，主動將兩件事聯想在一起，該訊息的效果最強。在關鍵之處用對字眼或觀念，可以刺激閱聽者產生許多聯想，製造出強烈的隱含訊息。傳達隱含訊息的方式有很多種，下面是幾個例子：

☑ 在政治性的廣告中使用愛國歌曲當背景音樂，暗示該政黨是最愛國的政黨。

☑ 利用一隻鳥在一望無際的天空中翱翔的意象，暗示照著該論證所說的去做，就可以擁有同樣的自由與無窮的選擇。

☑ 帶客戶參觀要賣的房子時，在廚房烤麵包，製造家與幸福的感覺。

刻板印象

當某個想法或人物，常常與特定的形容詞、職務或行為模式等等連用時，我們就稱之為刻板印象。一個團體被冠上某種特性後，如果這個意象越鮮明，變成了刻板印象，這個團體的成員往往就只是一個集合體的一員，很難被當作獨立的個體看待。

範例 4

左手邊是男士的浴室,這當然是給醫生用的。女士的浴室在那邊,是給護士用的。

英國長久以來都有這樣的刻板印象,醫生是男的,護士是女的。這種僵化的印象目前已受到挑戰了。刻板印象的概念往往伴隨著區分「自己人」(in-group)和「外人」(out-group)的行為,這部分在第 189 頁有進一步討論。

聯想與刻板印象

下表中有幾個關鍵字詞,請從右欄中選出與每個字詞相關的概念。

1. 山　　　　　A. 天真、關心、愛、溫柔、柔軟

2. 兒童　　　　B. 危險、勇敢、速度、銳不可當

3. 濃縮果汁　　C. 浪漫、婚姻、幸福、特別的、中選的

4. 火牆　　　　D. 男人獨立的地方、女人不應該去的地方

5. 猴子　　　　E. 健康、維他命、飄逸的秀髮

6. 戒指　　　　F. 舒暢自然、涼爽有精神、戶外、辛苦

7. 車庫或書房　G. 幽默、愛玩、耍把戲

解答見第 171 頁

有賣點的聯想

仔細觀察電視廣告,看看哪些字或觀念,最常拿來銷售哪些類型的產品。廣告中使用的字眼或讓你聯想到什麼?

廣告中使用的關鍵字或概念	這些字或概念產生的聯想

刻板印象

練習 3

請找出下面這些敘述中存在的刻板印象：

1. 他們有二個女兒，所以我們會把房間漆成粉紅色。
2. 這些是機師的制服，至於女士們，你們的空服員服裝在那邊。
3. 菜單上一定要有烤牛肉，這樣那些英國遊客們才有東西可以吃。
4. 我們早該知道他沒辦法控制自己的脾氣，你看他那一頭紅髮。
5. 我們要為來自加勒比海的遊客演奏雷鬼樂，為西班牙來的遊客演奏佛朗明哥樂曲。
6. 人群裡有那麼多足球迷，我們早就該預期會有狀況了。
7. 學生宿舍裡實在沒必要準備洗衣機，我們應該給他們一人一個大的洗衣袋，好讓他們把髒衣服帶回去給父母洗。
8. 他們二個都已經退休了，應該不會對時尚或電腦感興趣。

解答見第 171 頁

顯義與隱義

練習 4

請閱讀下面三篇短文，找出該文的：ⓐ 顯義；ⓑ 隱義；ⓒ 該文用了什麼聯想來製造隱含的訊息。完成後，請參考解說分析。

短文6-30

　　雖然我的當事人過去行為有點頑皮，但現在已經改了。過去這幾個月，她的孩子過得很辛苦。她兒子一度病得很嚴重，她的女兒因為祖父去世心情很不好。這幾次和她的孩子見面，我的當事人就像是孩子們可以仰賴的巨石一樣。

短文6-31

其他的政黨就像風一樣，政策隨時改變，只有我們的政黨有穩定而清楚的方向。這都是因為我們有一個穩定的領導人，在國家面臨風暴的此刻，唯有她這位船長可以帶領我們航向明確的未來。

短文6-32

說服大家採納新的計畫應該不會太難。我們只要說服幾個委員會的領導人支持我們的建議，其他委員會的成員就會像羊群一樣乖乖跟在後面了。

解說分析

	顯義	隱義
短文 6-30	這個當事人以前的行為不良，但現在已經改好了。她已經證明她是孩子的支持力量。	「頑皮」這個字常跟兒童的行為連在一起，言外之意是指這個婦女的行為以成人的眼光來看，不算太嚴重。作者又用「巨石」來形容這個母親，使她具有支撐與可依賴的形象。「巨石」具有穩重、安定、可靠的意象。
短文 6-31	其他政黨的政策一直在改變，但作者所屬的政黨不管發生什麼事，始終堅定如一。	作者用風來形容其他政黨。風會改變方向，不夠可靠，言外之意是這些政黨也不可靠。而作者所屬的政黨，別說是風了，即使在暴風雨之中，也一樣堅定，相較之下有如天壤之別。該黨領導人被比喻為船長，帶有可以「發號司令」的意味，並且堅定地引導船隻靠岸。這樣的比喻也會讓人聯想到過去一些也被比喻為船長的領導人。
短文 6-32	只要領導人支持，就不難說服委員會採納新的計畫。	作者將委員會的委員們比作羊群，而羊通常被認為是一種沒有自己想法的動物。言外之意是委員會的委員們沒有自己的想法，領導人說什麼他們就做什麼。

本章討論了幾個隱藏的論證特性，例如隱性的假設與論證、隱含的前提以及言外之意等等。

所有的論證都必須建立在假設之上。假設有可能是隱性的，譬如預期閱聽者具有共同的背景，都瞭解那些沒有明說的假設是什麼意思。這樣可以讓論證簡潔一點，不必去解釋大家應該都知道的事。

有時，作者以為閱聽者都具有特定的知識，或瞭解特定的假設，但其實不然。作者也可能故意不把基本的假設說清楚，想要在神不知鬼不覺中，說服閱聽者接受他（她）的論點。假設也可以當作是支持結論的理由。要能正確評估論證的強度和有效性，就要能認出論證中隱含的說服與推論技巧。

有些論證看似講得很有道理，但其實是建立在偽前提之上，這就不是一個好的論證。由於並不是每一個論證都會把前提講得很明白，所以讀懂字裡行間之外的意思也是很重要的。要辨認前提夠不夠健全，可能要對論證的主題有一點瞭解，同時也要多練習判斷。常識與經驗可以幫點忙，但有時也需要更進一步蒐集資料，才能判斷論證的正當性。

這一章最後談的是論證的顯義與隱義。顯義是表面上的訊息，我們通常都認得出來。但論證也常常會暗藏著沒有明說的訊息，在不知不覺中說服我們接受作者的觀點。針對潛意識的訊息往往效果特別強，所以對這類訊息保持警覺，我們就可以更清楚知道，一個論證之所有有說服力，到底是因為推論很有道理，還是其中隱含的言外之意產生效果。

8 Sources and Answers
參考資料及解答

參考資料

關於科學家艾麥格瓦利的資料，參見網站：www.overture.com

本章解答

頁數	短文	解答
145-146 ▶ 找出論證的根本假設	6-1	根本假設：**抗議核子武器的行為，是衡量一個團體是否關心政治的正確方法**。事實上，不同的世代可能認為還有其他政治議題也一樣重要。
	6-2	根本假設：**房價急速上漲之後一定會急跌，也一定會有人賠錢**。但是每一次房價上漲時，投資模式或利率可能都不一樣，所以也不見得接著房價一定下跌，或一定有人賠錢。
	6-3	根本假設：**廣告是兒童面臨同儕壓力的罪魁禍首**。這句話可能是真的，也可能不是，但是廣告與同儕壓力的關聯並沒有在文中清楚說出來。
	6-4	根本假設：**網路上大量的搜尋表示「所有的人」都知道那件事**。這有可能是真的，但也可能還有很多人沒有聽過艾麥格瓦利這個人。一個網頁的高點閱次數，有可能是相對少數人多次造訪的結果。
	6-5	根本假設：**所有工作都可以移到低薪資的經濟體去**。這個假設必須成立，才能得出「沒有任何工作機會」這樣的結論。但是稍微想一下，就可以知道情況不會變成如此。像醫藥、餐飲、零售、教學以及照護等這類工作，都一定要在當地進行，所以高薪資的地區不可能喪失所有工作機會。這篇文章也假設只有「企業」會提供工作機會，但是雇主也有可能是其他組織或個人身分。
	6-6	根本假設：**有些消費者不知道產品包裝上的 E 加數字代表什麼意思**。這個假設如果不成立，就不會得出這樣的結論：只是把這樣的資訊放在標籤上未必有用，因為大家需要的是知道它的意思。E 與數字的組合代表的是：「歐洲各國認可使用」，範圍包括維他命等化學製品，還有一些不是那麼健康的成分。舉例來說，E300 代表維他命 C。這段論證還有另一個假設：消費者都想要吃得更健康，不過這個假設未必成立。

頁數	短文	解答
150-151 ▶ 當作理由 之用的隱 性假設	6-7	結論是：既然至今人形機器人對家務及建築的幫助仍然少有進展，或許這個夢永遠沒有實現的一天。 ▶ 當作理由的隱性假設有這二點：i) 自從第一個機器人在很久以前被設計出來後，一直有人持續努力，想要設計出一個可以處理某些工作的機器人。文中沒有提出相關證據，無法證明達文西及之後的發明家有這樣的計畫與努力。ii) 一件事如果努力了一段時間還是沒有成功，就永遠不會成功了。以這件設計機器人的案子來說，作者無法證明這個說法。 ▶ 這二個假設可能可以成立，但文中並沒有提供任何證據。
	6-8	結論是：取消郵寄投票可以回歸公平選舉。 ▶ 郵寄投票可能比其他投票方式不公平，這可能對也可能不對，但其中暗藏了幾個隱性的假設：i) **在還沒有開放郵寄投票以前，選舉都很公平。** 本文並不能證明這個說法。因為也有人會認為，有些人或許因為工作，或生病住院，或正在服役，選舉當日不能回去投票，卻沒有其他替代方案，這樣才叫做不公平。ii) **其他投票方式沒有脅迫的問題。** 原文也不能證明這一點。比方說，也有人會在其他投票方式中強迫別人交出選票。iii) 郵寄投票方式不論如何修正，都不能降低或消除脅迫投票的行為。
	6-9	結論是：最好還是回歸傳統，充分利用植物的根莖葉，不要再靠大量製造的藥物來治病了。 ▶ 其中隱含的假設是：i) **過去使用草藥治病，效果和現代醫藥一樣好。** 這句話可能成立也可能不成立，本文並沒有提出這方面的證據。現代醫藥會萃取植物的精華，再加上一些當地無法取得的化學成分，製造出來的藥物效果可能比較好，也可能比較差。ii) 現代醫藥所治療的疾病範圍與種類，和過去的草藥一樣。iii) **草藥的種類與數量足以供給所有有需要的人。** 想想看化學家的實驗室裡放了那麼多萃取出來的化學元素，很難想像植物可以如此便利地隨時提供我們的需求。
	6-10	結論是：為了延長人類的壽命，我們應該繼續改善公共衛生與飲食習慣。 ▶ 當作理由的隱性假設是：**人的壽命之所以一直增加，是因為衛生和飲食習慣的關係。** 這句話也許是對的，但並不是由該論證所證明。舉例來說，我們也可以這樣反駁：很多人飲食習慣很好，但是因為食物不夠，所以死於饑荒。有些人死於傳染病，有些人死於戰爭，這些死亡原因都與飲食或衛生無關。

頁數	短文	解答
		▶ 另外一個隱含的假設是：飲食、衛生和壽命都有改進的空間，而壽命一直增加是好事。並不是每個人都會同意這個看法。
	6-11	結論是：因此，要讓餐廳順利營運，餐廳老闆應該等到生意穩定了，再蓋新廚房。
		▶ 當作理由的隱性假設是：**餐廳開幕不久就蓋新廚房，這是一筆不必要的支出，會導致餐廳開幕不到一年就把資金用完了**。這是一個合理的假設，但並不是從原文中推斷出來的。這種不知從哪裡冒出來的結論，也似乎和前面提到的內容沒有關係，是一個「沒有連貫」（請見第 148 頁）的例子。
	6-12	結論是：我們應該更積極減少世界的人口，讓食物的供給量足以分配給所有的人。
		▶ 當作理由的隱性假設是：**世界人口的多寡是營養不良的原因**。這段短文也假設，世界上的食物不夠吃。這個說法可能對也可能不對，但原文並沒有提出任何證據。營養不良有可能是因為飲食不均衡，而不是食物不夠吃。有些國家所消耗的食物，多過於該國人口的實際需要，因此有人會認為，食物分配更均衡，比控制人口更重要。
154- 155 ▶ 偽前提	6-13	真前提。以文中提出的理由來看，汽油確實有可能會漲價。
	6-14	偽前提。這段論證所依據的前提是：被雨淋濕了就會感冒。淋濕和感冒之間並沒有直接的關聯，大部分的情況下，淋濕了並不會感冒。
	6-15	偽前提。「郊區的空氣沒有汙染」，這是個偽前提。影響人類居住在郊居的汙染情況有很多種，農藥就是一例。
	6-16	偽前提。「好的菜單會讓新餐廳每天都客滿」，這是個偽前提。大部分的新餐廳都得很努力才能生存，而當地已經存在的餐廳並沒有客滿。食物美味、價格低廉、地點適中，都可能是餐廳客滿的原因。
	6-17	真前提。印度的電影工業逐漸吸引了全球觀眾的目光，本文提出的這些理由都可以證明：印度電影深獲國際肯定、吸引了印度以外的觀眾、放映印度電影的國家數量更勝以往。
	6-18	偽前提。每年結婚以及維持婚姻的人會保持同樣的比例，這是不太可能的，所以是一個偽前提。文中並沒有考慮到還不到適婚年齡的人口，也沒有考慮有些人不想結婚。
	6-19	偽前提。即使行為可以顯示一個人的國籍，這也不是基因的關係。有些國家的人並非在基因上屬於同一種人，例如英國人或法國人，他們的祖先來自四面八方。因此同一個國家的人具有類似的行為，多半是因為文化的影響，而非基因。

頁數	短文	解答
	6-20	偽前提。「選擇越多,節目的品質越好。」這不見得是真的。本文並沒有提出相關證明,也有很多人會認為正好相反。
158 ▶ 隱性的論證	6-21	這段話的隱性論證是:員工如果行為不符預期,將受到嚴重的懲罰,很可能會丟掉工作,或失去升遷的機會。文中並沒有說得這麼明白,但隱約含有這種威脅的意味。
	6-22	這段話的隱性論證是:對手的候選人說謊,他沒有為國家而戰;他也偷了國家的錢,也不會遵守減稅的承諾。這些話並沒有明說,但原文帶有這樣的暗示。
	6-23	這段話的隱性論證是:朱利安和伊恩偷了銅管。原文連續陳述了幾個狀況,這些狀況如果有清楚的推理結構,就會形成支持結論的理由。這二名工人「工作到很晚」,讀者不免會想,這表示其他人都已經回家了;二人都會開卡車,也暗示他們真的開了卡車;他們沒有不在場證明,更容易讓讀者認為他們一定就是竊犯。
	6-24	這段話的隱性論證是:從其他國家移民來的人比較不誠實。文中沒有提出任何證據來支持這個論證。
	6-25	這段話的隱性論證是:大部分的人都支持死刑,所以應該採用死刑。這個結論在原文中並沒有明說。
159 ▶ 意識型態的假設	6-26	在這個段落裡,不滿二十歲的人還被當作小孩。每個社會對於幾歲才算成年都有不同的想法,時代不同,定義也會不同。
	6-27	這個段落認為這些都是良好的工作條件;小孩應該去工作,而不是去上學;一天工作十二小時是合理的;工人沒有多餘的假期。工作是道德問題,不工作被認為是一種罪孽。這是十九世紀早期的小說所描述的工作條件,在當時算是普遍的狀況。
	6-28	這一段採用的意識型態假設是:女人不能繼承財產。這是英國維持數百年的傳統,一直到二十世紀才改變。
	6-29	這個段落採用的假設是:女人太情緒化了,所以不能播報嚴肅的新聞。英國有很長一段時間不准女性播報新聞,類似這樣的論調也很常見。原文暗示女性播報不愉快的新聞時會哭出來。此外,因為女人會讓人聯想到瑣事,女性播報的新聞自然而然會被當作小事。
163-164 ▶ 聯想與刻板印象	練習 1	1 = F, 2 = A, 3 = E, 4 = B 5 = G, 6 = C, 7 = D
	練習 3	1. 這句話所呈現的刻板印象是:女生都喜歡粉紅色。 2. 這句話所呈現的刻板印象是:機師是男性的工作,空服員是女性的工作。

頁數	短文	解答
		3. 這句話所呈現的刻板印象是：英國人只吃烤牛肉，不吃異國食物。
		4. 這句話所呈現的刻板印象是：紅頭髮的人脾氣都不好。
		5. 這句話所呈現的刻板印象是：加勒比海人都喜歡雷鬼樂，也只聽雷鬼樂，而西班牙人都喜歡佛朗明哥，也只聽佛朗明哥曲子。
		6. 這句話所呈現的刻板印象是：所有的足球迷都愛惹是生非。
		7. 這句話所呈現的刻板印象是：學生都很懶，沒有能力照顧自己。它所想到的只有那些父母住得很近、可以常常回家的年輕學生，沒有考慮各種情況，例如有些學生沒有父母、父母年紀比較大或來自海外等等。
		8. 這句話所呈現的刻板印象是：人到了某個年齡後，就對時尚或電腦沒有興趣了。

UNIT

7

這樣講有道理嗎？
——找出論證的漏洞

本章學習目標

† 瞭解論證中可能出現哪些漏洞

† 練習找出論證的漏洞

† 瞭解因果、相關與巧合之間的
  差別

† 瞭解什麼是必要條件，什麼又
  是充分條件，並且能夠區別兩
  者的不同

† 學會辨識會曲解論證的語言

我們在〈第三章〉中說過，論證必須具備下列要素：作者的立場、用理由來支持結論的推論思路、以及說服閱聽者的意圖。而〈第四章〉到〈第六章〉，我們則發現，論證即使表面上具備這些要素，也可能說服不了人。結構不良、邏輯不一致以及藏有隱性的論證，這些因素都可能削弱論證的力道。這一章我們要繼續討論其他會削弱論證力道的因素。你可以瞭解很多論證常見的缺陷，例如倒果為因；未符合必要條件；沒有就事論事，反而進行人身攻擊；扭曲事實；使用情緒性的語言等等。

論證之所以有漏洞，原因有二：

↗ 作者沒有發現。讀了這一章，
  你就有能力在自己的論證中找
  出漏洞並且加以彌補。

↗ 作者是故意的，想用歪理來誤
  導閱聽者或激起特定的反應。
  讀了這一章，你也可以輕易看
  穿他人的把戲。

Assuming a causal link & Activity
錯誤認定因果關係 & 練習

只因為兩件事情同時出現或同時發生，就認為兩者之間一定有關聯，這就是錯誤的推論。其中一種誤判的關聯，是認為其中一件事必然是另一件事的「原因」，或驟下結論。

範例 1

在岩石上找到恐龍的足跡時，一定有地質學家在場，所以恐龍足跡一定是地質學家製造出來的。

上例的假設是，地質學家和恐龍足跡總是出現在同一個地方，所以恐龍足跡是地質學家製造的。其根本假設為：恐龍足跡一定是假的。如果沒有這個假設，作者就不可能得出「恐龍足跡是地質學家製造的」這樣的結論。比較合乎邏輯的假設應該是：地質學家如果要研究岩石的年代，恐龍足跡就會是他們的研究對象之一，所以他們一定會被恐龍足跡吸引。此外也很容易就找到證據，證明這些足跡早在地質學家到來之前就已經存在了。

範例 2

那一家人昨天晚上都病了。他們昨天都在餐廳吃了魚，所以魚一定壞掉了。

上面這段話把生病和吃魚連在一起，其根本的假設是：除了魚以外，沒有別的東西會讓那家人生病。要是沒有這個假設，作者也不可能得出「魚壞掉了」這樣的結論。要證明魚是病因，得有更多的證據或說明才行，例如：

是否有其他人吃了同一批魚，也一樣生病了

† 他們生的是什麼病

† 考慮其他可能的原因

† 檢驗殘留的魚

練習 錯誤認定因果關係

閱讀以下短文，並找出它所錯誤假設的因果關係。

短文7-1

西方國家的人比以前長壽，肥胖的人也比以前多，因此肥胖一定有助於增加壽命。

短文7-2

有個犯人被釋放了，這個犯人先前為了抗議自己的無辜，跑去坐在監獄的屋頂上。犯人用這種方式抗議然後又被釋放，這已經是第二例了。可見屋頂的抗議行為是保證出獄的好辦法。

短文7-3

那個男人的屍體在廚房被發現，身旁有一把沾了血的刀，房門的鎖被破壞了。一定是有人闖進來殺了他。

2 相關與假相關 & 練習

兩件事的發展方向有關時,我們稱之為「相關」(correlation),意思就是「彼此有關係」。有時那是一種因果關係,但並不一定絕對如此。

範例 1

氣溫越高,人們喝的水越多。

在範例一中,氣溫的高低與喝水量的多寡相關。喝水是溫度上升的結果。

範例 2

隨著氣溫下降,人們越可能使用室內游泳池。

氣溫與使用室內游泳池的機率,這兩者的變化也是相關的,只不過方向相反(一個下降,另一個上升),所以兩者之間有逆向的相關性。這種相關同樣是一種因果關係。

經由第三者產生關聯

有時,兩件事的發展方向雖然有關,但兩者之間並沒有因果關係。舉例來說,每年五到八月,冰淇淋的銷售量會上升,涼鞋的銷售量也一樣上升。這兩者的變化方向是一樣的,所以彼此之間具有某種關係,這表示我們可以這樣說:冰淇淋和涼鞋的銷售量增加是相關

的，也就是說，我們可以合理推斷，涼鞋銷售量增加時，冰淇淋的銷售量也會增加。

但是，冰淇淋銷售量增加，並不是涼鞋銷售量增加的原因，反之亦然。假設某種新品牌的冰淇淋剛好配合冬天的節慶發行，然後賣得很好，應該不會造成涼鞋的銷售量增加。因此，比較合理的推論是，夏日炎熱的天氣才是造成兩者銷售量增加的主因。

假相關

「相關」表示兩者之間具有某種關係。但是發展方向一致，並不代表兩者之間一定相關，反而可能一點關係也沒有。這種實際上沒有關係，卻認為有關係的情況，就叫做假相關（false correlation）。

範例 3

汽車犯罪的次數增加了。以前購車者能夠選擇的車身顏色只有幾種，現在選擇更多了。車身顏色選擇越多，汽車犯罪率越高。

也許這兩件事之間有某種關係，但可能性不大。這與其說是相關，不如說是巧合。

檢查彼此的關係

當兩件事看似彼此相關時，一定要注意下面這些細節，仔細檢查兩者的關係：

↗ 這些模式與方式有沒有可能只是巧合，沒有直接關係？
↗ 兩者是屬於因果關係？
↗ 兩者是經由第三者產生關聯嗎？

辨別相關的性質

閱讀下列短文並且判斷它是屬於哪一種論證：

- □ A 理由透過因果關係來支持結論
- □ B 必定含有隱性假設，才能得出這個結論。說明是什麼假設
- □ C 理由與結論無關

短文7-4 □A □B □C

理由 1：糖會破壞牙齒。

理由 2：兒童吃很多糖。

理由 3：兒童很容易蛀牙。

結論：兒童很容易蛀牙，是因為吃糖的關係。

短文7-5 □A □B □C

理由 1：現在的學生比以前更常用網路找資料、交作業。

理由 2：整體學生人數已經增加了，但教師人數沒有增加。

理由 3：抄襲他人作品的學生比例，很可能跟以前一樣。

結論：現在的學生如果抄襲，更容易被抓。

短文7-6 □A □B □C

居禮夫人、愛因斯坦和達爾文都留長髮，也都是偉大的科學家。因此，要當偉大的科學家，就要留長髮。

短文7-7 □A □B □C

理由 1：足球賽的門票漲價了。

理由 2：現在的足球隊員薪水比以前高。

結論：為了要支付球員的高薪，觀眾必須付較多的錢看球賽。

短文7-8　□A　□B　□C

理由 1：刺蝟喜歡吃冰淇淋。

理由 2：如果冰淇淋放在刺蝟打得開的容器裡，刺蝟就會吃冰淇淋。

理由 3：最近快餐店的冰淇淋消耗量很多。

結論：刺蝟一定是闖進快餐店偷吃冰淇淋了。

短文7-9　□A　□B　□C

理由 1：從1940年到2000年間，杜拜的人口每十年就增加一倍，而且繼續增加中。

理由 2：1979年在傑貝·阿里（Jebel Ali）建造的港口，成為繁榮的自由貿易區，也帶來世界各地的人。

理由 3：許多改善經濟的公共建設計畫，例如體育設施、主題公園、世界級的科學園區以及國際金融中心等等，都鼓勵著人們到杜拜定居。

理由 4：目前正在進行大型的房地產開發案，讓外國人有更多機會可以在杜拜置產。

結論：杜拜的人口之所以增加，是因為提供很多機會給外國人。

解答見第 203 頁

3 未符合必要條件

Not meeting the necessary conditions

必要條件

要證明某個論點，必然有些理由或證據是絕對不可或缺的，這些就叫做**必要條件**（necessary conditions）。顧名思義，必要條件就是必須要達到的條件。少了必要條件，論證就有缺口，結果就不會一樣。結果如果不一樣，就無法證明論證可以成立。另外，要證明一件事，有時需要一個以上的必要條件，這一點要特別注意。

「如果沒有……就不會……」

要檢查某個理由是不是必要條件，你可以改變論證的敘述，看看這樣論證還成不成立。必要條件通常會用這些敘述方式來表達：

- ☑ 沒有發生這件事，那一件事也不會發生
- ☑ 如果這不是真的，那也不會是真的
- ☑ 沒有這個，也不會有那個
- ☑ 如果沒有 A，B 就不可能成真
- ☑ 如果它沒有 A，就不可能有 B
- ☑ 如果它沒有做 A，就不會產生 B

這個概念用具體的例子比較好理解，請看下面範例。

範例 1

如果你沒有事先安排計程車來你家載你到車站，到時計程車就不會來得及載你去趕火車。

在前例中，計程車要來得及，所需的必要條件是事先安排。因此這是一個有效的論證。

範例 2

中樂透也是一種賺大錢的方法。要贏得樂透，得先買彩券。約翰有一張彩券，所以他將會賺大錢。

靠樂透賺錢的必要條件是手上要有彩券。約翰持有彩券，所以符合賺大錢的必要條件。

檢查必要條件

檢查必要條件時，試試看用不同的敘述方式把理由再說一遍，論證是不是一樣成立。

範例 3

命題：鳥有翅膀。這樣東西有翅膀。這樣東西是鳥。

翅膀是不是那樣叫做鳥的東西之必要條件？我們可以用這樣的敘述來測試一下：如果它沒有 A，它就不可能是 B，然後看這句話是對還是錯。以前例來說：

如果它沒有翅膀，它就不可能是鳥。對還是錯？

這個說法是對的：如果一樣東西沒有翅膀，那樣東西就很難稱之為鳥。不過，我們還是要考慮特殊的情況：一隻鳥如果發生意外，失去翅膀，然後就說它不是鳥，這樣的論證就有漏洞，因為從它體內決定生成翅膀的 DNA，就可以證明它還是一隻鳥。

Not meeting sufficient conditions

4 未符合充分條件

只是「必要」還不夠

必要條件與充分條件（sufficient conditions）不一樣。即使具備必要條件，也可能還不足以證明某些論點，必須還要符合其他條件才行。我們還要考慮「各項條件」夠不夠充分支持結論，不夠的話，論證就不能成立。

舉例來說，只是持有參加抽獎彩券並不是賺大錢的充分條件：那張彩券可能不會贏。這個例子就足以說明必要條件和充分條件有什麼不一樣了。

「如果這樣，那麼……」

充分條件指的是那些必須完全符合，才能讓論證成立的條件。只要符合充分條件，相關的結果就會隨之而來。我們通常會用以下這些敘述來表達充分條件：

↗ 如果這是真的，那麼那個也一定是真的
↗ 如果 A 存在，就可以證明 B
↗ 如果這是真的，那個一定會隨之而來
↗ 如果 A 存在，B 一定是真的

範例 1

樂透獎金是一千萬英鎊。約翰擁有唯一一張中獎的彩券。他符合遊戲規則。因此，約翰賺了一大筆錢。

在〈範例 1〉中，約翰要賺大錢的幾個必要條件都符合了：獎金是一大筆錢，而約翰是唯一的得主。不過，要是他把彩券弄丟了、沒有去領獎、或樂透公司破產了，就無法達到約翰賺大錢的充分條件了。

範例 2

細菌的生命通常都很短。不過，1989年在美國俄亥俄州找到一具保存良好的乳齒象（mastodon）骸骨，這隻乳齒象生存在11,000年前，科學家卻在它的肋骨間找到一隻腸內菌，科學家認為那是乳齒象吃的最後一餐遺留下來的。骸骨四周的泥炭中找不到同類的細菌，因此那隻細菌應該有11,000歲了。

作者這段話想要證明的是，細菌或許可以活得比一般認為的還要久。其中一個必要條件是：在古象骸骨中找到的細菌，並沒有在附近的泥炭中找到。如果附近也有這類細菌，那麼那隻細菌有可能是最近才移到骨頭裡去，當然也就不見得在肋骨間活了 11,000 年了。不過這並不是證明細菌年齡的充分條件。舉例來說，我們無從得知，這隻細菌有沒有可能是在這 11,000 年中的某個時間點，被風吹到象骨上的在完全沒有接觸附近泥炭的情形下。

充分及／或必要

檢查論證是否符合充分條件，一樣可以用不同的敘述方式，把所有的理由再說一次，看看這樣是否一樣說得通。舉例來說，要確認翅膀是不是某物為鳥的充分條件，可以利用這樣的敘述：**如果 A 存在，就可以證明 B**，然後看這個句子是對或錯。

範例 3

命題：鳥有翅膀。那樣東西有翅膀。因此，那樣東西是鳥。
　　→如果翅膀存在，就可以證明這是一隻鳥。對或錯？

答案是「錯」。有翅膀不並足以證明它是鳥，還必須配合其他的必要條件，例如它是（或曾經是）生物、有羽毛，並且擁有鳥的 DNA。否則飛機也是有翅膀的東西，但飛機並不是鳥。

5 Activity: Necessary and sufficient conditions

練習：必要條件與充分條件

下面有七個不同的命題，請依照指示完成練習

① 命題中所提出的理由，是否符合支持結論的必要條件？
　　在「必要條件？」一欄寫下「是」或「否」，並且提出說明。

② 命題中所提出的理由，是否可以充分支持結論？
　　在「充分條件？」一欄寫下「是」或「否」，並且提出說明。

命題	必要條件？	充分條件？
〔例〕 鳥有翅膀。這東西有翅膀。因此，這東西是鳥。	是。翅膀是那樣東西為鳥的必要條件。	否。原文所提出的理由無法滿足鳥的定義，因此不足以支持「那樣東西是鳥」的論證。鳥的定義包括：通常會飛、有生命、會下蛋、有兩隻腳、有羽毛，而原文中的條件並不足以排除飛機或玩具這些也有翅膀的東西。
① 這份報告提到分枝（branch），報告的主題一定是樹。		
② 這個拳擊手不吃肉或魚，他吃奶製品和蔬菜。這個拳擊手是素食者。		
③ 阿米爾不到二十歲。青少年是指二十歲以下的人。阿米爾一定是個青少年。		
④ 克萊兒不會演奏任何樂器。因此，她不是音樂家。		
⑤ 主教騎著二個輪子的交通工具來，那二個輪子一前一後。主教騎的一定是腳踏車。		
⑥ 電視通常比收音機貴，這一台電視比收音機還便宜，一定很划算。		
⑦ 李陽有一個非常快樂的童年。她必定是個很快樂的大人。		

解答見第 205 頁

6 False analogies & Activity
不當的類比 & 練習

創作性質的比喻

作者可以利用比喻的技巧來說服讀者。在詩或小說這類創作中，常會見到作者拿兩個看似完全不一樣的東西來比較，以產生驚奇、幽默或特別的觀點等種種文學效果。在創作的作品中看到這樣的比喻：「**雨下得像威靈頓鞋一樣大**」

類比 analogy

所謂類比，是指將兩件事相比較，找出類似的特點。

（it was raining Wellington boots）或「**月兒是一位駕著雲馬車的女神**」，我們都可以接受。文學批評家則可以分析，這些比喻的手法是不是能對讀者產生預期的效果。

有效的比喻

在創作以外，大部分的批判性思考如果運用比較或比喻的手法，就必須合理確實，並且有助於增進閱聽者對議題的瞭解。舉例來說，把月亮比喻成女神、雲比喻成馬車，從科學的角度來看是一點幫助也沒有。比喻或比較會讓人注意兩件事相似的地方。世界上沒有二件一模一樣的事，所以更需要客觀的評估和判斷，才能決定這樣的比喻合不合理。如果該項比喻確實能增進我們對主題的理解，就是一個有效的比喻。

範例 1

心臟的作用就像抽水馬達一樣，一縮一放，將血液運送到全身。

不論這句話用在什麼地方，將心臟比喻為抽水馬達，讓人更容易瞭解心臟的動作，因此這個比喻是有效的。下面這些情況就是無效的類比：

☑ 相比的兩件事並不十分類似
☑ 比喻或比較產生誤導
☑ 沒有正確描述用來比喻的事物

　　現在就來試試，看你能不能說出下面這個例子的比喻為什麼用得不好。

範例 2

無論如何都不能允許複製人類的細胞：這會製造出另一個科學怪人。我們不要這種怪物。

　　作者對於複製人的看法很清楚：複製是不對的，應該阻止。也許對很多人來說，複製是一件很恐怖的事，所以作者拿科學怪人來激起恐怖的感覺。但是這樣的類比是無效的，因為它沒有拿同類的東西來相比。所謂複製，是和原來的東西一模一樣，但科學怪人並不是任何東西的複製品，而是一些東西的組合。此外，作者說「另一個科學怪人」，表示我們應該記取過去的教訓，但科學怪人只是書上的角色，並非真實事件。作者想要我們認為「複製人」就是「怪物」，但如果用來複製的真人並不是怪物，跟原來一模一樣的複製人就應該不會是怪物。

　　即使是不恰當的比喻，只要作者用得好，一樣會顯得很有說服力。尤其是這比喻有一半可以很輕易證實（科學怪人是個怪物）而另一半很難（複製的結果）時，大家很容易就認為，既然一部分是真的，另一部分一定也是真的。

不當的類比

請閱讀以下短文，並指出：
ⓐ 文中的類比為何：作者用哪二樣事物來相比？
ⓑ 這樣的比喻是否有效？

短文7-10

地球的大氣層是一層像毯子一樣包住地球的氣體，雖然只有薄薄一層，但是可以維持地球的溫度，使我們溫暖。它同時也提供了一層保護，使我們免受太陽的強烈照射。

短文7-11

依這樣的情況看來，新政黨在下一次選舉中不太可能成功，不過我們還是樂觀以待。正式的黨員人數確實很少，競選經費也不多，但是參選人實力堅強、勝選的決心很堅定，這些優勢彌補了其他缺點。這個政黨就像另一個聖經裡的大衛一樣，勇敢挑戰巨人哥利亞，充分發揮以小博大的精神。

短文7-12

前提是論證的基礎，就像地基是建築的基礎一樣，前提如果建得不好，論證就會垮下來。

短文7-13

被告一定沒辦法為自己辯解了。他已經承受了許久極大的壓力，就像受到壓力擠壓的蒸汽一樣。證人知道被告很容易生氣，所以一直想辦法激怒他。被告簡直就像隨時要爆開的壓力鍋一樣，到達沸點就會忍無可忍地爆發出來。

短文7-14

近年來，因為股票價格在金融市場上劇烈動盪，使得某些產業的投資人損失慘重。投資人在股票市場上跌得鼻青臉腫，或許沒有權利獲得補償，但如果是因為金融市場不健全而發生重大事件或嚴重錯誤，投資人則應該獲得補償。

解答見第 204 頁

Deflection, complicity and exclusion
轉移焦點、同盟和排他

巧妙運用語言，可以建構一個強而有力的論證，而運用不當，論證會有陷阱，誤導閱聽者相信錯誤的論證或偏離論證的重點。下面就來討論幾個常見的文字遊戲。

轉移焦點

作者會用一些話暗示該論點沒有必要證明，轉移閱聽者的注意力，不再細察他的論點。常見的手法有下面兩種：

- a 暗示論證不證自明：具有這類暗示作用的字包括：顯然、當然、很清楚、自然、十分明顯等，意思是：既然這麼明顯，就沒有必要去評估論證的真實性了。
- b 訴諸現代思想：另一個誘使閱聽者停止思考的手法，是提及年代的問題，彷彿越現代的東西就越有道理。

> **範例 1**
>
> 現在已經不是十九世紀了！一九四〇年代早就過去了！
> 就好像回到諾亞方舟上一樣！

由於作者引用的年代基本上是正確的，閱聽者心理上就已經幾乎認同作者的論證了。用這種方法是企圖讓不同意作者論點的人顯得守舊或過時。

製造同盟關係──「大家都知道！」

這一類用語的特別之處在於，作者彷彿把閱聽者當作是一群具有共同想法的人，藉以引導閱聽者接受他的論點。成功的機率很高。

範例 2

> 我們都知道……，所以……
> 當然，我們的看法都是……
> 大家都知道……所有的人都相信……
> 理所當然……

如果「所有的人」都相信某件事，那麼閱聽者似乎沒有理由不同意。

「像我們這樣的人！」──自己人和外人

另一種類似的作法，是暗示具有某些特質的人，比較能夠同意作者的觀點，例如「正直的人」或「任何有大腦的人」。要是它所連結的是社會上常見的假設和偏見，就更有說服力了。

範例 3

> 任何有點概念的人都知道，女人比男人更會做家事。

塔吉菲爾（Tajfel, 1981）曾寫過一篇文章，討論人們如何區分「自己人」（in-groups）和「外人」（out-groups）。這種區別會讓「外人」顯得不如「自己人」，所以其他人也不會想要被認為是「外人」。作者可以把反對的觀點當作是「外人」，閱聽者當然比較容易接受「自己人」的觀點，而「外人」的意見就被擺在一邊了。訴諸行為規範、道德、共同價值觀以及身分認同的論證，都是利用這種手法的例子。

範例 4

> 規規矩矩的人都會同意，X是不道德的。
> 身為英國人（或黑人／回教徒／天主教徒／聾人……），我們都……

8

Other types of flawed argument& Activity

其他論證漏洞 & 練習

論證可能會有各式各樣的缺陷，習慣批評分析的思考方式後，會更容易察覺論證的漏洞。你可以利用第 352 頁的查核清單，來找出典型的論證缺陷。但是如果全靠清單的話，那清單非得有一長串不可。因此，最好的辦法還是培養敏感度，如此一來不論遇到什麼情況，都可以輕易發現論證的漏洞。

這一章接下來這幾個部分，我們會進一步討論幾種論證常見的缺點或漏洞。為了要培養你的敏感度，我們先把要討論的論證寫在前面，請你先試著找出這些論證的漏洞，然後再閱讀後面的解說分析。

 在繼續討論各種論證可能的缺陷前，請你先試著找出下列論證的漏洞。不需要擔心你不懂這些漏洞的專用術語，只要看你能不能說出為什麼這些論證不能成立。有些短文裡的論證漏洞不只一個。

短文7-15　社區活動中心

如果關閉社區活動中心，我們可憐的孩子放學後就沒有地方去玩了。父母的氣憤是有道理的。自從當地學校的獨木舟活動死了五個學童之後，更是群情激憤，整個社區已經不能再忍受了。如果關閉社區活動中心，父母會擔心他們的孩子又再一次受苦。　解答見第 194 頁

短文7-16　網路剽竊行為

雖然我們可以設計一些程式來抓利用網路違法複製的人，但事實上就算抓到了，也不太可能處罰每一個人。法律如果沒有辦法落實，又何必制訂？如果沒有相關法規，這種行為就沒有犯法。既然沒有犯法，又何錯之有？　解答見第 193 頁

190

短文7-17　　**過路費**

　　應該要有更多人利用公共運輸旅行，這樣可以改善都市裡的交通。使用道路需要過路費的話，人們就會多多利用大眾交通工具。民調顯示大多數人都想要改善交通，這表示大家應該也會願意支持政府收取過路費。因此，議會應該通過收取高額的過路費。

解答見第 192 頁

短文7-18　　**身分證**

　　個人身分證不會對人權有任何實質的損害，反而可以增加我們的安全，因為警察可以更容易追蹤犯罪，抓到犯人。反對身分證的都是一些住在高級住宅區的濫好人，根本不知道住在一個犯罪橫行的老舊社區是什麼滋味。

解答見第 195 頁

短文7-19　　**球隊經理**

　　橄欖球隊這一個球季的表現起伏實在很大。球季剛開始時成績很差，現在雖然慢慢趕上了，但贏得冠軍的機率實在不高。球隊經理說，只要再網羅二個球員，就可以讓球隊在球季結束之前起死回生。但是現在不管他講什麼，球團董事會已經不可能再相信他了。所有的媒體都報導了他和那個電視節目女主持人齟齬的緋聞，雖然他一再否認，但是球迷不應該再信任他擔任球隊經理了。

解答見第 195 頁

9

Unwarranted leaps and castle of cards

跳躍式推論與紙牌城堡

跳躍式推論

跳躍式推論（Unwarranted leaps，就是在毫無根據下，就跳到下一步驟）是指作者用了二加二等於五的手法，在推論的過程中少了一個環節，使得論證依據的是沒有事實根據的假設。

紙牌城堡

論證如果像是由紙牌搭起來的城堡，這表示：

☑ 作者用了一組緊密相連的理由；
☑ 論證變得不穩定，前面的理由要成立，後面的理由才接得下去；
☑ 如果其中一個假設或理由被證明是錯的，論證就很容易垮下來了。

短文7-17　分析：過路費　　見第191頁

〈短文7-17〉的推論過程中，可以看到**跳躍式推論**和**紙牌城堡**的問題。這個論證靠的是一組互相關聯的理由與假設，論證處在微妙的平衡狀態。論證中有幾個沒有事實根據的假設，很容易受到質疑：

文中認為交通之所以出問題，是因為路上車子太多，沒有考慮到其他情況，如道路施工，或可能是因為單行道的設計。另外文中認為，只要加收過路費，大家就一定會改用大眾運輸工具。

障眼法（純熟手法）

障眼法（sleight of hand）是一種神不知鬼不覺的巧妙把戲。〈短文7-17〉中，作者本來在討論過路費，但結論卻出現「高額的過路費」。這種文字上的略微改變就是一種「障眼法」。

短文7-16 　分析：網路剽竊行為　　　見第190頁

文中明顯可見到**紙牌城堡**（castle of cards）的手法，在中間夾雜著幾個沒有事實根據的說法。例如，原文說就算抓到了在網路上違法複製的人，也不太可能處罰每一個人。這一點，作者並未證明，況且事實正好相反，在英國，輕微的交通違規和未取得電視執照違法收看電視等行為，早就實施全面性的罰款。（*在英國，收看電視要先購買執照，沒有執照就買電視來收看會被罰錢。*）

接著作者主張，法律若不能切實執行，就不應通過立法。這是作者的看法，但他還是沒有證明這個法律無法落實。作者將這一點當作基礎，繼續申論，認為相關法規不存在，就無所謂犯法。這裡又出現**障眼法**，因為作者根本未提到在他寫這段意見的當時，是不是已有因應網路剽竊的法規存在。

作者最後認為既然沒有犯法，就沒有錯，這也是一種**跳躍式推論**，有混淆視聽之嫌。對錯不是法律問題，而是道德問題。有些錯誤的行為也許還沒有受到法律規範，譬如面對醫藥科技的進步或發明，法律往往需要一段時間才會有所反應。

10 情緒性的語言：人身攻擊

情緒性的語言

情緒性的語言顧名思義，就是利用各種言詞刺激對方的情緒反應。像是親子關係、國家認同、宗教、犯罪以及安全等，都是比較情感性的議題，在論證中使用這些不必要的情緒性語言，可以很容易地操縱閱聽者的情緒。

人們習慣信任自己的情緒反應。強烈的情緒對於身體來說，是迅速行動的信號，而不是冷靜與理性的信號。作者如果能夠激起閱聽者的情緒反應，就可以降低論證被批評的機會。因此，遇到屬於情感方面的論證主題時，更要仔細確認作者的基本主張才是。

人身攻擊

我們在第三章中提到，論證亦必須考慮對立的觀點，這是指作出一番理性的分析判斷，而不是對那些持反對意見的人進行人身攻擊。批評人而不批評論點，通常是用來減低反對論點的可信度，但並不是正當的思辨方法。

不過，如果目的是要顯示對手曾有不誠實的紀錄，或揭露對方的立場其實受到特定利益影響，那就另當別論了。

短文7-15 分析：社區活動中心　　　見第190頁

作者利用「可憐的孩子」、「群情激憤」、「受苦」等這些情緒性的語言，來打動閱聽者的情感。他提醒閱聽者該區其他孩子曾經發生過的悲劇。那件事確實不幸，但與目前的論證有什麼關聯呢？

那件意外發生在一段距離之外，而且當時社區活動中心已經存在，孩子們已經有可以玩耍的地方。繼續開放社區活動中心或許是個很好的主張，但是作者並沒有用很好的理由來支持這個觀點。

短文7-18 分析：身分證　　見第191頁

　　這段短文攻擊所有反對採用身分證的人，也對這些人的背景和經濟條件做了沒有事實根據的假設，以降低這些人的可信度。由於原文用的都是這種不正當的方法，沒有具體的理由和證據，所以是一個漏洞百出的論證。

　　原文詆毀反對者，想要區分「自己人」和「外人」，或「我們這種人」和「他們那種人」，企圖讓閱聽者建立**同盟關係**。此外，原文也提到了犯罪與安全等訴諸情感的議題，想要贏得閱聽者的認同。

短文7-19 分析：球隊經理　　見第191頁

　　球隊經理認為找來新球員會對球隊表現有幫助，而原文不去分析這樣的判斷有沒有道理，反而對球隊經理進行人身攻擊。它不討論球隊經理管理橄欖球隊的經驗，而是批評他的私生活。我們或許不認同經理的私生活，但原論證並沒有證明這與管理球隊有什麼關係。更何況球隊經理還否認媒體的報導，更顯得緋聞可能不是真的。「齷齪」這個字是很情緒性的用語，暗示二人的關係可能不合法，不過這一樣是沒有事實根據的說法。

11 More flaws
其他問題與更多練習

請和第 190-191 頁的練習一樣，找出下面這些段落的論證漏洞。有些問題我們已經在前面提過，有些則是新的，而且可能不只有一個問題。答案就在隨後數頁。

短文7-20 先天或後天

那些認為天才並非天生的人，對真正聰明的人來說反而是幫了倒忙，無助於找到真正的天才。很多人小時候都學過鋼琴之類的樂器，學習得很勤勞，但是最後都沒有變成貝多芬或莫札特。真正的聰明才智我們一看就知道。認為聰明是可以培養的那些人，老是要怪社會或教育制度沒有培養出更多天才。他們要大家相信每個小孩都可以成為天才，這對家長和教師來說都是不公平的。

解答見第 199 頁

短文7-21 宵禁

都市的青少年犯罪情況急遽惡化。這些年輕人已經無法無天了，我們只有二個選擇，一個是忍受我們的生命財產遭受野蠻的攻擊，另一個是在晚間十點之後對年輕人實施宵禁。

解答見第 199 頁

短文7-22 愛因斯坦

愛因斯坦在學校時數學不是很好。現在很多孩童能夠解決的數學問題，他卻絞盡腦汁也想不通。「偉大的科學家」這個美名，實在不應該頒給這個連基本的計算問題都不會的人。

解答見第 199 頁

短文7-23 健康教育

民眾的健康知識十分貧乏，我們應該投入更多經費進行這方面的教育。應該多花一點錢多開一些課，教導人們更注重個人健康。一般人不見得都知道怎麼做可以讓自己更健康，因此有必要投入更多經費加強健康教育。

解答見第 200 頁

短文7-24 數學的好處

我們應該讓更多人知道，在學校研讀更高深的數學是有好處的。數學教育會對學生很有幫助，因此，我們應該在指導年輕人時，多強調修讀數學的益處。

解答見第 201 頁

短文7-25 出售公有資產

反對黨不應該指責議長將公有財產低價賣給他們的支持者。反對黨在議會占多數時，也把公墓和房屋以低於市價的價格出售，讓他們自己的支持者受益。當時反對黨可以這麼做，現在的議會當然也可以這麼做。

解答見第 201 頁

短文7-26 偷公司的財產

麥爾康先生的老闆付給設計師的薪水比較低，上班時間卻比其他的髮廊還要長。麥爾康就私下從店裡拿美髮用具和造型產品去賣，以彌補薪水的不足。因為老闆剝削他，所以他這樣偷老闆的東西沒什麼不對。

解答見第 201 頁

12 Misrepresentation and trivialization
扭曲事實、貶抑對方

　　沒有公平處理其他觀點或對立的看法，也是一種歪曲論證的方式。扭曲事實的情況有很多，其中三種我們在下面會討論。扭曲事實的結果是會讓重要的事看起來變得微不足道。

刻意忽略最重要的反對理由

　　作者可以故意不提反對觀點最重要的理由，只談次要的理由。要是次要的理由不足以支持結論，就會讓反對的觀點顯得沒什麼道理，以此來誤導閱聽者對反對觀點的看法。此外，作者也可以只提反對的論點，但不提供任何理由。

只提有限的選擇

　　另一種歪曲論證的方法，是讓某個議題看似只有兩種結論，或可採取的行動只有兩種，一方很弱，相對地作者支持的那一方就會顯得比較好，但這未必是事實。

扭曲個人形象

　　還有一種拙劣的論證方式是，把焦點放在某個與論證無關的個人特質上，忽略與論證有關的部分。

短文7-20　分析：先天或後天　　見第196頁

　　文中沒有正確呈現對立的觀點。作者的立場很清楚，他認為智力高低是天生的。至於另一方的論點，作者是這麼寫的：「他們要大家相信……」、「認為聰明是可以培養的那些人，老是要怪社會……」，至於那些相信智力可以後天養成的人，是不是真的這麼認為，理由是什麼，作者並沒有說明。還有哪些原因會讓人認為智力不只是天生的問題（譬如相關研究證明），文中也都沒有提到。

　　原文不提大多數人的智力是如何運作的，反而強調少見的「天才」，使得這個論證太過偏頗瑣碎。作者沒有客觀推論，而是走情感訴求，譬如談到會對家長和老師不公平。此外，原文也企圖讓閱聽者變成同盟關係，譬如用武斷的判斷把閱聽者拉進來（「真正的聰明才智我們一看就知道」），還有提到小時候學鋼琴這種幾乎是每個人的共同經驗。這些方法都讓主題變成小事一件了。

短文7-21　分析：宵禁　　見第196頁

　　文中的論證犯了很多錯。主要的錯誤是他只提供二個選擇──宵禁或遭受攻擊。加強巡邏或增加照明等其他辦法都沒有考慮到。「無法無天」和「野蠻」是很強烈的情緒性用語，但是作者沒有提供明確的定義或解釋來證明這樣的說法。同時，文中也認為犯罪大部分都發生在十點過後。

短文7-22　分析：愛因斯坦　　見第196頁

　　文中只強調愛因斯坦小時候數學不好，沒有提到他之所以被稱為「偉大的科學家」的真正原因，所以它所呈現的愛因斯坦並不符合事實。它也忽略了，小時候數學比愛因斯坦好的那些人，後來都沒有像愛因斯坦一樣，研究出高深的科學理論。

13

Tautology; Two wrongs don't make a right

贅述；負負不得正

贅述

論述必須往前推展，贅述（tautology）卻只是用不同的話把同樣的事再講一遍，無助於論證的進展。所謂贅述，是指用不同的話重複相同的概念，譬如「那輛車向後倒退」（the car was reversing backwards）就是贅述。

負負不得正

另一種錯誤的論證方式，是主張因為已經有人這樣做，所以那種行為是可接受的。同樣的，如果某些行為是不正確或不合理的，主張持續同樣的行為只會造成惡性循環，這樣的主張也是錯誤的論證方式。舉例來說，有人考試作弊，主張其他人也可以作弊，這就是不合理的。有人說謊，並不表示其他人說謊就是對的。

短文7-23 **分析：健康教育** 見第197頁

文中就犯了**贅述**的錯誤。每一句話都只是重複其他句子的意思，只是用的字不一樣而已。「多花一點錢多開一些課」意思就是「投入更多經費進行教育」；而「教導人們更注重……」也有「一般人不知道怎麼做」的意味，所以論證也無法向前開展。除了這些同樣的說法之外，這個論證沒有提出其他理由、細節或證據。

短文7-24 **分析：數學的好處** 見第197頁

　　這一篇同樣犯了**贅述**的問題，那些空泛的重複文字只會讓論證在原地打轉。作者並沒有提出任何理由來支持學習高等數學的好處。舉例來説，他可以提到數學能力越好，以後的工作選擇越多，薪水也越高。他也可以引用相關的調查報告，證明工作上需要更高等數學能力的人，對工作的滿意度比其他行業來得高。

短文7-25 **分析：出售公有資產** 見第197頁

　　本文是「**負負不得正**」的例子。為了政黨利益而賤賣公有資產本來就是不對的，以前的政黨這樣做，不代表另一個政黨也可以蕭規曹隨。自己的政黨做了同樣的事，不檢討自己卻去責怪另一個政黨，似乎是偽君子的行為，但這個偽君子揭發了目前另一個政黨的錯誤卻符合大眾利益，否則只會有更多公有資產被賤賣了。

短文7-26 **分析：偷公司的財產** 見第197頁

　　本文也是「**負負不得正**」的例子。雇主對待員工的方式或許不對，但偷竊既不合法，也不道德，不是恰當的反應。這種論調到了法庭上是絕對不能成立的。

這一章介紹了許多常見的論證錯誤。這些論證的漏洞有可能是作者意圖操弄閱聽者而故意安排的,但更常是思辨能力不足的結果。換句話說,很多人根本不知道自己的推論有漏洞。

本章談到的論證漏洞之一,是**錯誤推斷因果關係**。很多人都會誤以為兩件事情看起來有關,彼此的關係就是因果關係。但事實上兩者之間的關係,有可能是因為第三者而有關連,也有可能是發展方向相同,或只是單純的巧合而已。

第二種錯誤,是**論證所提出的證據未符合必要條件或充分條件**。遇到這種情況就不能排除另一種結論,所以論證的結論無法得到證實。

第三種錯誤與**論證所使用的語言是否正確或正當**有關。我們可以用很多種方式,讓論證所使用的語言歪曲或掩飾事實。本章所舉的例子包括:使用錯誤的比喻、企圖讓讀者與作者建立同盟關係、利用語言技巧掩飾推論的漏洞,利用情緒性的語言刺激閱聽者的反應,還有錯誤呈現反對者的觀點等等。

能夠認出論證的漏洞,可以讓你看出別人提出的論證有什麼弱點,針對特定的部分仔細檢驗、正確判斷。寫作或準備辯論稿時,通常都必須評估別人的論點,能夠找出對手的漏洞,也可以幫助你寫出更有力的答辯。最後,能夠在自己的論證中找到錯誤,也會讓你寫出更有說服力的論證。

15 Sources and Answers
參考資料及解答

參考資料

For more about mastodons（關於乳齒象）：Postgate, J. (1994) *The Outer Reaches of Life* (Cambridge: Cambridge University Press).

For more about 'out-groups'（關於「外人」）：Tajfel, H. (1981) *Human Groups and Social Categories* (Cambridge: Cambridge University Press).

本章解答

頁數	短文	解答
175 ▶ 錯誤認定 因果關係	**7-1**	錯誤認定的因果關係：肥胖使得壽命增加。這個結論並不是根據理由合理推論而來：文中沒有明確表示那些活得較久的人都是比較胖的人，也沒有解釋肥胖為什麼會增加壽命。
	7-2	錯誤認定的因果關係：原文認為在屋頂抗議會讓犯人被釋放，而沒有考慮其他可能的因素，例如這些犯人被證明是無辜的、原先的證據後來發現有問題，或他們已經服滿刑期。同一件事發生二次並不代表這就是必然的趨勢。
	7-3	錯誤認定的因果關係：原文認為人是他殺，有人闖進來下的手，而刀子就是凶器。但實際上，那個男人有可能不是被殺害的。
177-179 ▶ 辨別相關 的性質	**7-4**	A：理由是以因果關係來支持結論：兒童吃糖；糖會破壞牙齒；所以兒童蛀牙了。
	7-5	B：要得出結論，必須有這個假設：學生靠電腦寫作業而且抄襲的話，比較容易被抓到。原文認為，學生利用電腦來寫作業，其性質比較容易讓專業軟體之類的工具逮到學生複製網路上的資料。
	7-6	C：留長髮和成為偉大的科學家之間，看似有關聯，但這種結論很容易被反擊，只需舉幾個短髮的偉大科學家為例，而且例子俯拾即是。這個論證的不合邏輯之處，在於它認為長髮是一種常態，但是頭髮可以在短時間內變長變短。如果要證明這種說法，作者必須在頭髮的長短和科學能力高低之間建立連結，也就是說，頭髮剪短，科學能力就降低；頭髮長了，科學能力又增加了。

頁數	短文	解答
	7-7	B：要得出結論，必須先建立這個假設：球員的薪水完全由球賽門票支應，不靠其他球隊籌募資金的方式，例如球員代言、廣告、獎金收入以及電視轉播權利金等。
	7-8	B：要得出結論，必須先建立這個假設：快餐店裝冰淇淋的容器是刺蝟可以闖入的。如果不是的話，結論就無法成立。此外，原文也假設附近有刺蝟，而且除了刺蝟以外，不可能是其他東西或其他人消耗掉冰淇淋。
	7-9	A：理由以因果關係支持著結論：杜拜提供了外國人工作與置產的機會；外國人在杜拜定居；杜拜的人口增加了。
184 ▶ 練習		請見次頁（p.205）
186-187 ▶ 不當的類比	7-10	這段話將地球的大氣層比喻為毯子，算是恰當的用法，因為兩者都是薄薄一層的覆蓋物，同樣提供保護與溫暖。
	7-11	這段話將小政黨比喻為聖經裡的人物——大衛，而其餘的大政黨則是他的對手——巨人哥利亞。大衛成功地以小博大，所以這個論證認為新政黨也有機會成功，這是一個有效的比喻。如果選舉結束，小政黨確實表現得比大政黨好，那麼這個比喻就實現了。
	7-12	這段話將論證的前提比喻為建築的地基，這是合理的，因為兩者都提供了一個基本的架構，讓後面的東西可以加上去。如果基礎不穩固，後面加的東西也會搖搖晃晃。
	7-13	這段話將情緒比喻為壓力鍋，主要的用意是認為情緒是無法控制的。這個比喻不能成立，因為它沒有拿同類來相比：人類的情緒不同於受壓的蒸汽。根本的論證是基於偽前提：情緒不能控制、壓力鍋到達沸點一定會爆發。但事實上，控制情緒的方法有很多，而壓力鍋裡的東西沸騰後也不一定會爆開，因為壓力鍋也有釋放蒸汽的設計。這樣的比喻並無法讓我們瞭解被告為什麼會不能控制情緒。
	7-14	這段話試圖將投資人在股市上的損失，比喻為人的安全與健康受到損害。它所依據的假設是：人如果發生意外或生病，可以得到補償。但實際上，這要看每個國家的政策或保險條件而定。作者把股市的損失和通常可以得到補償的狀況相比，是在混淆視聽，讓人覺得這樣的補償是合理的。這樣的比較無法成立，原因在於：i) 生病和意外事故未必會自動得到補償。ii) 就算生重病會自動得到補償，但是因為健康和財務狀況，從選擇性、風險控管、預防措施等角度來看，都無法相提並論，因此這個比喻也是不成立的。

命題	必要條件？	充分條件？
1. 這份報告提到分枝（branch），報告的主題一定是樹。	否，這不是必要條件。報告的主題可以是樹，但不一定要談分枝。	否。原文的理由不足以證明報告的主題一定是樹。它有可能談的是組織的分支，譬如銀行的分行。
2. 這個拳擊手不吃肉或魚，他吃奶製品和蔬菜。這個拳擊手是素食者。	是。不吃肉和魚，只吃蔬菜，這是素食者的必要條件。	是。原文提出的理由，符合素食者的定義，所以拳擊手是素食者。
3. 阿米爾不到二十歲。青少年是指二十歲以下的人。阿米爾一定是個青少年。	是。不到二十歲是青少年的必要條件。	否。原文提出的理由沒有完全符合青少年的定義。阿米爾必須超過十二歲，才算是青少年。
4. 克萊兒不會演奏任何樂器。因此，她不是音樂家。	否。演奏樂器並不是音樂家的必要條件。作曲家或指揮家就有可能不會演奏樂器。	否。原文提出的理由不足以證明「克萊兒不是音樂家」的結論。我們還必須知道其他資訊，譬如克萊兒不是作曲家也不是指揮家，同時也不符合其他「音樂家」的定義。
5. 主教騎著二個輪子的交通工具來，那二個輪子一前一後。主教騎的一定是腳踏車。	是。如果主教騎的是腳踏車，那麼那項交通工具一定得有二個輪子，一前一後。	否。關於這個交通工作的描述，不足以證明它是腳踏車，所以無法支持結論。它有可能是滑板車或摩托車。
6. 電視通常比收音機貴，這一台電視比收音機還便宜，一定很划算。	否。電視不一定要比收音機便宜才算是比較划算。	否。我們不知道收音機是不是正常定價。如果收音機比平常還要貴，那麼電視也有可能高於一般價格，只是比收音機便宜。要知道這台電視划不划算，我們還必須知道低價的原因，搞不好它是不良品。
7. 李陽有一個非常快樂的童年。她必定是個很快樂的大人。	否。要當一個快樂的大人，非常快樂的童年並不是必要條件。人或許有個悲慘的童年，但長大以後情況就改變了。	否。非常快樂的童年並不足以保證可以變成一個快樂的大人；很多情況都會讓人變得不快樂。

UNIT

8

證據在哪裡？
——尋找並且評估證據來源

我們不必事事都是專家，也可以判斷論證有沒有道理。大多數情況下，我們都可以評估理由是否支持結論、推論是否符合邏輯。

然而，無論如何我們都得知道支持推論的證據是不是真的。這表示我們得求助於其他資料，例如人或書面資料，以確定論證所提供的理由是不是事實。

同樣的證據可能在某些情況下可信，譬如日常交談或雜誌文章中，但其他情況卻不能採信，譬如法庭上，或比較學術或專業的論文中。如果是為了法庭或學術文章，就需要更謹慎地確認證據了。

本章學習目標

† 瞭解原始資料和二手資料的差別

† 瞭解什麼是文獻研究

† 瞭解研究證據時常用的術語，例如真實性、有效性、適用性、可靠性、相關性、可能性，以及控制變項

† 懂得評估研究計畫的樣本

† 認出口頭證詞可能有的弱點

Primary and secondary source materials

原始資料與二手資料

大多數證據都屬於這兩種類型的其中一種：

↗ **原始資料**：數據或原始文件
↗ **二手資料**：根據原始資料寫成的書籍或論文都算二手資料

原始資料

原始資料是指那些在事件發生或調查當時所產生的資料，可能的內容包括：

† 當時的信件、文件、印刷物、圖畫、照片等
† 當時出版的報紙、書籍及其他資料
† 當時的影像紀錄
† 廣播錄音
† 身體各部位的遺跡、含 DNA 的物件、指紋和腳印
† 工具、陶器、家具等人造器具
† 證人的證詞
† 實驗得來的原始數據
† 自傳
† 網路上的資料（如果網路或網路上的資料是研究的對象）
† 對調查或問卷的個別回應

二手資料

二手資料是指針對某件事所寫或製作的資料，通常都是在一段時間之後才產生的。這些資料包括：

† 關於某個事件、人物或事物的書籍、論文、網頁、文件等
† 由某人講述實際見聞所做的訪問
† 傳記
† 雜誌文章
† 利用調查、問卷和實驗等結果所寫成的文件或報告

類別可能改變

某項資料屬於原始資料還是二手資料，要看它當時涉入事件的程度有多深而定。某種情況之下的二手資料，有可能是另一種情況中的原始資料。

舉例來說，傳記通常是二手資料，但其中可能會複製屬於一手資料的原始信件。一位首相的傳記，對那位政治領袖而言是二手資料，但卻是關於傳記作者的原始資料。一九五〇年代撰寫的雜誌文章在出版當時屬於二手資料，但到了現在，如果要研究一九五〇年代的生活，它就是原始資料。

練習 原始資料

寫下對於你想要研究的主題而言，主要的一手資料是什麼？

尋找證據

進行批判性思考時，往往需要積極尋找最相關的證據，以支持你自己的論證。另一方面，也得確認他人使用的證據是不是有效。

檢查別人的證據

閱讀、看節目、聽演講時，你可能會遇到很有趣的主題，想要多瞭解一點；或者，你覺得對方引用的證據怪怪的，需要確認。越進階的學問或研究越需要確認關鍵的證據，尤其是對資料的正確性存有疑慮時。

善用作者提供的參考文獻

我們常會在論文或書籍的內文中看到像「（Gilligan, 1977）」這樣簡單的參考資訊，然後在論文最後可以找到更詳細的資料。如果你想自己去找資料來源，就可以參考這樣的資訊。

完整的參考文獻，可以讓任何有興趣的讀者進一步查對這些事項：

† 原始資料是否確實存在？
† 作者是否正確引用原始資料？原始資料的意思真的如作者所說？
† 除了作者引用的部分之外，原始資料是否還有其他資訊是讀者可以運用的？

對別人提出的論證進行批評分析時，想確認對方的說法是否經得起驗證，就別怕要回去核對原始資料。有時沒有多一點的資訊，就沒辦法判斷論證的真偽，這種情況也很常見。

為自己的論證找證據

要找證據來支持你自己的論證時，首先要先問自己這幾個問題：

† 這個題目有人寫過了嗎？
† 哪裡可以找到相關資料？
† 對這個題目來說，哪些資料最具權威性、最相關？

一般用途

如果只是一般日常用途，例如個人所需，或為辯論找資料，那麼你只要選擇以下事項中的一、二項即可：

† 翻翻相關書籍的簡介章節
† 利用搜尋引擎（例如 Google）尋找相關資訊
† 閱讀近期的報紙或網路新聞。*guardian.unlimited* 就是一個幫你整理好網路新聞的網站，可以多加利用
† 請教該領域的專家
† 瀏覽相關組織（例如競選團隊、慈善團體或政府機構）的網站

學術與專業用途

如果你是要為專業或學術報告找資料，就要進行「文獻研究」（literature research）。本章接下來的部分就要來看怎麼找資料，找到資料之後又怎麼進行批判分析的工作。

3 文獻研究

Literature searches

文獻研究是讓你瞭解這個主題先前的研究成果。通常，計畫越大，文獻研究的範圍就越廣，程度就越深。至於小型的計畫，或字數受限的報告或論文，篩選資訊的功夫就特別重要了。

文獻研究的意思是：

↗ 找出別人已經寫過同一主題的東西（二手資料）
↗ 整理出一份跟你要研究主題相關的資料清單
↗ 過濾清單，選出第一批需進一步瞭解的資料
↗ 翻閱你挑選出來的清單，找出最有用的資訊
↗ 挑出最密切相關的資訊，再進一步詳細研究

線上進行文獻研究

許多評價良好的資料來源，現在也有網路版了。如果你知道期刊、政府公報或其他可靠資訊來源的名稱，也可以把這些當作搜尋條件之一，不然輸入幾個關鍵字也可以。透過相關領域的搜尋引擎來找資料，效率會比較好。如果你是大學生或研究生，通常老師都會告訴你最有用的網頁和搜尋引擎。第 391 頁的附錄也收錄了一些資訊供你參考。

懂得利用論文摘要

瀏覽期刊論文的摘要，也可以讓你對某個主題最近的研究狀況有所瞭解。摘要會簡單說明主要論點、研究方法、研究結果以及結論，這可以幫助你決定那篇論文值不值得細讀。另外還要特別注意簡介背景文獻的章節，因為對你自己的研究來說，那些都是重要線索。

決定是否採用某一筆二手資料

要判斷某項二手資料是不是符合你的目的、該不該採用，有四個重點需要評估：

↗ 該項資料的研究調查做得夠不夠仔細？

↗ 資料可靠嗎？

↗ 是不是較新的資訊？

↗ 與主題是否相關？

如果你是考慮要不要買那本書，或要不要從圖書館借出來，這樣的評估就可以幫你省掉很多不必要的支出與時間延誤了。

面對證據該問的基本問題

批判性思考是一個不斷發問的過程。評估證據可不可信，就需要問這些問題：

↗ 我們怎麼知道這是真的？

↗ 這個資訊來源有多可靠？

↗ 它所舉的例子真的具有代表性嗎？

↗ 這與我原來所瞭解的一樣嗎？

↗ 這與其他證據相矛盾嗎？

↗ 這個人這樣說，可能的動機是什麼？

↗ 對方是否隱瞞了什麼？

↗ 可能有其他解釋嗎？

↗ 這些理由足以支持結論嗎？

↗ 作者的推論有證據嗎？

Reputable sources
可靠的資料來源

學術研究和專業領域中，資料來源大概分成兩類，一類是「可靠的資料」（或「權威」資料），另一類是不可靠的資料。可靠的資料來源基本上須具備以下特點：

- ↗ 具可信度：具有高度確定性，可以相信
- ↗ 比較可能提供正確的資料
- ↗ 是基於研究、專業或第一手資訊得來的資料
- ↗ 在相關專業或學術領域中，是被認可的資料來源

期刊論文

專業期刊上的論文通常被認為是最可靠的資料來源，因為這些論文都必須經由該領域的重要學者審核，這個程序稱為「審稿」。論文要獲選刊在主要期刊上是很不容易的一件事，所以這些通過嚴格審稿程序的論文，通常都具有極高的參考價值。

因主題而異

對某個主題來說可靠的資料來源，未必就一定是另一塊領域的可靠資料來源。每一種學術領域都有各自的常規。對科學、法律、醫學和會計來說，事實與數字這些「冷硬」的量化資料就是最好的證據，但是對於藝術、音樂和心理治療等學科來說，質性的資料更重要；對於後者而言，「感受」比「大量計算」更有價值。不過這只是一般的狀況，並不是一成不變的規則，一切都要看研究的主題和可取得的證據性質而定。

引用被認可的「權威資料」

許多歷史悠久的資料來源，特別是公認為權威者，往往對該領域有極大貢獻。但你還是應該再次確認：

† 這份資料對於該領域的貢獻到底是什麼？不要只因為歷史悠久就讓它輕易過關。

† 哪些原始的論點和證據至今仍可採用，而哪些已經過時？

† 後來的研究如何依據這份原始資料而有進一步的發現？而原來的理論或觀念又做了哪些修正，或已經被取代？

† 從較近期的權威資料中看看它是否對當前的研究還有影響力。

確定資料來源應考慮的問題

要確定某項資料值不值得讀，必須考慮這些問題：

↗ 該項資料是否經由教師、可靠的期刊、品質良好的報紙評論等這些你所信任的對象所推薦？

↗ 它是否具備清楚的推論思路，並且有證據支持？

↗ 它是否詳細列出參考資料或參考書目，以顯示完整的研究過程？

↗ 它所列出的參考資料資訊是否完整，讓他人可以查對？如果不是，它可能不適合用來當作學術領域的參考資料。

↗ 它所引用的參考資料是期刊或相關書籍等可靠的資料，而不是流行媒體上的文章？

Authenticity and validity
真實性與有效性

真實可靠的證據

　　真實可靠的證據，是指來源毫無疑問，經得起驗證。論證如果是用聽的或讀的，不見得都可以查核證據的真實性，但是我們可以保持開放的態度，對於證據的真實性存疑。

 真實性

請判斷下面這些資料的真假可能性：

1. 在大教堂的圖書館中找到的中世紀手稿。
2. 二手書店裡的中世紀手稿。
3. 在網路上拍賣的一千張貓王親筆簽名收藏。
4. 莎士比亞從未出版的日記，擁有者是一個大二學生。
5. 拿破崙在一八○九年所寫的書信，收錄在法國革命記事文集中。
6. 五幅梵谷不為人知的畫作，在一個住宅區的某個車庫中被找到。
7. 一艘維京船的殘骸，在最近才在乾涸的沼澤地被發現。
8. 十九世紀的罪犯所寫的書信和藝術作品，由一個典獄長所保存。

有效性

所謂有效的證據，是指符合當時情況所認同的條件或眾人遵循的常規，所以會隨情況改變。舉例來說，如果證據不是真的，或不完整，或不是依據合理的推論，就不是有效的證據。

範例

1. 被告承認犯罪，但是他的自白無效，因為後來發現他是被迫承認的。法律有規定，出於脅迫之自白不是有效的犯罪證據。

2. 學生必須自己寫出八篇報告，才具有特定資格。有個學生交了八篇相關主題的報告，但是教授發現其中有三篇和網路上找到的文章很類似，不能算是自己寫的，因此該名學生沒有符合該項資格的要求。

3. 一個運動員聲稱她是世界上跑得最快的人。雖然她確實有極快速的跑步成績可證明，但是那些不被認為是有效的證據，因為測試當時的風速異乎尋常地對跑者有利。

4. 一份報告宣稱抽菸的人也比較可能喝酒，但是它所提出來的證據，被認為是無效的。抽菸的受試者都是在一間提供含酒精飲料的地方找來的，而不抽菸的受試者則是街上挑的，這表示挑選測試者就已經對「抽菸的人喝酒機率也比較高」這樣的結論比較有利了。公認的研究常規，是不能拿偏頗的資料來當證據，這份報告並未符合這項要求。

6 Currency and reliability
適用性與可靠性

適用性

如果某項資料註明是「具適用性」（having currency），這表示到現在為止，因為下面這幾個原因，該項資料仍適用：

- ↗ 最近才出版
- ↗ 最近更新過
- ↗ 這是新版本，已經加入了最新的研究成果。
- ↗ 它的內容較為穩定，不太容易隨著時間而變動，所以可以長期適用。例如解剖學、傳記、某種機器以前如何運作等等，這些都屬於這一類的資料。

你要隨時注意資料的適用性，因為任何時候、任何主題都可能有新的研究與發現。「適用性」是專門用在二手資料上的詞彙。相較來說，一手資料所引用的資訊，都是「當代的」（contemporary），所以未必跟主題相關。但通常「適用性」帶出的問題也不見得適合主題。

種子

有些成果極具原創性且影響深遠，我們稱之為「種子」（seminal works）。這些作品可能是文本、影片、音樂、繪畫、建築或商業設計，或是任何對於某個領域的思想或研究具有長期影響者。

如果我們能夠有第一手經驗，知道這些種子成果如何影響該領域的研究方法和理論觀點，就會對我們自己的研究主題有更深刻的瞭解，也更能看出哪些研究受到這個種子研究的影響。

可靠性

能夠讓人信任的證據就是可靠的證據，可能的原因是證據來自於：

† 你知道能夠信任的人
† 公認的專家
† 與結果沒有利害關係的人
† 可靠的資料來源（如第 214 頁）

資料是否長期經得起時間的考驗，以便出合理預測，這也是可靠性的一種。換句話說，如果證據只有一次有效，下一次這個證據還能不能用呢？

> **範例**
>
> 長期來看，氣候在一個大範圍內是相對穩定的，因此可以用來預測氣溫和雨量的變化。依據當地的氣候變化，可以預知撒哈拉地區會持續很多年乾燥炎熱的氣候。另一方面，天氣則是變化快速的。天氣預測的結果往往不太可靠。譬如說，撒拉哈沙漠會下雨，但什麼時候會下、雨量多少，則很難預測了。

可複製性

在比較科學性的論文中，你會看到有些結果屬於「可複製」，有些屬於「不可複製」，這表示為了驗證某項調查或實驗的結果是否屬實，因此需要重測。重測的結果如果和原來的結果不一樣，表示原來的結果可能只是巧合。如果能夠知道某項研究經過重新驗證亦得出類似的結果，我們就更能肯定那是一項可靠的數據。

練習 **種子**

對於你所研究的學科或主題來說，哪些成果屬於種子成果？

Selecting the best evidence

7 選用最佳證據

通常在報告或碩博士論文的開頭章節中，都必須交代你所參考的資料，或是依據二手資訊所做的推論。

該寫出哪些參考資料？

你一定讀了很多書，看了很多相關資料，但是報告或論文的字數有限，沒辦法全數寫進去，這時候你就必須慎重考慮該把哪些資料寫進去。

擇強汰弱

- ↗ 該領域中屬於權威的資料務必要納入。
- ↗ 其他資訊則簡短摘要。選用的資料要能證明你的研究歷程，或屬於基礎資料。

對你的論證有利的資料

對你的論證最有貢獻的資料務必納入參考資料中。這其中可以包括一、二本種子作品，詳加討論，再加上幾本重要著作，討論內容稍多，但篇幅不需要像種子作品那麼多，其他的資料只要略微提到即可。撰寫學術論文時，你必須證明自己有能力區分哪些是主要的參考資料，哪些是次要的參考資料。

簡單提及參考資料

在論述中提出相關的參考資料可以增加論證的力量。每一份參考資料對其本身而言都是重要的研究，但是對於你的論證來說，只是一項背景資料，所以不管是支持主要論證，還是證明次要論點，都只要簡短寫出即可。以下兩種方法都可以：

用簡單一句話摘要引用資料，寫出出處和日期。

寫出你的論點，後面加括號，然後在括號中寫出參考資料出處。

範例

Miles（1988）主張，手語本身就是一種語言。

手語也是一種語言，自有其傳統。（Lane, 1984; Miles, 1988）

參考資料怎麼寫

寫作通常有字數限制，所以最好將大部分的篇幅用來分析論證或證據，就算需要描述，也要盡量簡潔扼要。如果你不確定描述與論述有什麼差別，請回頭參考第 92-103 頁。

篩選資料來源時，試著回答這些問題：

這項資料對於這個領域的理論、觀念具有開創性的影響嗎？

這項資料改變了這個主題的思考方向，或對於歷來引起爭議的問題有突破性的貢獻？

這項資料對我的研究計畫而言是重要的證據嗎？為什麼是？兩者之間的關聯是直接還是間接？是關鍵資料，必須稍加著墨，或只是次要資料，加註資料來源即可？

這份資料會不會和前面的論點不一樣？或對於這個問題提供了另一種思考方向？

它所用的研究方法是不是比較新？或許我也可以用在自己的報告上？

8 Relevant and irrelevant evidence & Activity
相關證據與不相關證據&練習

相關與不相關

相關證據是瞭解問題的必要元素。作者所提供的證據有這幾種：

↗ 支持結論的證據
↗ 與主題相關，不過未必與結論相關。
↗ 如果證據與結論無關，甚至可能會與結論相矛盾。
↗ 與結論和主題都沒有關係

範例 1

大家必須更瞭解語言，這樣才能更有效地使用語言。研究
（Bloggs, 2003; Bloggs, 2006）顯示，學習外國語會讓我們對語言
的結構有更深的瞭解，讓我們可以比較不同語言的結構。因此，
我們應該鼓勵只會一種語言的人去學另一種語言。

這個例子的結論是：我們應該鼓勵只會一種語言的人去學另一種語言。
它舉了一個證據，證明學習外語的好處，這個證據與結論是相關的。

範例 2

大家必須更瞭解語言，這樣才能更有效地使用語言。研究
（Bloggs, 2003; Bloggs, 2006）顯示，很多人都不知道他所說的語言
含有哪些不同的元素，而連母語規則都記不起來的人數更是多得
嚇人。因此，我們應該鼓勵只會一種語言的人去學另一種語言。

這個例子舉了一個證據，表示很多人對母語都不甚瞭解，這個證據可以被詮釋為：一種語言都學不好的人，不應該再去學另一種語言。

這個證據與議題相關，但是不能支持作者的論證，所以還需要再加上其他資訊才能支持結論。

範例 3

大家必須更瞭解語言，這樣才能更有效地使用語言。研究（Bloggs, 2003; Bloggs, 2006）顯示，即使母語中沒有相對的概念與用語，人們還是能夠瞭解某種外語裡的概念。因此，我們應該鼓勵只會一種語言的人去學另一種語言。

這個例子裡的證據（人們能夠理解外語裡的概念）與主題（語言）雖有關係，但並不密切，而且和結論的重點完全不一樣。這個證據和討論的主題（更有效地運用語言）或結論（我們應該鼓勵只會一種語言的人去學另一種語言）都沒有明顯的關係。

與結論相關

判斷證據是否相關時，思考的重點要放在：如果沒有那項證據（或理由），或那項證據不一樣，結論會不會不一樣？

檢查

評估一項論證時，你必須檢查這些重點：

† 這個證據與主題有關嗎？
† 必須有這項證據才能支持我的推論嗎？
† 這項證據會影響結論嗎？
† 如果會影響結論，它是支持還是反對結論？
† 這項證據是支持暫時性結論的要素嗎？

相關證據與非相關證據

閱讀以下短文,並判斷證據或理由是否與結論相關。
答案請參考下頁的解說分析。

短文8-1　冰河期

　　冬天越來越冷了。民意調查顯示,大多數的人都認為新的冰河期即將到來。因此,我們必須預先做好能源規劃,確保在寒冬來臨時,沒有人會被嚴寒的氣候凍死。

短文8-2

　　查爾頓先生私下得到消息,說如果媒體在股價調整之前就得知新的促銷方案,MKP2石油的股價就會立刻大幅飆漲。查爾頓先買了五萬股的MKP2石油的股票,再把促銷的消息透露給媒體,結果,他私人獲利高達一千萬鎊。我們可以因此論定,查爾頓先生濫用公司對他的信任中飽私囊。

短文8-3

　　地球的改變,可能不是慢慢形成的,而是來自瞬間發生的大型災難。這種觀點在以前是不被接受的,因為以前的人認為,從現在看到的各種跡象看來,地質的變化是逐漸發生的。不過,現在已經有證據顯示,這些改變很可能既快速又劇烈。從新發現的地質資料看來,數億年前曾有一顆巨大的隕石撞擊地球,使得地球上大部分的生命滅絕。現在地質科學的研究基金比以前充裕。考古學家也發現,環境的劇烈改變是古文明快速隕落的主因。

解說分析

短文8-1　　分析：冰河期　　見第224頁

　　本文的第一個理由（冬天越來越冷）與結論（預先做好能源規劃）有關，但是這個理由並沒有事實根據。民意調查表達的是民眾的意見而不是事實，況且這個意見也不支持結論。持有相同意見的人再多，意見仍然只是意見，而論證或證據成立與否，通常都不是採多數決而定。

短文8-2　　　見第224頁

　　本文的結論是：查爾頓先生濫用公司對他的信任中飽私囊。所有證據都與主題相關，也與結論相關。查爾頓先生洩漏消息給媒體，自己賺錢，卻讓公司付出代價。

短文8-3　　　見第224頁

　　本文的結論是：地球的改變，可能不是慢慢形成的，而是因為瞬間發生的大型災難。文中提出的相關證據是：

☑ 地質發現顯示隕石撞擊導致地球上的生命滅絕
☑ 考古學家發現環境劇烈改變導致古文明隕落

　　文中提到該觀點在過去是不被接受的，這是項有用的背景資訊，但是對於結論來說，並非必要的證據。至於地質學的資金更是和結論一點關係也沒有。

9 具代表性的樣本&練習

大部分的研究題目都沒辦法進行大規模測試。大規模測試費時費力、成本高、難掌控，也沒有進行的必要。取而代之的是以挑選出的樣本進行調查或研究。一個具有代表性的樣本，必須考慮相關族群與環境各種可能的變化。

> **範例**

被帶出國的寵物回國時應不應該隔離檢疫？有四個動物慈善機構想知道民眾對此問題的看法，因此分別用下面四種抽樣方式進行調查：

〈樣本一〉第一個組織從全國各地選出一千個養狗的人。每個地方回答問卷的人數都差不多，以維持調查的公平性。

〈樣本二〉第二個組織從全國各地選出一千個養狗的人。人口較多的地區作答的人多一些，人口較少的地區作答的人就較少，以維持調查的公平性。

〈樣本三〉第三個組織從全國各地選出一千個養寵物的人。這些人所飼養的寵物比較多樣，除了狗之外，還包括蛇、鸚鵡和熱帶蜘蛛。

〈樣本四〉第四個組織選出了一千個人，其中有些人養寵物，有些人沒有。這些人來自各郡，人口較多的地區選出的人數多一些。

幾種挑選樣本的原則

上面這幾種挑選樣本的原則都不一樣。〈樣本一〉重視的是各地區都有人回答問題，〈樣本二〉更注重人口比例的代表性，〈樣本三〉考慮到不同寵物的飼主的意見，而〈樣本四〉則兼顧養寵物的人與沒有養寵物的人。

這幾種方式哪一種最好，要看調查的目的而定。舉例來說，如果受到隔離檢疫影響的人養的寵物九成九是狗，而人口稀少的鄉下地方受到的影響特別大，那麼〈樣本一〉就是最適合的採樣方式。不然，依據人口多寡採計不同的權重是更恰當的。

檢查採樣方式

閱讀研究報告或論文的「研究方法」一節時，請注意它是不是使用最適當的採樣方式。一項數據或研究成果有可能因為樣本中少了某些族群而失去適用性。

如果受到影響的寵物很多樣，那麼〈樣本三〉和〈樣本四〉的採樣方法就比較有代表性。前三個樣本認為不需要考慮沒有養寵物的人的意見，而〈樣本四〉則更能代表一般人的想法，也是各種研究或論文中最常用到的抽樣方式。一般而言，樣本要能代表各種不同的觀點。

練習 具代表性的樣本

閱讀以下短文，然後判斷它所用的樣本有沒有代表性？原因何在？答案請參考下方的解說分析。

短文8-4

這個實驗的目的是要證明，學齡以上、45歲以下的人吃胡蘿蔔可以改善夜晚的視力。實驗樣本有一千個人，其中女性有789人，其餘是男性。男女都分成四個年齡層：6-15歲、16-25歲、26-35歲、36-45歲，每個年齡層的人數各占四分之一。受試者每天都吃三顆胡蘿蔔精膠囊，連續十週。

短文8-5

這個調查的目的是要瞭解消費者比較喜歡杏仁味的香皂，還是蘆薈味的香皂。樣本有一千人，女性503人，男性497人。一半的人在25歲到40歲之間，另一半的人在41歲到55歲之間。

短文8-6

這項研究計畫是要測試這個假設成不成立：痛失親友之後接受六次心理諮商的人，在一年內工作上請假的次數，比沒有接受諮商的人低。參加試驗的樣本有226人，分成兩組，兩組成員的年齡、性別和種族都相符。第一組中有37個人選擇接受諮商，第二組則包含選擇不接受諮商的人。

解說分析

短文8-4　　　見第227頁

本文的樣本符合主題的測試對象，而年齡的分布也很平均，但是女性的人數遠多於男性，因此以性別而言並不具代表性。樣本中並沒有考慮不同視力的人，但這一點對於實驗來說可能很重要。

短文8-5　　　見第227頁

以性別的角度來看，此樣本是有代表性的。雖然男女的人數不相同，但差距很小，所以沒有影響。文中並沒有說是要調查特定年齡層的喜好，因此年齡的分布並不具代表性，也就是說，調查結果不能代表25歲以下，55歲以上的人的意見。至於這些樣本是否能代表不同的經濟條件、社會階層、種族以及不同地區的人，我們就不清楚了。

短文8-6　　　見本頁上方

本文的兩組樣本年齡、性別、種族都「相符」，表示兩組成員的男女比例、年齡分布及個人背景都差不多。這可以確定調查結果的差異，不會是因為兩組的組成分子而不一樣。但是至於每組內的年齡、性別、種族分布如何，就不得而知了。例如，組成分子可能全都是25-30歲的白人女性。其他諸如工作類型、地區、和死者的關係等等，文中都沒有說明。最重要的是，只有一小部分的人接受諮商，這就不是一個公平的樣本了。

10

Certainty and probability

確定性與可能性

確定性

論證未必都能百分之百確定與證實。第七章我們討論了證明結論所需要的必要條件與充分條件，不過由於例外的情況太多，很多時候我們都沒辦法證明是否已符合充分條件。

降低不確定性

事情有不確定性，總是不太好，而且對決定沒有幫助。學者通常會用這幾種方法來降低不確定性：

- † 使用較可靠的資訊來源
- † 分析證據的優劣，看看其中是否含有我們在
  前一章所討論的各種論證漏洞
- † 估算證據的可能性有多高
- † 盡可能增加證據的可能性

可能性

閱聽者在評估論證可信或不可信時，必須判斷可能性有多高。也就是說，要決定證據是真是假、可不可靠。證據如果可靠，那麼結論有沒有順著推論思路和證據而來。可能性有高有低，從不可能、可能、很可能，到十分確定，任何結論一定都屬於其中一種。我們在第十章會談到，學術寫作通常都不會把話說得太滿，即使它已經盡了極大的努力得出最大的可能性。

impossible	→	possible	→	probable	→	certain
不可能		可能		很可能		十分確定

估算可能性高低

　　論證中說，某件事情的發生，是因為某個理由。但可不可能純粹是巧合呢？我們要評估可能性的高低，就要拿這兩種情形來比較。拿硬幣來往上丟，落地時只有兩種可能，正面或反面。丟一百次，可能的情況是正面會出現五十次，反面也會出現五十次。這樣的結果並不是必然的，但真的發生了也不必太驚訝。

　　贏得樂透的機率就小太多了。如果可能得獎的號碼有一千四百萬組，而你手上只有一組號碼，那組號碼中獎的機率就只有一千四百萬分之一。

　　利用統計公式或專業軟體可以算出某個結果是巧合的可能性有多大。通常我們會這樣說：「這件事恰巧發生的可能性是⋯⋯」

　　† 小於十分之一（less than one in 10）
　　† 小於百分之一（less than one in 100）
　　† 小於千分之一（less than one in 1,000）

 如何表示可能的程度

一般來說，可能性高低會這樣表示：

p＝<0.1　　　這個結果恰巧發生的可能性不超過十分之一
p＝<0.01　　這個結果恰巧發生的可能性不超過百分之一
p＝<0.001　 這個結果恰巧發生的可能性不超過千分之一
p＝<0.0001　這個結果恰巧發生的可能性不超過萬分之一

「p＝」代表「這個結果恰巧發生的可能性」。
「<」代表「不超過」。後面的數字即是小於一的小數。

11 | Sample sizes and statistical significance
樣本大小和統計顯著性

樣本大小

樣本量越大，可能性就越高。樣本量越小，結果就越有可能只是巧合。至於要多大的樣本才恰當，就要依個案而定了。

適當的樣本大小要看這些狀況：

✝ 是否非常必要降低巧合的成分
✝ 議題若攸關健康與安全，極小的樣本就足以說服他人採取行動
✝ 樣本代表不同的年齡、背景和環境的必要性如何？
✝ 是否有現成的資料
✝ 較小的樣本可能得出可靠的結果嗎？

範例

以一千名自願者進行的臨床試驗顯示成功率超過九成五。大部分的患者都完全康復，到目前為止只出現極少的副作用。對絕大多數病人而言，這項試驗讓他們看到消除痛楚的希望。

這個例子有一千個樣本，看起來很多，但是並不能代表所有將來可能服用藥物的人，也不能代表所有的情況用藥都安全無虞。如果需要用藥的是你，你一定會想要知道這些測試的人，哪些和你的情況是類似的，譬如說血型、年齡、種族都和你一樣，也對同樣的東西過敏等等。

《泰晤士報》曾登過一篇關於心臟病的研究報告（2004 年 8 月 31 日），研究對象包括二萬九千名來自 52 個國家的人，研究時間長達十年。其他的醫學調查也許規模小一點，而民意調查的樣本數通常大約是一千人。

統計顯著性

樣本很小，譬如小到每個類別都不到 16 人時，很難說結果不是巧合。這種樣本小或每組差異不大的情況，我們稱其為「不具統計顯著性」或「不具統計上的意義」。

尋找統計顯著性

評估證據時，要注意尋找評估樣本統計顯著性的文字，舉例來說，「這個結果的顯著性是 $p = <0.0001$」（請參考第 230 頁），這表示它的統計顯著性是萬分之一的機率。小數點之後越多 0 ，該筆資料越可靠，結果也越不可能是碰巧發生的。

另一方面，如果你看到這樣的文字：「此結果不具統計顯著性」或「此結果不具統計上的意義」，這表示那項結果，或兩件事之間的差異，可能只是一個巧合。

小型樣本

下面這些情況可能會需要用小型的樣本：

† 調查的對象不是一般人，譬如成就非凡的人、罕見疾病患者等。
† 採用較大型的樣本比較危險。舉例來說，必須到海底工作、飛到太空中、暴露在化學物品之下，或要在不能睡覺的情況之下生活等。
† 情況比較特別，譬如生多胞胎的人，樣本沒有那麼多。

12　Over-generalization
以偏概全

　　適當的歸類推論可以幫我們找到不同事物之間的共同性質，必要時可以快速下判斷。不過這種類推法（generalization）必須有所本，要有合理的樣本數才行。如果樣本太小，類推出來的結果不能成立，就是犯了以偏概全（over-generalization）的毛病。

範例 1

　　我家老大可以一覺到天明，但是老二就睡得很不好。第一個孩子比弟妹們都要容易入睡。

　　這段話只根據兩個孩子就類推出來這樣的結論：第一個孩子睡得比較好。它的資料庫只有兩個人，算是極小的樣本。要是有數千名老大和老二都顯示同樣的睡眠模式，這個類推或許就可以成立。然而這裡只是兩個孩子的狀況，可能只是剛好這樣，隔壁人家很可能兩個孩子都睡得很好呢！

以個案類推

　　以個案類推，只用一個例了就做了普遍性的推論，這通常是不被接受的。

範例 2

　　有人說，用別人的外表幫他取難聽的外號是不對的。我有個朋友體重過重，大家幫他取了各式各樣跟胖有關的外號。他說他不在乎，因為他可以幫對方取更難聽的外號。這表示幫人取難聽的外號沒什麼關係，因為那個人可以用同樣的方式報復。

　　有人不在乎別人罵他，並不表示所有人的反應都會一樣。

一個例外，就能推翻一項規則

不過，有些推論確實可以只根據一個例子就成立。舉例來說，手裡拿一個東西，放開，東西就會往地面掉，這是一個早已存在的規則。但是只要有個例外，這個規則就不是放諸四海皆準，譬如充了氦氣的氣球就不是往下掉，而是往上飛。這時就必須考慮例外的狀況重新修改規則。很多科學法則和法律都經過不斷修改，最後才能精確適用這些規則所描述的狀況。

範例 3

臨床試驗顯示此藥效果很好，但這個病人卻出現嚴重過敏反應。
這表示醫生必須注意，有些人可能對這種藥有負面反應。

這也是只有一個例子就足以形成通用原則。假以時日，越來越多的例外情況出現，這個通用原則就會越來越精確了。

範例 4

氣喘和服用 BXR2 藥物的患者，會對此藥有嚴重過敏反應。

以上這些例子都顯示，一個小小的樣本，即使只有一個案例，也可以推翻根據較大樣本所得出的理論。一個例子可以推翻一個理論或規則，此時這個規則或理論就必須考慮例外情況，重新檢驗或制訂。但是別忘了，所謂共通原則或泛論，表示「絕大多數」都適用，所以即使有例外，還是有助於瞭解一般狀況。

13 Controlling for variables
控制變項

什麼是「變項」

「變項」（variable）是指所有可以影響結果的情況。評估論證中的證據可不可信時，你可以看看作者有沒有考慮到可能影響結果的變數並加以預防。

範例 1

> 在南非進行試驗時，新品種的葡萄樹產出的紅葡萄是一般品種的二倍，製造的酒量也有二倍。把這些葡萄藤枝移到加州一處土壤與雨量都和南非類似的地點，結果並沒有產出二倍的葡萄。

在這個例子裡，生產者控制了土壤和雨量這二個變項，但這樣是不夠的。想要知道某地的葡萄產量為什麼比較多，生產者必須在控制的條件下種植葡萄，而且一次只改變一個條件，這樣才能找出讓產量加倍的因素。這些變項可能包括：

☑ 日照總時數
☑ 土壤中常被忽略的礦物質與微量元素
☑ 雨是下在生長期的哪個階段
☑ 土地的坡度
☑ 附近有哪些植物，這些植物 對於昆蟲與害蟲有什麼影響

閱讀研究報告或論文時，注意一下作者用什麼方式來控制變項，通常這部分會寫在「研究方法」這一節裡。如果該項研究沒有控制變項，那麼結果有可能根本就錯了。

控制組

要確認結果能不能支持結論，方法之一，是利用控制組。控制組的處理方式和實驗組不一樣，可以提供實驗組參考或比較的資訊。舉例來說，如果要進行睡眠剝奪實驗，實驗組的人可能六十小時不能睡，而控制組的人就可以正常睡眠。

範例 2

有廠商宣稱他們的超級蔬果汁可以降低感冒的機率。有一百人每天都喝一瓶超級蔬果汁，持續一年。另外有個控制組，也是一百人，喝的則是裝在超級蔬果汁瓶子裡的加味水。

加味水扮演的是「安慰劑」（placebo）的角色。參加者有可能主觀上對實驗結果有偏好，為了客觀起見，參加者不知道自己屬於哪一組，以免影響他們的感覺。

控制變項

再看一遍第227-228頁的〈短文8-4〉到〈8-6〉。

找出每一個論證需要什麼樣的控制組或控制條件。

解答見第 247 頁

14 Facts and opinions
事實與意見

意見（opinion）

意見是種信念，持有該意見的人相信那是真的，但不見得有事實依據。意見可以是個人的觀點，也可以是一群人的看法，也有可能牴觸實際的證據。

事實（fact）

事實基本上是一項項資訊，可以用經驗、觀察、測試或與證據對照加以驗證。不過因為領域知識會不斷增加，原本的事實也可能被推翻。與可靠的證據核對過的事實，通常比個人意見更有分量，但並不表示它一定是真的。

範例 1 　事實

> 法醫表示，死亡的時間在凌晨二點到四點之間。廚子在清晨六點半發現屍體。門房說有六個人在屋裡過夜。管家說另外有四個人有鑰匙，可以在六點半前進入屋子又離開。

上述這個例子裡的事實有：

☑ 死亡的時間。這是法醫提供的，算是可靠的資訊
☑ 廚子發現屍體的時間。不過，也可能有人更早發現屍體，
　但是沒有說出來
☑ 門房所提供的資訊
☑ 管家提供的資訊

門房和管家說的也有可能不是事實；他們可能說謊，也可能這只是他們個人的意見。

錯把意見當事實

什麼是事實？什麼是意見？每個人的想法不見得都一致。

管家整個晚上都在屋子裡，而他的主人於夜裡被殺了。管家說他是個忠心的僕人，但可能他根本不是。我認為他在說謊，他和主人之間一定有深仇大恨。事實證明他就是兇手。

上述這個例子裡的事實是：

☑ 管家整個晚上都在屋子裡
☑ 他的主人在夜裡遇害
☑ 管家說自己是個忠心的僕人

這些事實既不能證明管家是兇手，也不能證明他是忠心的僕人。不過，請特別注意，作者陳述意見（管家是兇手）的方式，就好像那是事實一樣。

專家意見

「專家意見」（expert opinion）是基於長久累積的經驗或高深的專業知識，在法庭上常用來幫助法官或陪審團瞭解狀況。人們常要求專家表達意見，但要注意的是，這也不應該當作證據，因為即使是專家也會出錯。

Eye-witness testimony

15 目擊證人的證詞

正確性高低：非事實

個人的證詞可以是很有價值的證據，但不見得一定正確。受訪者可能會因為下面這些原因而沒有說出真相：

☑一心想要幫忙，所以說出問話者想要聽的話
☑ 不喜歡問話的人
☑ 想要保護某人
☑ 其實不記得，但又想要出風頭
☑ 牽涉相關利益，隱藏實情對他有利
☑ 受到恐嚇或勸誘，不敢說出真相
☑ 答應要保密

>
>
> **目擊證人的證詞**
>
> 目擊證人的證詞在很多情況中都很有用，例如下面這些情況：
>
> ↗ 親眼看到或遇到車禍、犯罪事件或災難事件的人
> ↗ 親身經歷過歷史事件的人，特別是非常久遠以前的事件
> ↗ 客戶敘述他所接受到的服務或經驗
> ↗ 病人敘述自己的經驗

如果用訪問的方式去收集證據，要特別注意接受問話的人可能會因為各種動機，只說出他想說的話。

正確性高低：缺乏專業知識或不瞭解內幕

證人可能因為缺少一些資訊（例如某種專業知識或事情發生的真正原因），而不懂他們所看到的狀況。

舉例來說，某天午後，證人走在街上，看到一組攝影人員正在拍攝打鬥的場景。有可能打鬥是真的，攝影人員只是恰好在現場，也有可能他們真的在拍攝電視劇，但是證人不會知道哪一個是事實。另外一種情況是，受訪者把問題聽錯了，當然也答錯了。

正確性高低：有限的記憶

羅芙托斯在《目擊證人的證詞》（*Loftus Eyewitness Testimony*, 1979）一書中證明，以法律用途而言，記憶有多麼不可靠。她做了一個實驗，參加者先看一段車禍的影片，然後部分人被問到這個問題：某輛白色車駛經穀倉時，車速有多快？一星期後，原先被問到這個問題的人，有 17% 的人說，他們在影片中有看到一個穀倉，而事實是，影片中根本沒有穀倉。至於其他觀看影片而沒有被問到那個問題的人，則只有 3% 的人回答有看到穀倉。

常見的記憶錯誤包括：

↗ 認知錯誤：看錯了或聽錯了。

↗ 解釋錯誤：錯誤詮釋你所看到的事物。

↗ 記憶錯誤：純粹是忘記了。

↗ 回憶錯誤：不正確地回憶事件。很多狀況都可以改變記憶，例如在心裡回想、和別人討論、聽到別人的敘述或聽到類似的事件等。

↗ 合成記憶：大腦可以在我們不知不覺中，將不同事件組合在一起。

確認消息來源

用其他資訊來證實目擊證人的證詞，通常是有必要的。這些資訊除了其他證據外，還可能有：

☑ 當時的官方記錄

☑ 其他證人的證詞

☑ 電視拍到的鏡頭

☑ 報紙、警方、社工或法院的紀錄

☑ 當時拍的照片

☑ 類似事件的資料，雖然可能發生的地點不一樣，但可能有參考價值

16 Triangulation
交叉比對

什麼是交叉比對？

交叉比對（triangulation）的意思是將不同的證據拿來互相對照、比較，看彼此是相互印證、補足，還是相互矛盾。當證據都是當事人的敘述時，這道功夫更是特別重要。在日常生活中，為了確定某件事的真假，交叉檢視是大部分的人都會做的事。

範例 1

約翰跟媽媽說，姊姊瑪莉打他。約翰一直哭，說瑪莉是大壞蛋。

約翰說的可能是真話，也可能是假話，在採取行動之前，他母親很可能會做下面這些事來交叉比對證據：

☑ 聽瑪莉怎麼說
☑ 尋找約翰被打的證據
☑ 考慮約翰和瑪莉平常敘述事情的方式
☑ 檢查有沒有其他可能性

範例 2

有個校長說，全校學生的某項測驗整體表現比往年好，大部分的學童都通過測驗，而這是因為學校改進了教學方法。

我們可以用這些方法來對這段話進行交叉比對：

☑ 查閱這幾年的官方記錄，看看這幾年學生的進步是不是所有學校普遍的現象。

☑ 將這個學校的表現與其他學校的平均表現相比。

☑ 將這個學校的表現與情況類似的學校相比。例如，如果這個學校位於經濟條件很不好的地區，那麼與類似地區的學校相比則比較恰當。

此外，你還可以調查看看，有沒有其他原因讓學校表現得比以前好。舉例來說，如果入學考試變得比較難，那麼進入這所學校就學的學生程度就會和以前不一樣。所以學校整體成績進步，可能不是因為教學方法改善了，而是因為學生跟以前不一樣了。

拿同類來相比

交叉比對時，還必須確認另外一份資料談的是不是相同的主題，對於一些字詞的詮釋是不是一樣。如果不一樣，相比的這兩件事，可能不屬同類。以上面這個例子來說，這個校長談的可能是體育表現，而不是學業成績，那麼你要找的就應該是體育的紀錄，而不是學業成績的紀錄。

練習 **交叉比對**

應該要拿什麼樣的證據來和下面這些資料進行交叉比對呢？

1. 公車站有個陌生人說，晚上到演唱會入口去，可以便宜買到你超愛的那個樂團的表演入場券。

2. 某家汽車製造商的報告上說，他們最新一款車上安裝的煞車器，比目前市面上所有的煞車器還安全。

3. 一本書的某個章節說，在以前，乞討要面臨非常嚴格的刑罰。

解答見第 247 頁

Evaluating a body of evidence

17 評估大量的證據

研究某個主題或寫作業時，可能必須引用很多證據，不是每項證據都可以用同樣的方法來驗證。

評估資料的方法

↗ 快速瀏覽一遍，看這些資料和研究主題有沒有相關，可不可靠。

↗ 把注意力放在最相關的資料上，評估這些資料如何支持你的論述。

↗ 選出少數幾筆關鍵資料，評估其重要性，並找看看有無任何論證缺失。

↗ 交叉比對各項資料，看有沒有互相矛盾的地方。

下面這個練習是幾篇簡短的文章，讓你練習比較數筆資料。

相同的文章在第九章和第十一章都會再拿來當作練習的材料。

 分辨可靠的資料來源

請先閱讀第336-342頁的文章（文本 1 到 12）。

1. 請判斷哪些是最可靠的資料來源。請將資料分成這三類：

     A 非常可靠

     B 還算可靠

     C 不太可靠

2. 哪一篇文章裡的作者可能有既得利益？

3. 哪一份資料最能代表在線上複製音樂的使用者的看法？

解答見第 248 頁

243

本章討論了一些評估證據的重要觀念，讓你不論是自己擬論證，還是檢查他人提出的證據時都可以運用。

如果是自己做研究，不管是計畫、報告或論文，都必須確定引用的是最恰當的證據與資料，可以經得起檢驗。此外，本章還介紹了文獻研究的幾個原則，讓你可以從一大堆可用的資料中篩選出適當的資料量，以進一步討論。它也教你怎麼區別原始資料與二手資料。

採用二手資料來支持論證時，你必須瞭解那些資料所依據的證據，以及你該用什麼標準來評估那些資料。舉例來說，資料是否名實相符？是不是真的？可不可靠？有沒有過時？你還必須知道該筆資料純為巧合的可能性如何，以及它用什麼方法確定資料的可靠程度。

剛開始用批判性思考的角度去分析你所遇到的各種資料時，可能會覺得該注意的事情實在很多，不過熟練了之後，你就知道知道有些技巧（例如篩選可靠的資料來源）會習慣成自然，其他技巧記在心裡，隨時可以用來檢驗別人提出的論證。

有時你還必須去把別人引用的原始資料找出來看，以便確認資料的正確性。參考資料如果記載詳實，追溯原始資料的工作進行起來就會容易一點。

資料來源如果是個人，這一章也提供了幾種方法，教你評估這些資料的可靠性和有效性。隨後我們還談到如何利用一筆資料去確認另一筆資料的真偽，我們稱這種方式為交叉比對，這也是日常生活中常常會用到的方法。不過，很多人都習慣不加思索相信他所看到的資料，而不去與其他資料相互印證。

　　交叉比對不見得一定能得到事實，但往往可以讓我們發現不同的觀點，知道原來的資料可能有誤，必須進一步調查。對於你的研究主題，本章所討論的觀念可能有些適用，有些不適用，因為每一種學科都有慣用的研究方法、特殊的資料分析方式，例如下面這些就是比較專門的研究方法：

↗　測量物質的含碳量以確定它的年代。

↗　具備中世紀的拉丁文及諷喻故事之相關知識，以便閱讀及詮釋
　　原始文件。

↗　具備高等的符號語言學技巧，以便詮釋文本。

↗　根據研究主題的特性，利用特殊儀器進行精確測量或找出微生物。

↗　以統計方法或公式分析相關資料。

　　這些進階技巧在相關學科的課堂上應該都會教到。不過，不管是哪一種學科，基本的批判分析技巧也都適用。

19 Sources and Answers
參考資料及解答

參考資料

Miles, S. (1988) *British Sign Language: A Beginner's Guide* (London: BBC Books).

Lane, H. (1984) *When the Mind Hears: A History of Deaf People and their Language* (Cambridge: Cambridge University Press).

Loftus, E. F. (1979) *Eyewitness Testimony (Cambridge*, MA: Cambridge University Press).

Palmer, T. (2004) *Perilous Plant Earth: Catastrophes and Catastrophism through the Ages* (Cambridge: Cambridge University Press).

本章解答

頁數	短文	解答
216 ▶ **真實性**		1) 很可能是真的，因為這種文件通常源自於大教堂，有可能時日一久，就在圖書館的大堆書海裡不見蹤影了。教堂不太可能偽造這種文件，因為身為宗教組織，此舉不僅會招來非議，也會損及它的威信。不過，還是應該要確認手稿的年代和出處。 2) 可能不是真的。這種東西很少見，通常都在圖書館、博物館、私人收藏或宗教組織裡才會出現。 3) 一千張貓王的親筆簽名可能是真的，但是這類收藏品極其珍貴，不可能看都不看一眼就花大錢買下。真正的收藏品比較可能在拍賣會上拍賣。 4) 可能不是真的。學生實在不太可能擁有這種名人未出版的日記。 5) 可能是真的：很多大型圖書館的藏書中都找得到這種信件。 6) 可能不是真的：偶爾會在老房子的閣樓或者是一堆書中找到珍貴的作品，不過不太可能在現代的車庫中發現，也不可能一次發現這麼多幅。 7) 可能是真的：可以測量它的含碳量來確認船的年代，不容易作假。

頁數	短文	解答
		8) 可能是真的：監獄很可能會保存這些東西，而典獄長有責任保管。
236 ▶ 控制變項	8-4	這個實驗需要一個控制組，以得知吃與不吃胡蘿蔔精對於夜間視力有什麼改變。需要控制的變項有：飲食及活動，因為飲食對結果影響很大，而活動會讓眼睛疲勞；此外還要調查受試者原來的視力以及跟視力有關的問題。瞭解受試者是否本來就常吃胡蘿蔔，因為這會無法比較吃與不吃的差別。
	8-5	這個研究需要考慮的變項是：受試者是否喜歡有香味的香皂（他有可能任何香味都不喜歡），以及兩種香味的濃度是否一樣。如果濃度不一樣，受試者的選擇可能不是因為味道的種類，而是因為其中一種味道比較濃。
	8-6	影響這個研究結果的變項有很多。研究者需要考慮的細節有：受試者和死者的關係有多親近；在變故之前，彼此的聯絡頻率、互動方式如何；受試者有沒有參加葬禮；受試者的工作類型；在變故之前，受試者的請假情形如何；受試者是否因為生病或其他情況而請假。兩組不僅總人數要相符，以上各種狀況的人數也必須大致相同。然而，這些變項有可能互相作用，對於受試者請不請假產生影響，第一次研究會很難控制這種變項互相影響的結果。
242 ▶ 交叉比對		1) 你應該要去問問主辦單位，演出當晚是否真的有特惠票出售。 2) 其他製造商的煞車器測試方式和結果、貿易雜誌的報導等，都是可以用來交叉比對的資料，也有些雜誌會概略介紹不同的煞車系統。如果你剛好有認識的人，他的車就裝了新的煞車系統，你可以問問他的意見。如果你會開車，也可以親自上路體驗一下。 3) 如果那本書有提供參考書目，你可以去找出原始資料，看看資料有沒有引用正確。在參考資料中應該指出「濟貧法案」*（poor laws）對於乞討的相關規定及其制訂日期。你也可以看看其他的書怎麼寫，是否跟這本書講的一樣。要特別注意的是，可能很多本書都引用了同樣的二手資料，但那份資料本身卻是錯的，所以如果可能，最好自己去查對原始資料。（＊英國於十七世紀開始制訂並多次修正的法案，對於救濟窮人有相關規定。）

1) 分辨可靠的資料來源

A. 非常可靠　〈文本 3〉：期刊論文

　　　　　　　〈文本 8〉：學術書籍裡的一個章節

　　　　　　　〈文本 10〉：期刊論文

　　　　　　　〈文本 11〉：期刊論文

　　　　　　　〈文本 12〉：期刊論文

B. 還算可靠　〈文本 2〉：流行雜誌

　　　　　　　〈文本 4〉：地方小報的社論

　　　　　　　〈文本 6〉：貿易雜誌

　　　　　　　〈文本 7〉：全國性報紙的專欄作家

C. 不太可靠　〈文本 1〉：網路聊天室

　　　　　　　〈文本 5〉：給全國性報紙的投書

　　　　　　　〈文本 9〉：個人網頁

2)　既得利益

以下這些文本的作者可能會因結果而受益：

〈文本 1〉：作者平常即在網路上下載資料。

〈文本 2〉：作者可能想要討好他的讀者，那些讀者都喜歡分享免費的植栽。

〈文本 5〉（〈文本 9〉也有可能）：像在為下載資料不付錢找藉口。

3)　最能代表網路使用者的看法

最能代表線上使用者的看法，當然是這些人自己寫的東西。〈文本 1〉屬這一種，〈文本 5〉和〈文本 9〉可能也是，不過需要更多資訊才能證實這一點。另外還有研究證據所呈現的結果也能代表線上使用者的觀點，〈文本 12〉就是一份網路使用者的行為研究，從使用者的行為可以窺見他們的想法，不過還需要進一步調查才能知道這些網友付錢的動機。

9 批判閱讀與寫筆記
——篩選、詮釋與記錄：批判閱讀的技巧

任何類型的論證都可以加以批判分析，但最常見的應該還是書寫的形式。前幾章我們討論到的問題都跟批判閱讀有關，接下來這一章的重點在於，如何在閱讀時運用思辨技巧，以符合你的特定目的（例如寫報告或作業）。將討論的問題有：

本章學習目標

† 培養選擇性閱讀的技巧

† 瞭解理論與論證的關係

† 將論證與理論分類

† 確認對於文本的詮釋是否正確

† 培養以批判分析的角度篩選資料與寫筆記的技巧

↗ 找出閱讀內容的理論觀點

↗ 依不同用途將資訊分類

↗ 一邊閱讀一邊寫筆記的技巧

批判閱讀有別於粗讀或略讀。只需要對某個主題有個概念，或必須快速找到想要的資料時，粗讀或略讀就很有幫助，但這對於閱讀內容只能有很粗淺的瞭解。

批判閱讀則要求你必須更仔細注意文本的幾個重點，其他資訊則記在心裡。由於批判閱讀包含分析、反思、評估與判斷，所以比起為了樂趣或為了得到基本背景知識所進行的閱讀，速度必須放慢許多。批判閱讀的技巧養成之後，速度自然會變快，正確性也會提高。

批判閱讀的準備工作

並不是所有閱讀的內容都很容易抓到重點,因此閱讀新的資料時,一些基本的準備工作可以幫助你:

- ↗ 瞭解主要論點如何形成
- ↗ 更能記得主要論點
- ↗ 更能理解各項資料
- ↗ 看懂理由與證據如何支持主要論點

以下是一些建議,幫助你更快進入閱讀內容,提升批判閱讀的效果。

書籍

① 初步翻閱

首先,很快翻閱全書,對書的內容有一點概念。你可以隨意翻閱,邊翻邊瞄一下內容,也可以很快地從頭到尾翻一遍,這會讓你對全書的內容有個初步的印象,也大概知道你要找的資料會在哪裡。

② 很快看一下前言

看一下前言裡有沒有提到作者的立場或主要論點。通常前言裡的資訊會讓你知道最相關的章節在哪裡,也可以進一步知道這些章節會討論什麼內容。

③ 很快看一下最後一章

　　看一下書的結尾是否提出任何結論，是否將整個論證、理由、證據作摘要總結。如果有，這些就是寶貴的資訊，讓你在細讀時更能掌握作者的論述。

④ 很快看一下各章的開頭和結尾

　　瀏覽一下相關章節的開頭和結尾，這會讓你在閱讀內文時更能掌握思考方向。

期刊論文

↗ 先看一下論文摘要，看是否與你的主題相關。

↗ 如果相關，再仔細讀一遍摘要，找出主要論點。

↗ 論文的主題如果是一個研究計畫，「研究假設」會總結作者想要證明的重點，「研究結果」會告訴你作者有什麼發現，討論的部分會涵蓋作者認為對研究具有意義的問題。

↗ 讓論文摘要幫你鎖定最相關的資訊。依據你的目的來決定需不需要進一步瞭解它的研究方法、研究結果、討論或推薦閱讀的資料。

找到論證重點

　　對資料的內容與相關性有初步的概念後，就要利用我們在前面幾章討論的批判分析技巧，把文章的論證重點找出來：

↗ 找出作者的立場：這篇論文要你做什麼？接受什麼？相信什麼？

↗ 找出支持結論的理由

　　找到論文的主要論點之後，你就可能要更仔細一點，放慢閱讀的速度，並且進一步運用各種批判性思考的技巧。

2 找出理論觀點

「理論」是什麼？

理論（theory）是一組概念，用來解釋某件事發生的原因或方式，同時預測未來會發生類似的結果。理論建立在證據與推論之上，但還沒有得到最後的確認與驗證。

理論的日常用途與學術用途

在日常生活中，我們會用「理論」來代表我們尚未確定理由或結果的事。

> **範例**
>
> 班機起飛的時間還沒有公布。我的理論是，暴風雨快來了，所以航空公司認為飛機不宜起飛。

理論這個字如果在日常對話中使用，通常是表示個人意見，不過還是具有一些學術理論的特性：

↗ 試圖提供解釋，或預測可能的結果

↗ 是一種想法或抽象的概念，尚未完全得到證實

↗ 是依據當時所知的事實得出的想法，並且知道還有未知部分尚待確認

瞭解論證背後的理論有助於填補論證漏洞

我們的所作所為往往都有理論根據，只是不見得有自知之明。在第六章中，我們看到，言語或文字中往往都含有隱藏的假設，這些就可能是沒有被認出的理論。如果可以發現作者的理論觀點，我們就更能夠找到論述的缺失以及隱藏的假設。

研究與學術領域中的理論

對於專業研究與學術思想來說，所謂理論，通常是將以前的理論和研究加以判斷分析後當作基礎，然後發展出的一套精巧的思想體系，或稱「學派」（school）。大多數的研究，其出發點都是為了驗證或改進現存的理論，讓這些理論提供更好的解答，為未來的行動建立新的典範。

找出理論觀點

一份好的研究或文本，作者通常會清楚表明他的理論基礎，方便讀者理解與閱讀。如果是書，這部分會寫在前幾個章節；至於論文與報告則可以在這二個地方找到：

研究假設：這部分應該在研究報告一開始就說明，它會提出研究想要證明的理論觀點。

文獻研究：作者在進行文獻分析時，應該要點出影響研究的理論基礎。

3 理論與論證的關係

論證可以以理論為基礎

範例 1

馬克斯（Marx）的經濟學理論主張，財富最終會落入少數人之手。這項研究將依據對馬克斯理論的詮釋，證明公共事業民營化雖然讓英國在很短的時間內成立不少公司，但不出數十年，許多小公司又會在合併與收購之下關門大吉。結果將導致這些產業的財富又回到少數的「超級公司」手上。我的研究假設是：三十年後，英國原有國營產業中，將有三分之二的產值會掌握在至多三家超級公司手中。

上面這個段落的主要論點是：數十年之後，原本國營、後來變成民營的公司，將成為少數「超級」公司的一部分。作者明白表示，這項論證是以對某個經濟理論的詮釋為基礎。作者就用這個理論來發展出研究假設。

這個例子用明確的數字與比例讓一個概論式的理論更明確可測量，不過，即使最後量化資料並未完全符合原先的預期，只要趨勢走向符合論證所預測的方向，這個論證及理論仍可成立。

理論即論證

如果有理由、有結論，也有說服的意圖，理論本身也可以是一項論證。不過，你可能會發現，把理論當成論證基礎時，作者往往只提到理論的結論或重點，就像上面那個例子一樣。要檢驗論證背後的論述，或許就不能只使用二手資料，而必須回到論證原始的文本。

論證不一定是理論

要特別注意的是，論證不一定是理論。例如下面這個例子，它用兩個理由來支持「先到店裡去」，其中並沒有牽涉到任何理論。

範例 2

我知道你急著想回家，可是先到店裡去一趟比較好。我們要幫雪莉娜買個生日禮物，還要買點晚餐。

找出理論

在第336-342頁的文章中，請指出哪些有明白表示其理論觀點，並分別說明它的理論觀點是什麼。

解答見第 283 頁

特定的學派

你所研究的主題中，一定有一些明確的理論，通常都是以幾個主要學者或法則為中心，組織成一個特定的學說或流派。

這些學說流派可能又分屬於更大範圍的學說流派，例如本土主義、人道主義、混沌理論、災難理論、功能主義、精神動力學、宇宙論、構成主義、馬克斯主義、女性主義、後現代主義等等。

學說或流派

在你所感興趣的領域中，有哪些思想學派呢？

4 分類與挑選

做出明智的選擇

即使只是為了寫報告和作業，只要牽涉到研究，就必須閱讀大量資料。讀了那麼多，會用到的比例卻相對很小，可是每項資料看起來都那麼有用又那麼有趣，這時候就必須運用判斷思考的能力了：

↗ 如何分配有限的閱讀時間？
↗ 該把批判分析的注意力放在哪些地方？
↗ 如何寫筆記才有助於日後參考？
↗ 哪些資料可以用在自己的報告和作業中，哪些可以略去？

要做出明智的選擇，少不了挑選的功夫。如果我們可以熟練地將資料分類，就更容易挑選出有用的資料。相關的分類練習請參考〈第二章〉。

將資料分類的重要性

不只建檔時做好資料分類，在思考時也能分類，就更容易挑出適當的資料。將資料分門別類，可以幫助看出不同資料間的關聯，好處是：

↗ 更容易看出資料的相同與相異處
↗ 將資料分組，敘述起來會更簡潔

將理論分類

我們前面提到，找出論證中的理論觀點，可以幫助我們填補論證漏洞。要是可以進一步依據理論觀點將內容分類，就更能：

↗ 將資料依文獻分析的需求分類

↗ 看出前後研究的傳承軌跡

↗ 對該主題具有更宏觀的視野，瞭解為什麼接下來要研究這個部分。
一份研究往往只會對問題有部分的瞭解

↗ 將資料分組並加上適當標題，有助理解更有助記憶

理論的類型

理論有各種類型，依據所屬類型將資料分類對你會很有幫助。理論與論證依其性質，可以這麼分：

藝術類：與藝術欣賞有關

文化類：與觀念、習俗和某個社會的工藝品有關

經濟類：與經濟有關

道德類：是非對錯的問題

財務類：錢財方面的問題

法律類：與法律有關；法律相關規定

歷史類：過去留下來的結果

人道類：以人類整體的利益為重

慈善類：對他人行善

哲學類：與知識的研究有關

政治類：與政府或國家有關

科學類：經由有系統、可重複驗證的方法得來的結果

社會學類：跟人類社會的組織或發展有關

詭辯類：看似有理，其實是錯的

練習

將論證分類

閱讀第336-342頁的文本。每一個文本中都含有一個或一個以上的論證。請依上述類型將這些論證分類。有些論證可能不只屬於一類，而有些可能哪一類都不是。

解答見第 283 頁

5 正確解讀

閱讀風格與正確性

正確解讀對於批判性思考來説,特別重要。唐納森(Donaldson,1978)發現,人們常常搞錯問題,是因為根本沒有聽懂對方的話。對於小細節,過度注意或不夠注意,都可能會造成錯誤的解讀。以下是幾種常見的錯誤:

↗ 過度專注:閱讀的速度太慢,太過字斟句酌。雖然細讀是批判性思考的必要功夫,但也不能見林不見樹,忽略了論證的前因後果和理論觀點

↗ 不夠專注:閱讀只講表面功夫,整體的印象有了,但卻不知道細節和證據是如何支持主要的理論和論點

↗ 對特定用字不夠注意:沒看到「不」這樣的關鍵字,本來是否定卻看成肯定;或沒有注意正確的順序

↗ 沒能讀出言外之意

因此,為了要能正確解讀文本,閱讀時最好經常在這幾個焦點之間轉換:

↗ 全面的觀點與細微之處

↗ 字的精確意義以及言外之意與隱藏的假設

檢查

練習

下面這些段落是對第336-340頁其中幾篇文章的解讀,請分別判斷它們屬於那一種:

A 正確解讀作者的主要論點

B 錯誤解讀作者的立場

請說明理由並指出作者的主要論點。

短文9-1　針對〈文本1〉，第336頁

　　作者是一個真正的藝人，他提供服務給那些找不到發片商的小藝人。

短文9-2　針對〈文本2〉，第336頁

　　作者認為，既然把植物分株給別人是廣被接受的行為，沒有人覺得該給權利金，那麼免費下載音樂也應該被容許。

短文9-3　針對〈文本3〉，第337頁

　　盜版通常是不被容許的行為。大部分的消費者都應該要有這樣的認知：如果不打算付錢，就不要拿走任何東西。

短文9-4　針對〈文本6〉，第338頁

　　免費下載音樂的行為，會讓獨立藝人的發片商沒辦法生存。

短文9-5　針對〈文本7〉，第338頁

　　這篇文章認為研發出新植物品種的人只會對付大公司，所以對喜愛園藝的人來說，最重要的是他們不會成為被告。

短文9-6　針對〈文本10〉，第340頁

　　個人應該要為自己的信仰而戰，不要再守法，法律是不民主的。

解答見第 284 頁

6 利用筆記輔助批判閱讀

Taking notes to support critical reading

為什麼要做筆記

跟只閱讀不做筆記比起來，做筆記有很多好處：

↗ 適當做筆記可以將閱讀活動分段，讓眼睛及大腦休息一下。批判閱讀是比較辛苦的閱讀方式，這樣做可以有效抒解壓力。

↗ 書寫會用到大腦的動作記憶區，可以利用動作來幫助記憶。

↗ 很多人都發現，親自寫過一遍比較容易記住。

↗ 要選擇什麼該記、什麼不該記，而不是什麼都記下來，這表示你得多咀嚼閱讀的資料，這也有助於日後的記憶。

↗ 做筆記可以將所有相關的資料收集在一起，這樣就不需要再去看一大堆散在各處的資料了。

↗ 如果那份資料或書籍是你自己的，你也可以直接在上面寫重點，不過這樣就沒辦法將所有相關的資料收集在一起了。

如何利用筆記輔助批判閱讀

寫下來的筆記要能對主要目的有幫助，盡量不要因為很有趣或也許以後會用到就記下來。

當然，寫筆記的目的可能不只一個，譬如一部分是目前的計畫要用，一部分是日後的計畫或作業會用到。

就算是這樣也最好不要寫在一起，不然就要把標題寫清楚，這樣找起資料來才會快。在做筆記之前，先想一想你剛剛讀到的東西。

↗ 它到底是什麼意思？

↗ 理由有支持結論嗎？

↗ 有任何支持的證據嗎？

↗ 這與我以前所知道的一樣嗎？

↗ 這跟其他人的說法一樣嗎？

↗ 這跟我目前研究的主題有關嗎？有幫助嗎？

↗ 這對到目前為止的研究結果有沒有更多的貢獻？

↗ 這些說法有沒有破綻？

提示　閱讀時，手上不要拿筆，這樣你就不會不經思考寫下一堆東西。

Reading and noting for a purpose

7 為特定目的閱讀與做筆記

為分析論證之用

做筆記的目的如果是為了要分析論證，你可以利用標題，或是事先做好表格，像第 264 頁一樣，依序寫下這些重點：

- ↗ 相關細節，讓你可以很快再找到這份資料
- ↗ 作者的立場／理論依據
- ↗ 主要論點或命題
- ↗ 結論
- ↗ 支持結論的理由。把這些理由列出清單、加上序號。如果作者用不同的話重複同一個理由，清單上只列一次就好。
- ↗ 你自己對這些論述與證據強弱的評估

提示　　如果你喜歡記錄很多事實與數據，把這些寫在別的紙張或背面，不要和用來分析論證的筆記混在一起。要是寫了半天，分析之用的筆記還是空白的，雜七雜八的資訊卻寫了一大堆，你就知道自己忘了評估資料的相關性，沒有篩選出最相關的資料。這也可能代表你已經變成在抄錄原文的資料，而不是分析閱讀了。

為作業及報告之用

做一整本書的筆記時，很容易因為沒有正確選擇資料而失去重點。

讀期刊論文時做筆記

研究論文的筆記，跟其他類型的資料最大的不同，是你更能深入分析這項研究的成果或研究方法對於該領域日後的研究有什麼貢獻。這類期刊論文通常都只針對一項研究來討論，對你比較有用的部分可能是在研究方法以及相關研究成果的討論。第 268 頁所提供的表格，把筆記的重點擺在分析，而非記錄背景資訊。

慎選引言

1 引言要用得少、用得短

引言不要太長，這樣既占字數，也不會比較高分。使用的引言最好符合這些條件：

↗ 如果是二手資料，必須簡短幾個字就說出重點。
↗ 如果是原始資料，要可以提供論證直接證據。
↗ 與主題相關、也是最值得引用的資料。引言的使用越謹慎越好。

2 引言與其他筆記要分開來

抄錄引言時，最好養成習慣，用紅、藍、綠等不同顏色的筆來寫，日後閱讀筆記時，就可以一眼看出，哪些是引言，哪些是你自己的文字和想法。

提示　記下引言的出處：要記得寫清楚引言是從哪裡引用來的。請參考第 278-281 頁。

Concise critical notes: Analyzing argument

簡要的批評筆記：分析論證

中文

作者／來源			
書名／計畫			
網址		下載日期	
日期／時間		版本	
出版者／頻道		出版地	
期刊卷別		期別	
作者的立場或理論基礎			
主要的背景資訊			
整體論點或研究假設			
結論			
理由	1		5
	2		6
	3		7
	4		8
論述與證據（理由）的優點			
論述與證據（理由）的破綻			

Names of author(s)/ source			
Title of book/ programme			
Website address		Date downloaded	
Date and/or time		Edition	
Publisher/channel		Place published	
Volume of journal		Issue	
Author's position/ Theoretical position?			
Essential background information			
Overall argument or hypothesis			
Conclusion			
Supporting reasons	1	5	
	2	6	
	3	7	
	4	8	
Strengths of the line of reasoning and supporting evidence			
Flaws in the argument and gaps or other weaknesses in the argument and supporting evidence			

9

簡要的批評筆記：書籍

中文

作者	
完整書名	
章節作者	
章節名稱	

出版年		版本	
出版者		出版地	

理論觀點 或類型	
主要的背景資訊	
主要論點	
支持論點的理由 和證據	
論證的優點	
論證的破綻	
與其他資料比較 的結果	

Names of author(s)			
Full title of book			
Author of chapter			
Chapter title			
Year published		Edition	
Publisher		Place published	
Theoretical position or type of theory?			
Essential background information			
Key arguments			
Reasons and evidence to support the arguments			
Strengths of the arguments			
Weaknesses in the arguments			
Comparison or contrast with other sources			

10 簡要的批評筆記：論文與報告

中文

作者	
完整文章名稱	
完整期刊名稱	
出版年	出版月
卷別	期別

研究假設：	
這篇論文想要證明什麼？它的研究假設有得到支持嗎？	
這個研究的理論基礎是什麼？理論類型是？	
用了哪些文獻當作背景資訊？	
使用哪一種研究方法？	
使用哪一種樣本？	
主要的研究結果	
結論與建議	

研究的優點 1. 是否讓我們更瞭解這個主題？或更知道如何繼續研究？ 2. 是否有適當的研究假設、驗證假設的方法、樣本大小或類型、控制變項，以及可引用之內容？ 3. 考慮到倫理問題？	

研究的缺點 1. 它有沒有什麼限制？什麼情況不適用？ 2. 研究本身、研究假設、研究方法、樣本大小和類型、根據研究結果所得出的結論，這些地方有沒有什麼破綻？	

Names of author(s)	
Full title of article	
Full title of journal	
Year published	Month
Volume number	Issue number

Hypotheses: What is the paper setting out to prove? Are research hypotheses supported?	
What is the theoretical position underlying the research? Type of theory?	
What is the key literature used as background to the article or paper?	
Which research methods are used?	
What kind of sample is used?	
Key results	
Key conclusions or recommendations	
Strengths of the research 1. How does it advance our understanding of the subject or how to research it? 2. Are there appropriate hypotheses, methods to test the hypotheses, sample sizes or types controls for variables, recommendations? 3. Consideration of ethics?	
Weaknesses of the research 1. In what ways is it limited? When and where would it not apply? 2. What are the flaws in the research, in the hypotheses, research design and methods, sample size and type, conclusions drawn on the basis of the results?	

Critical selection when note-taking

11 篩選筆記內容

　　下面這些是根據〈文本 1-11〉（第 336-340 頁）所寫的筆記，目的是為了要寫一篇報告，題目是：**請討論──不公平待遇：現在的法律似乎只考慮商業利益**。請看下面這份筆記，把與報告有關的部分劃起來。說明這些筆記為什麼相關，並且判斷哪些是做筆記的人自己的話。接著再將你自己的答案和下頁的解說分析比較一下。注意：這個練習的重點是筆記的內容，而不是筆記的形式。

報告主題

請討論──不公平待遇：現在的法律似乎只考慮商業利益

▶ **支持這句話的證據**

訴訟通常只會用來對付企業，不會對付個人。公司在網路上竊取資源然後以遠低於市價的價格賣出（Spratt，2004，〈文本 4〉），以及培育新植物品種（Johl，2005，〈文本 7〉）都是這種情況。但是：這不代表法律只適用於企業，只是可能不會全面執行而已。這對大公司來說可能不公平。（注意：Johl（〈文本 7〉）：分送植物的結果對培育新品種的人來說是極大的財務損失，企業之所以受到注意，只是因為目標比較大而已。

▶ **反對這句話的證據**

⊙ 大型出版商只對主流的音樂有興趣，因為想獲得最大的利潤。〈文本 1〉

⊙ Cuttle（2007）：包括大企業在內的出版者，有定價優勢。注意：其定價可能遠高於製作成本。從這個觀點來看，法律對企業有利。〈文本 3〉

⊙ 法律是經過一段時間東拼西湊來的，有時還相互矛盾。在制訂法律的過程中，很少討論人們需要什麼樣的正義。（Piaskin，1986，〈文本 10〉）

⊙ 能夠利用法律來對抗盜版的，不就是大公司而非小藝人嗎？

解說分析

　　〈文本1〉所寫的筆記跟大公司有關，不過不知道記筆記的人為什麼覺得這件事跟報告的題目有關。此外，對報告來說，〈文本1〉並不是可靠的消息來源。

　　根據〈文本10〉所寫的筆記泛指一般的法律都是這樣，但並沒有特別針對商業行為。因此也不清楚記筆記的人為什麼覺得這跟題目有關。

　　根據〈文本1和10〉寫的筆記，幾乎是從文本上直接抄下來的，看不出來有經過分析篩選。直接拿來用在報告或作業中如果被發現的話，就算是剽竊（plagiarism，不被接受的複製行為）。

　　至於〈文本3、4、7〉的筆記就比較好，因為是寫筆記的人用自己的話寫的，與問題有關，而且加入了自己的意見，在寫報告時可以當作相關的要點。

12 練習：明智的篩選〈筆記A〉

這裡有〈筆記 A〉與〈筆記 B〉二份筆記，是根據第 336-342 頁的文本寫的筆記。請分別判斷：

☑ 寫筆記者是否有篩選與目的相關的資料？
☑ 他們挑出來的資料是最相關的嗎？

筆記 A

目的：請討論──「網路正在侵蝕道德觀」這句話

▶ **贊成「網路侵蝕道德觀」的論點**

1) 〈文本 3〉：Cuttle（2007）認為，在網路上違法複製資源的人會將這種行為合理化，不認為這樣有錯，例如它說「大家都這樣做」。

2) 〈文本 1〉（Carla，2006）：

   網路使用者的意見支持 Cuttle 關於合理化的說法：
   例：「在網路上複製，不能算偷。」
   而傳送與接收檔案不付錢的行為，是：
   為藝術行為與個人藝術家「提供一種服務」。

3) 〈文本 1〉：注意：音樂可以在網路上隨意下載，對 Carla 這樣的人來說，是很大的誘惑，等於是鼓勵他們用各種藉口不告知便自取。

4) 〈文本 9〉（KAZ，2006）：一段網路使用者為不付錢自圓其說的話，好像真的不會被告一樣，內容提及：「……不算犯罪」。

5) 〈文本 4 和 7〉：法律主要是用來對付其他公司，不會對付只是幫朋友複製幾份的人。

6)〈文本 8〉：不是只有幾個網路使用者才有道德淪喪的問題，連教授都可以用漏洞百出的論述，來贊成不付錢就取用資源的行為。

⊙例：（Lee，2006）拿錄製廣播節目不會被抓也不會受罰的例子，支持在網路上自由取用各項資源。（沒有人會費事去……）

▶ 反對「網路侵蝕道德觀」的論點

1)〈文本 2〉：Potter（2005）拿植栽分株送人跟網路下載行為來比較。

2) 如果可以拿植栽分株和網路複製行為來比較，而兩件事都不對，那麼網路只是另一處表現相同價值觀的管道而已，就沒有所謂「侵蝕」道德觀的問題了。

⊙例：〈文本 7〉（Johl，2006）也說，培育新品種植物的人，也因為別人擅自將植物分株送人而受害。植栽分株的情形比網路還早出現，所以道德敗壞的問題不能怪網路。

解答見第 276 頁

13 練習：明智的篩選〈筆記B〉

寫一篇報告，討論「偷竊無論如何都是不對的」這個觀點

▶ 偷竊是不對的

1) 〈文本6〉：沒錯，因為我們沒想過有多少人會因此受害。Kahliney（2006）：即使只有幾個人燒幾片音樂給朋友，小型的唱片公司也會因為這些人少付的權利金而受到嚴重影響。這些人的生計必須仰賴公平的交易行為。

2) 〈文本7〉（Johl，2006）：培育新品種是成本很高的事——因此即使是小小一點權利金，一點一滴累積起來，就可以幫助培育者開發新的品種。

3) 〈文本3〉（Cuttle，2007）：法律賦予所有製作媒體的人有權回收所有成本。

▶ 支持偷竊行為的論點

1) 〈文本1〉：都是別人的錯，譬如說，大型唱片公司。這些公司只對能帶來高利潤的音樂有興趣。（但請見上面的〈文本3〉）

2) 〈文本1〉：算是提供一種服務。譬如說：線上免費分享音樂可以讓更多人欣賞到創新與非主流的音樂，這對想要讓更多人認識他們音樂的真正藝人來說，就很好。（但〈文本6〉：對小型唱片公司就不見得有利。）

3) 〈文本2〉：只要不被抓到就可以接受。例：Ivan Potter（2005）：植物與CD。

4) 〈文本8〉：同樣暗示，只要沒有人被抓或被告（像錄廣播節目一樣），那麼偷竊就沒有關係。但不是只有被抓到才叫偷。

▶ 什麼情況下偷竊是可接受的？

1) 〈文本 11〉（Soyinka，2006）：都不可以。有些情況可能當事人不知道那樣算是剽竊的行為，例如學生引用資料（因為規定很複雜）。但不能拿不知道「法律」來當藉口。

2) 〈文本 12〉（Ebo 等，2004）：研究顯示，道德行為容不容易遵守，會影響人們的行動。這個研究的假設是：如果付費方式很簡單，那麼現在大部分在網路上免費下載音樂的人就會付錢，此外，收入高的人比較不願意付錢。受試者有 1206 人，年齡介於 15-25 歲，各組成員的年齡、性別、種族背景等都一致。受試者上線時，會看到一個可以免費下載音樂的廣告。Damblin 和 Toshima（1986）找了 200 個老人來測試，發現道德行為和健康情況有很大的關聯。一些研究也顯示，外在的情況對人的行為之影響，大於他對於道德的認知。（Singh 等，1991；Colby，1994；Miah 和 Brauer，1997）。

▶ 對與錯不是絕對的

1) 〈文本 10〉（Fred Piaskin，1986）：對與錯「更應該被視為是兩難的困境」。有可能偷竊本身是錯的，但比不偷好一點嗎？

　　⊙ 有人確實有偷竊的行為，但沒有不道德，譬如，可能是為了救人或其他理由。

　　⊙「合法的偷竊」，這會是道德良心的問題，跟法律無關。

解答見第 277 頁

14　解說分析：明智的篩選練習

Commentary on critical selection activity

筆記 A 請討論「網路正在侵蝕道德觀」這個觀點

　　這個例子裡，大部分的筆記都和題目有關。根據〈文本 3〉所做的筆記，其相關性在於指出人們會為取用資源卻不付費的行為找藉口。找理由讓不對的行為變成對的，這種行為通常稱為「合理化」。

　　記這份筆記的人從〈文本 1〉和〈文本 9〉的原文裡適當選出了幾句引言來說明他的重點。這些引言都畫了底線，跟其他筆記有很明顯的區別，讓人一看就知道這是直接從別的地方引用來的。雖然類似這樣的個人網頁資料，並不是可靠的二手資料來源，不過以這個題目來說，這些算是相關的原始資料，可以代表一般網路使用者的想法。〈文本 8〉的作者是個教授，筆記作者顯然以此來和〈文本 1〉和〈文本 9〉做個對照，表示連教授也支持不付費的行為。這一點也和題目相關。

　　這份筆記將資料分成「贊成」與「反對」，這樣雖然很好，但也會因此漏掉比較複雜的觀點。舉例來說，思考價值觀的問題，最好不要忽略〈文本 5〉提出的狀況，也就是人的言語和行為之間是有差異的。〈文本 5〉的作者下載音樂會付費，但他還是認為免費下載應該是可被接受的行為。

　　這份筆記還有一個優點，那就是筆記作者會一邊閱讀一邊思考，同時把相關的想法記下來。至於最大的缺點則是漏掉了最相關的資料：

☑〈文本 10〉和〈文本 12〉都是相關的資料，但筆記裡都沒寫到。
☑ 筆記作者沒有解釋〈文本 4〉和〈文本 7〉為什麼跟題目有關係（請見贊成觀點的第五點）。

筆記 B 寫一篇報告，討論「偷竊無論如何都是不對的」之觀點

　　筆記作者根據前幾篇文本所寫的筆記都判斷得很好，他選了與題目最相關的資料。

　　主要的例外是根據〈文本 12〉所做的筆記。這部分寫得太詳細，也與原文幾乎一模一樣。筆記作者沒有說清楚他為什麼認為這些細節跟報告有關，所以這部分的筆記看不出來是經過思考所篩選的資料。

這份筆記的優點是：

☑ 資料經過分類，各有其重點。

☑ 筆記中含有筆記作者思考後的想法，寫報告時就可以派上用場。

這份筆記的缺點是：

☑ 從文本中抄錄來的文字沒有適當標示，日後很容易沒有加註
　出處就放在報告裡。根據〈文本 1〉和〈文本 12〉所做的筆
　記，這種情況特別嚴重。

☑ 筆記的文字與原文太過類似，顯示筆記作者並沒有專心挑選
　相關的資料，而是無意識地在抄錄原文。

Note your source of information
註明資料來源

注意 所有的筆記都應該寫清楚資料來源。

全名與簡寫

第一次引用某份資料時,應該寫出完整的資料來源,而且最好是以電子檔的方式儲存,日後可以剪貼到需要的地方。所以,在筆記中第一次提到某份資料時,要寫出全名,之後再用簡寫來代表。頁碼或網址也都要寫清楚,必要時可以很容易找到原始資料。

參考資料格式

如果是學校的作業或公司的報告,都要寫出用到的參考資料,這樣讀者才知道哪些資料影響了你的思考、你的證據從何而來。學校或公司都會有慣用的參考資料格式,寫法都不太一樣,譬如有的規定作者是要寫出全名,有的用縮寫即可。因此,你在筆記中寫下的參考資料來源,務必符合規定格式所需要的資訊。下面舉其中一種哈佛系統(Harvard system)為例說明。

書籍

須註明事項:

↗ 誰寫的?(必須寫出封面上所有作者的完整姓氏,名字則用縮寫表示;姓在前,名在後)

↗ 什麼時候寫的?(見封面裡。可以寫初版或是目前版本的日期,但不要寫再刷日期)

↗ 完整書名是什麼？記得要包括副標。

↗ 這是第幾版？（如果不是初版）

↗ 在哪個城市出版？（在書的前面幾頁會有出版社的地址）

↗ 出版社的名稱。

範例 1 **書目資料格式**

Crane, T. (2001) *Elements of Mind: An Introduction to the Philosophy of Mind* (Oxford: Oxford University Press).

範例 2 **作者不只一位**

Fisher, D. and Hanstock, T. (1998) *Citing References* (Oxford: Blackwell).

書籍：引用書裡的某個章節

如果書裡的每個章節作者都不一樣，而你引用的是其中一個章節的資料，你必須要註明的資料如下：

↗ 章的作者、日期以及章名。

↗ 編者姓名和書名。要注意的是，書目資料中的編者，必須先寫名字縮寫，再寫姓氏。

↗ 書名之後寫上頁碼。

↗ 將出版地及出版社寫在括弧內。或許還要註明這一篇的原始出版資訊。

範例 3 **引用書裡的某個章節**

Willis, S. (1994) 'Eruptions of funk: historicizing Toni Morrison.' In L. Gates Jr (ed.) *Black Literature and Literary Theory* (pp. 263-83) (New York: Methuen).

論文

須註明事項：

↗ 誰寫的？(所有作者依掛名順序列出完整姓氏及名字縮寫)
↗ 什麼時候寫的？
↗ 論文的正確標題？
↗ 收錄此篇論文的期刊名稱？
↗ 該期刊的卷期別？
↗ 整篇論文的頁碼。

> **範例 4** **論文**

Shulman, L. (1986) 'Those who understand: knowledge growth in teaching.' *Educational Researcher,* 15 (2), 4-14.

電子資料

須註明事項：

↗ 作者姓名。
↗ 如果是網路版論文，一樣依掛名順序列出完整姓氏及名字縮寫。
↗ 寫作日期。如果原始資料沒有註明日期，就要考慮這是不是好的資料來源。
↗ 引用項目的名稱(如果有的話)。
↗ 期刊名稱及卷期別(以期刊論文而言)。
↗ 如果這項資料只存在於網路上，請寫出完整網址，有興趣的人可以上去瀏覽。
↗ 資料下載日期。

> **範例 5** **電子資料**

Collins, P. (1998) 'Negotiating selves: Reflections on "unstructured" interviewing.' *Sociological Research Online,* 3 (3). www.socresonline.org.uk/socresonline/3/3/2.html; January 2001.

報紙

記下作者、篇名、報紙名、日期、以及版次或頁次。

範例 6

Farrar, S. (2004) 'Old Sea Chart is so Current,' *Times Higher Educational Supplement*, 16 July, p.5.

如果報紙上沒有寫作者的姓名,那麼就先寫報紙名稱、年份,然後再寫篇名、日期及版次或頁次。

範例 7

Times Higher Educational Supplement (2004) 'Old Sea Chart is so Current,' 16 July, p.5.

其他資料來源

你還可能用到很多種其他資料。記下相關細節可以讓你及其他人在日後更容易找到原始資料。譬如記下圖書館名稱以及 (或) 收藏的地點、卷別、編碼等,把資料名稱寫得越清楚越好。

範例 8 收藏的信件

Papers in the Bodleian Library. Curzon Collection, vol. 22, ff. 89-90. Letter from Henry Peter Lord Brougham to C. H. Parry, 3 September 1803.

範例 9 官方資料

National Committee of Inquiry into Higher Education (1997) *Higher Education in the Learning Society* (London: HMSO).

16 本章摘要

　　要寫一份論述性質的文章，不管在哪一個階段都會需要發揮批判性思考的功夫，我們把這一章的重點放在閱讀和寫筆記的階段。

　　很多人在閱讀和記筆記時忽略了判斷思考，以為這階段可以先照單全收，等到讀筆記的時候再來好好思考篩選。這當然也是一種方法，但卻有點浪費時間。你會因此讀了或記了很多以後不會用到的資料，然後為了要挑出可用的部分，還得再讀一次。

　　寫筆記時不經分析判斷也會有風險。你會忘了哪些是從原文逐字抄錄來的，然後不小心放到你的作品裡卻沒有標明引用來源。這會給你帶來被控抄襲的危險。

　　如果能遵從這一章的建議，不僅可以節省時間，你的思辨能力也會在閱讀與寫作的過程中持續提升。具有思辨能力的讀者，會期望在你的文章中看到清楚的資料來源，這讓他們必要時可以找到原始資料，所以這一章也告訴你該記下哪些參考資料的資訊，未來你在寫論文或報告時，這些資料就會派上用場了。

　　能夠辨識文章中的關鍵資訊，可以讓你將注意力放到適當的位置，這對批判閱讀來說會很有幫助。前面幾章我們學到怎麼去找出論證的理由與結論等重要元素，這一章我們則要你注意論證中隱含的理論觀點，這可以幫助我們判斷作者為什麼要寫這些內容。

　　這一章也強調，資料的篩選與分類對於批判性思考的重要性。由於你必須找出類似的觀點或例外的情況，找出不同資訊之間的關聯與相對意義，然後評估與判斷，這些都能夠幫助你培養出更有效率的思辨能力。

Sources and Answers
參考資料及解答

參考資料

Donaldson, M. (1978) *Children's* Minds (London: Fontana).

For background on plant cuttings and PBRs（關於植栽分株與 PBRs）：Hogan, C. (2004) 'Giving Lawyers the Slip' The Times, 24 August, p.26.

On moral issues（道德議題）：Kohlberg, L. (1981) Essays on Moral Development, vol. 1 (New York: Harper & Row).

Peters, R.S.(1974) 'Moral Development: a Plea for Pluralism'. In R. S. Peters(ed.), Psychology and Ethical Development (London: Allen & Unwin).

Gilligan, C. (1977) 'In a Different Voice: Women's Conceptions of Self and Morality'. Harvard Educational Review, 47, 418-517.

本章解答

頁數	短文	解答
255 ▶ 找出理論		只有兩個文本有明顯的理論觀點。分別是： 〈文本 10〉：倫理道德的議題應該被視為「兩難」的困境，而不是單純的對與錯。 〈文本 12〉：道德行為容不容易遵守，會影響人們的行動。
257 ▶ 將論證分類		〈文本 1〉：詭辯類、藝術類 〈文本 2〉：詭辯類、慈善類 〈文本 3〉：經濟類、法律類 〈文本 4〉：經濟類 〈文本 5〉：慈善類、詭辯類 〈文本 6〉：經濟類 〈文本 7〉：法律類、經濟類、道德類 〈文本 8〉：詭辯類、法律類 〈文本 9〉：詭辯類、法律類 〈文本 10〉：道德類、法律類 〈文本 11〉：皆不符合 〈文本 12〉：道德類、經濟類

頁數	短文	解答
259 ▶ **正確解讀**	9-1	B：錯誤解讀。原义沒有説作者本人有提供任何服務。
	9-2	A：正確解讀。
	9-3	B：錯誤解讀。原文很清楚地主張盜版就是一種偷竊行為，沒有任何例外。但是〈短文 9-3〉有加水的嫌疑，因為它用了「通常」、「大部分」這樣的字，暗示可以有例外。
	9-4	A：正確解讀。
	9-5	B：錯誤解讀。作者的論點是：園藝人分送免費植栽，等於是欺騙培育這些新品種的人。原文確實暗指個人園藝家實際上不太可能被告，但這並不是論證重點。
	9-6	B：錯誤解讀。原文確實認為，法律在決定什麼是是非對錯時，並沒有經過民主的程序。它也主張，人們如果能夠為自己的信仰挺身而出，就會帶來正面的改變。原文並沒有提供任何建議，而是抽象地指出，是非對錯是複雜的問題，道德的議題可以從很多觀點來看。它的意思是，關於正義這個概念，應該有更多公開討論的空間。由這些證據看來，原文並沒有鼓吹大家不要再守法。

UNIT

10 評論與分析性寫作
——批判性思考的技巧運用在寫作上

本章學習目標

† 瞭解評論與分析性寫作
的性質

† 知道如何適當運用文字
導引論證方向

† 比較數篇文章，找出評
論文章的特點

寫評論文章時，必須整合其他批判性思考的技巧，
才能讓讀者看到一個強而有力的論述。這表示必須
適當過濾與分析證據，並且將目標讀者放在心上，
才能夠正中紅心。

前面幾章大部分都從讀者的觀點來討論論證的特
點，本章我們要從寫作者的角度，來看評論與分析
文章的特色。除了討論一般的特色之外，重點也會
擺在呈現論證所使用的語言上。

前面幾章我們強調論述要有清楚的思考方向。說話
時可以提高音調、變換速度、暫時停頓或利用肢體
語言來協助聽眾聽懂你要說的話，但這些換成文
字，特別是正式的文章時，通通沒辦法用。因此，
我們更需仰賴寫作的技巧，把文章的氣氛鋪陳好，
隨著文章進展摘要重點，並且利用大家都懂的轉折
字詞來引導讀者注意論述轉折之處。

評論性質的文章特別需要多次修改草稿，重新編
排。作者必須確定最後一版的草稿已經具有評論文
章的特色，完成的作品才算是一篇好文章。好文章
要論點清楚、結構分明，適當應用寫作技巧，例如
信號字，讓讀者不需要讀到最後，也能隨著作者逐
一呈現的證據中，得知作者將會做出什麼結論。

1 評論文章的特色

內容

評論文章的重點，是要證明某個說法或觀點。所以須提出理由與證據、比較與評估其他可能的論點、反駁對立的證據，然後依靠這些真憑實據做出判斷、得出結論。一般的背景知識非必要不會使用，而描述的部分越少越好。

考慮目標讀者

寫作評論文章，一定要隨時記得你的讀者是誰。論證的目的就是要說服別人，所以在寫這類文章的時候，就必須考慮別人，尤其是可能不認同這些證據或結論的人，會怎麼看待你所傳達的訊息。評論文章寫得好的人，會知道哪些部分具有爭議，以及要用何種證據來讓可能反對的讀者心服口服。

清楚易懂

評論文章應該越清楚越好。文章的目的是要說服讀者，寫作的風格就要讓人很容易就看懂。句子太長、太複雜，或標點用得不好，都會讓人看不懂作者到底要說什麼。因此，評論文章的文字簡潔為重，強調事實，少用形容詞、情緒性或花俏的文字。我們的目的是盡可能地表達特定的觀點，讓一般程度的讀者都能瞭解。必要時可以使用術語，但千萬不要是為了誇耀而用。

分析

寫作評論文章，是一種仔細檢視證據，然後加以評論的寫作方式。它特別會去衡量證據的優缺點，一五一十展現在讀者面前，所以讀者很清楚作者為什麼會做出那樣的判斷和結論。

挑選

　　細節寫太多有可能會模糊論述主軸，讀者反而會失去耐心看不下去，認為這個論證太弱。而且通常作者也不可能把所有支持論證的細節通通分析一遍。另一方面，細節說得太少，也會讓人覺得作者的論點根本沒有具體證據。

　　高明的作者懂得挑選最重要的論點來仔細討論，而且往往是挑最具爭議性的部分。至於其他部分則簡單帶過，代表他不是不知道，只是沒有進一步評論而已。好的評論文章會適當分配文章篇幅，讓細節分析的部分和敘述論點與證據的部分所占的比例都恰到好處。

從一篇好的評論文章可以看得出來，作者知其前後順序

　　論證越複雜，資訊的呈現就應該更井然有序，幫助讀者看懂內容。評論文章寫得好，很容易就可以看出重點。讀者如果能夠輕易看出前一件事與下一件事之間的關聯，而這些事和主要論點又有什麼關聯，就能輕易瞭解作者的論述重點。下面會談到的「指標用詞」（signposting），有助於讀者瞭解作者的順序安排。

最好的排序方式

　　一般來說，把支持論點的證據放在前面，是比較合邏輯的作法，這樣可以讓人有先入主的概念，更容易接受你的觀點。閱聽者會把先出現的事情當作基礎來詮釋後面的事情，所以先寫論點是比較好的作法。

　　不過，你的目的如果是要證明某個大家都相信的論點是錯的，那麼在提出替代方案之前，自然得先分析並瓦解原有的論點。知道什麼是最重要或最具爭議的觀點，會需要最多的篇幅來處理這個部分。如果這部分可以說服讀者，其他地方就不需要太費力了。

　　為了呈現最強而有力的論證，高明的評論文章作者，會思考要讓讀者最先讀到什麼訊息。他們會不斷重複問自己這些問題：

↗ 這樣是最好的順序嗎？還可以更好嗎？

↗ 這部分要放在哪裡最適合？

↗ 我的論述一路讀下來都很清楚嗎？

↗ 如果把這份資料移到另一個地方，論述會比較清楚嗎？

類似的內容放在一起

一篇文章中，類似的內容應該要放在一起。舉例來說，你可以先談所有贊成同一個論點的意見，再談所有反對這個論點的意見。一項證據分析完後，才分析下一項證據，而同一項證據從不同的角度來看，可能有些是屬於贊成的，有些是反對的，但也一樣先把贊成的角度都說完了，再分析反對的角度。無論如何，隨時都要注意是否將同一類的資訊放在一起，讓文章更容易閱讀，千萬不要讓讀者覺得好像在幾個論點之間跳來跳去。

指標用詞

一篇好的評論文章，可以讓讀者輕易地從頭看到尾，不需要停下來思考論證的重點何在，或作者到底是贊成還是反對。好的作者會在整篇文章中穿插一些轉折字詞當作「指標」，讓讀者知道現在到了哪個階段，這一點跟前一點之間又有什麼關聯。

評論文章通常不能用圖示來強調重點，也盡量不要用斜體、粗體、大寫、放大字型、有顏色的字或箭頭等各種特殊的方法來標示重點。它靠的是良好的排列組合，以及貫穿全篇的「指標用詞」來幫助讀者一路讀下去。

2　Setting in the scene for the reader & Activity
先給讀者一些基本概念 & 練習

表達意見通常不會只要說出理由和結論就好，當時的情況以及產生這個意見的理由，都是決定還需要寫哪些相關重點的因素。要讓論證產生期待的效果，就不能不考慮下面這幾點：

↗　讀者需要知道或期望知道哪些背景資料？

↗　哪些是讀者已經知道的事？

↗　哪一種理由和證據最可能讓目標讀者信服？

慣例與常規

比較學術性的主題，對於論證的表達形式都有一些慣例和常規。譬如期刊論文的規範，就和報紙文章或日常談話的習慣不一樣。論文所需要的背景資料通常可分成以下兩種：

✝ 與這篇論文相關的研究

✝ 這篇論文用來收集與分析證據（尤其是數據）的研究方法

找一些跟你的研究主題有關的期刊論文，看看它們怎麼處理背景資訊。

☐ 論文各個章節中的背景資料是多還是少？

☐ 用了哪些資料？

☐ 沒用的資料又是什麼？

背景與歷史

評論文章中的背景資料通常越少越好，第 296 頁關於「風水」的文章就是一例。只有跟論證有關時，才需要提到相關的歷史與背景資料。以下面這個例子來說，主題是「魚類如何占領出海口？」歷史不僅跟這個主題有關，也是一個支持結論的理由。

範例 1 「背景」即理由

從歷史上來看，魚類是很多動物的食物，為了要增加存活的機率，它們會產下大量的魚卵。這些魚類移居到出海口時，一樣會下很多卵，但是因為那裡還沒有天敵可以抑制它們繁殖的數量，出海口就這樣被它們占領了。

如果題目變成「敘述十年來銀行業務的變化」，下面這個例子提到的歷史資訊就是多餘的了。

範例 2 多餘的資訊

銀行業是一種古老的行業。早在十五世紀，漢薩同盟（Hansa League）就已經發展出類似匯票的東西。

定義

在論述中使用的字詞如果不只一個解釋，習慣上都要加以定義，這樣讀者才知道作者真正的意思，降低誤解的機會。

範例 3

人類是唯一具有靈性的動物嗎？這一向是個備受爭議的問題，不過越來越多研究顯示，動物，甚至是一些沒有生命的物體，也具有這樣的特質。在討論動物和無生命物體有沒有靈性之前，我們要先來定義，什麼是「靈性」。

練習先給讀者一些基本概念。下面這些論證的作者有沒有先提供讀者一些基本的資料，讓讀者可以順利閱讀一篇關於食品生產理論的論文？

短文10-1　生產主義已是昨日黃花？

生產理論是在一九三〇年代的經濟蕭條和糧食短缺之後發展出來的理論。歐爾（Orr）、史泰普頓（Stapleton）和朗特里（Seebohm Rowntree）這些學者主張，如果可以用科技來改良農耕方式，可以生產出更多食物，這世界就不會再有饑荒了。本文的論點是：生產主義確實發揮過某種作用，因為原來飽受饑荒摧殘的地方，有些已經擺脫了饑荒的夢魘，而全球的饑餓人口也逐年減少。但是儘管科技確實成功製造更多食物，生產主義的其他層面卻也削弱它在社會改革上的力量。本文將探討幾個生產主義的負面效應，包括生物種類因此減少、汙染問題、農業區人口外移，以及犧牲小農將權力轉到商人手中。本文將證明，生產主義還沒有過時，只是必須用新的生產方式來服務消費者、食物製造者以及地球的生態。

短文10-2　生產主義已是昨日黃花？

生產主義已經過時了。歐爾、史泰普頓、歐文（Orwin）以及朗特里等這些鼓吹生產主義的學者，當初是受到社會利他主義的感召而創出這個理論的。他們不要老式的農耕方式，也不要再看到一九三〇年代恐怖的饑荒場面和全球性的經濟大蕭條。他們看到了救星，這個救星就是科技。在那個時代，即使是想像力最豐富的人，也想像不到科技會有今日這樣的發展。然而，現代的科技發展不是當初人們所期待的，我們需要新型態的生產模型。社會與生態的力量，將會讓生產主義這個理論成為昨日黃花。

生產主義已是昨日黃花？

生產主義最大的問題，是對科學期待太多，而科學不能完全符合它的期待。生產主義強調要生產越來越多的食物，結果已開發國家的人就以為食物供給是可以無止境的。兒童肥胖問題隨之而來。有些人食物過剩，有些人沒東西可吃。食物太多也不見得是好事，很多我們吃的東西都是「垃圾」，根本沒有多少營養價值。

生產主義已是昨日黃花？

產製食物一向是人類活動的重心。亙古之初，人類就一再尋找增加食物的方法。沒有食物我們就無法生存，這是任何社會都必須嚴肅面對的問題。不幸的是，大多數時候，饑餓甚至饑荒的幽靈，總是在人類頭上徘徊不去。一九三〇年代情況更是嚴重，連富裕的國家都大受影響。生產主義就是在這樣的危機之下誕生的。

解答見第 310 頁

Writing up the literature search
寫文獻研究

第八章我們提到進行文獻研究的方法，以及如何判斷可靠的消息來源。你閱讀的資料一定會比文章裡需要的背景資料還要多很多，所以這些資料一定得經過篩選。

散文式的文章

散文和隨筆這類文章的重點是作者自己的論述，在文章開頭先來一段文獻探討的情況並不常見。通常是在文章中隨時提一下相關的參考資料。在散文式的文章中加入背景資料的目的是：

↗ 幫助闡述重點，或讓你的理由更有說服力。

↗ 如果你要駁斥別人的觀點，當然就得先介紹一下這個觀點。

↗ 提出這個領域知名作者的研究或論證，證明它們支持你的觀點，這會讓你的論證更有說服力。

報告、論文及企畫案

報告、論文和企畫案通常會在一開始先簡單敘述一下研究的背景和參考的文獻，所占篇幅大約是全文的十分之一。文獻探討部分的重點是：

↗ 舉出兩、三種對你的研究最有影響、最重要的背景資料，包括理論、觀點或他人的研究論文等。

↗ 說明這些參考文獻彼此之間有沒有關係、是什麼關係。這部分通常會跟年代先後順序有關。

寫出二至五份相關的研究，稍加敘述，內容只要能讓讀者知道這些研究的意義，以及跟你的報告或論文有什麼關係即可。其他參考資料只需要簡短帶過。

正確性

提到他人的作品時，務必與原始資料確認，或仔細核對你的筆記。該檢查的項目如下：

- ↗ 理論或發現有沒有張冠李戴？
- ↗ 日期對不對？
- ↗ 名字有沒有寫錯或拼錯？
- ↗ 是否正確解讀這些資料的意義與重要性？

解讀

批判閱讀不只需要挑選的功夫，解讀的能力也很重要。我們在第 260-263 頁建議邊閱讀邊記筆記，這種方法會幫助你在下筆時，更容易寫出自己的看法，而不只是抄錄別人的話而已。寫散文或隨筆時不一定要採用沒有人用過的策略，只要用你自己的文字寫出你想說的話，這就是你對某件事的解讀。這樣的原則同樣適用於報告、論文或企畫案的「文獻研究」部分。

引用參考資料該注意的事

切記，除非只是簡短引用，並且註明資料來源，否則不管是從網路還是從書面來源複製資料都是不對的行為。引用資料的基本原則請參考〈第九章〉（p. 278-281）。

4 Words used to introduce the line of reasoning

引導論述進行的文字

表示論述方向的文字

〈第三章〉最後面，我們介紹了一些帶出論證結論的信號字。除了結論以外，作者也會在論證的各個階段用不同的文字來引導讀者。這些文字代表了論述進行的方向。

閱讀各種文本時，你可以利用這些字來快速找到論述的重點。我們在第304 頁提供了一個這類字詞的列表，你也可以用在自己的論述文章中。

在一篇論證中，不同的字有不同的功能。有些是在論述開頭使用，有些用來強調重點，有些代表接下來是另一種觀點，有些則表示結論。這些字又稱為「連接詞」（connectives），因為它們將論證的各個部分連接起來。

論述開場白

我們會用特定的字來開展論述。這些字有：

首先	first
首先也是最重要的	first of all
一開始	to begin with
最初	first and foremost
我將⋯⋯開始	at the outset
	initially
	I will start by . . .

範例 1

- ☑ **一開始**〔I will start by arguing that〕，我要強調，風水不只是一種裝飾藝術，它對各個生活層面都很重要。
- ☑ **首先**〔First of all〕，猴子或老鼠這些動物大腦中的新皮質大小，可以透露很多這些動物的社會習性。
- ☑ 思考化學在商業社會中所扮演的角色，**一開始**〔at the outset〕，很重要的是，我們必須承認化學是可以以商業手法運作的東西。
- ☑ **首先**〔Initially〕，我們要討論多孔石能不能作建築石材使用。

要注意的是，這些信號字並不見得會出現在論述的第一個句子。以這個例子來說，前面一定還有一句或一段前言作開場白，就像下面這個例子一樣。

範例 2

風水三千多年來都是中國社會的一部分，在西方也越來越流行。有人認為風水之所以在西方風行，是因為西方人在房屋裝飾上越來越注重簡單，與極簡主義有關。這種看法是錯的。一開始，我要強調，風水不是裝飾藝術，它對生活各個層面都很重要。

強化論述的文字

我們可以用某些字來表示，論述在這裡加入了新的資料，強化論述的力量。這些字包括：

也；同樣地	also
也	too
此外	in addition
除……之外	besides
而且	furthermore
再者	moreover

加入類似的理由

除了已經談過的理由之外，作者可以再加入類似的資料，加強論述的力量。這時可以使用的字包括：

similarly, equally, likewise, in the same way

範例 3

☑ **同樣地**（Similarly），中國武術也不只是打架的功夫而已，它是一種瞭解心靈的工具。

☑ 研究人類新皮質的大小，我們**一樣**（in the same way）可以瞭解人類社會習性的發展過程。

☑ **同樣地**（Likewise），利用化學知識來解決生物問題，開啟了新的商機，許多衍生產業也因此而發展開來。

加入不同的理由

有時候，作者強化論述的方法是加入不同的理由，這時會用到的字詞有：

in addition, besides, as well as, not only . . . but also . . .

範例 4

☑ 風水**不只**（not only）能照護健康，人們也相信它可以招財進寶、保障前途。

☑ 像黑猩猩這類動物幫彼此打扮所花的時間，**不僅**（not only）與其社會圈的組成有關，也跟那個圈子的大小有關。

☑ **除了**（In addition）化學界的發展之外，資訊科技的發展也為生物化學研究在分子生物學方面開啟了新的可能性。

強化論述

有時作者也會用以下的字眼，來表示某個理由特別好，或這個理由讓論述更有說服力。

而且	furthermore
此外	moreover
確實	indeed
例如	what is more
	such as

範例 5

☑ **而且**（Furthermore），風水還可以應用在商業上，讓消費者和員工心情愉快。

☑ **此外**（Moreover），人類的語言發展可能與人類社會的大小有直接的關係，而打扮也因為同樣的原因，不可能成為人類主要的溝通方式。

☑ 科學學門鼓勵跨領域研究（例如物理與材料科學），這項重新整合的成果**確實**（indeed）讓研究者興奮異常，因為他們不只可以拓展每個學門的界線，更能夠探索全新的領域。

5 Signposting alternative points of view
標示其他觀點的字詞

提出其他觀點

　　嚴謹的論述通常會將其他觀點拿來分析評論，讓讀者知道作者做過研究、考慮過各種角度；他是經過深思熟慮的，並不是想到什麼就説什麼。論述中有考慮其他觀點，通常會更有説服力。用來標示作者「現在要提出其他觀點」的文字，包括：

另一種看法是	alternatively
有人認為	others argue that
可能有人會說	it might be argued that

範例 **1**

① 可能有人會說（It might be argued that），風水沒有經過嚴謹的科學研究證實。

② 另一方面（On the other hand），並不是所有的人都認為動物行為跟人類行為有任何類似之處。

③ 另一種看法是（Alternatively），有人認為生化研究的主要任務是拓展人類的知識，這個目的不應該因商業需求的影響而變質。

反駁其他觀點

　　就像前面所説的，論述中常會提到其他觀點，加以反駁或指出其缺失，然後證明作者的觀點比較可信。用來駁斥其他觀點的字詞包括：

然而	however
另一方面	on the other hand
但是；仍然	nonetheless
儘管如此仍然	notwithstanding this

① **然而**（However），很多風水的奉行者本身即是科學家。

② **儘管如此**（Nonetheless），人類和黑猩猩及人猿等靈長類還是有很多類似的特質。

③ **儘管**（notwithstanding）有這麼反對的觀點，科學與商業的結盟仍然可以帶來許多益處。

④ **雖然**（Notwithstanding the argument that）有人認為白堊石也是多孔的石頭，而拿多孔石來當建築材料風險比較高，然而在某些情況下，白堊石還是可以當作堅固的建築基礎。

對照與反駁

在討論其他觀點時，作者可能會在自己的觀點和對立的觀點之間來回論述。通常的作法是，先用一個理由談一方的觀點，再用同一個理由檢驗另一方的觀點，如此反覆討論；另一種作法是將所有支持另一種觀點的證據，拿來和己方的所有證據相對照。顯示這種對照過程的字詞包括：

雖然	although
相反地	conversely
相對地	by contrast
一方面……，另一方面	on the one hand...; on the other hand...
事實上	in fact

① **一方面**（on the one hand）有人認為，風水依據的是西方人不可能瞭解的神秘法則，例如陰與陽；**另一方面**（on the other hand）也有人認為，風水只是一些常識，任何人都適用。

② **雖然**（although）人類的語言也可以表達複雜的抽象概念，但是在傳達深沉的感覺和創意的思想時，卻常有詞窮之憾。

③ 有些研究人員認為，即使他們不想跟商業扯上關係，也不得不申請專利。但是**相對地**（by contrast），也有人抱怨，他們要將自己的研究成果申請專利，卻得不到支持。

④ 房子蓋在基岩上比較好。**相較之下**（By contrast），蓋在沙灘上的房子一段時間後可能會沉沒。

表示結果與後果

　　説明理由之後，作者就應該做個綜合整理。論述到最後通常都會有這個部分，但是作者也可能在論述之中，分好幾個階段做個暫時的綜合整理，讓讀者不至於在長篇大論中失去論述的主軸，也可以強化重點。這個技巧我們在「暫時性結論」一節中（第 121 頁）已經討論過了。可以用來將結論做個總結的字詞包括：

因此	as a result
最後	as a consequence
結果	hence
因此	thus
因為這樣	consequently
	because of this

範例 4

① **因此**（As a result），可以知道職場上的風水原理適用於住家。
② **因此**（Thus），言語的溝通方式讓人類之間的溝通更有效率。
③ **因為有**（As a consequence）商業當後盾，很多科學研究機構的基礎建設有了長足的進步。
④ 沙子會隨著時間的改變而位移，**由此可見**（hence），蓋在沙上的房子有沉沒的可能。

練習

檢查

找三、四篇跟你的研究主題有關的文章，翻閱一遍，看看作者分別在論述的各個階段用了哪些字來表示：

☐ 用什麼字介紹主要的論點？
☐ 用什麼引導論述前進？
☐ 用什麼字總結論述？

6

Words used to signpost conclusions
標示結論的字詞

結論

　　所有的證據和結論都應該導向結論。即使是討論其他觀點，主要的目的也應該是加強主要論述的立場。作者常用來標示結論的字詞有：

因此；因而	therefore
結論是	in conclusion
因此，我們可以知道	thus
	thus, we can see

　　文章篇幅較長時，結論可能不只一句話，而是一整段甚至好幾個段落，這部分通常會放在文章的最後面。此外，作者一路鋪陳論點時，也必須隨時清楚提到結論，讓讀者對閱讀內容有整體的概念。

　　至於短一點的文章，我們在前面已經提過，結論可能會放在文章一開頭，而非結尾。

> **範例**

1. **總之**（In conclusion），風水不只是一種裝飾藝術，而是複雜的環境配置系統，可以和外在世界建立更平衡、和諧的關係。
2. **就這樣**（Thus），由於人類必須和外界建立更有效率的溝通，我們的大腦也會因應這樣的需求而不斷進化。
3. **因此**（Therefore），商業合作可以為學術研究帶來極大的進展。
4. **因此**（Therefore），我們務必要對基本的岩石結構進行充足的測試，並且謹慎思考將房子蓋在非基岩的地表上，可能會有哪些後果。

練習

請閱讀下面這兩篇短文，並在論述中加入標示論述階段的字詞。

短文10-5

聽障者自有屬於他們的語言，這種語言以手勢、肢體語言和臉部表情為主。由於一般人沒幾個懂得他們的語言，聽障者和一般人之間的溝通往往不是很順利。聾胞常會形成牢固的社交文化圈，但往往被排除在主流文化之外，才華也沒有被善用。一般人覺得沒有辦法融入聾胞的交談中，也不知道該怎麼對待這些有聽力障礙的人。如果學校可以上手語課，聽障生與一般生就可以學會相互溝通的方式，這會是皆大歡喜的結果。

短文10-6

全球化似乎已是不可避免的趨勢，但全球化是好是壞，至今仍爭議不斷。有些人認為，國與國之間日益頻繁的接觸，可以加強彼此的瞭解，降低戰爭的可能性。由於資訊電子化使得資訊取得容易，各國可以互相比較彼此的狀況，有助於改善全球的民主與人權。有些人把全球化視為災難。他們認為，在國際貿易以及政治交涉上皆使用強勢國家的語言，弱勢民族的原始語言會逐漸消失。在他們眼中，全球化往往代表大企業不斷砸錢，進軍窮國，破壞當地的經濟，榨乾當地的資源。儘管全球化確實有它的優點，但我們還是需要加以控制，才能避免較貧困的經濟體被剝削殆盡。

解答見第 311 頁

7 標示論述進行的英文字詞

Words and phrases used to structure the line of reasoning

我們將前面談到的各種信號英文字，做成列表供參考。

作用	用語	英文		
導入論述				
開場之用	首先	first first and foremost initially	first of all at the outset I will start by...	to begin (with)
發展論述				
用類似的理由 來強化論述	同樣地	similarly in the same way in the same line again	equally indeed also besides	likewise correspondingly too
用不同的理由 來強化論述	也	also again too neither	in addition as well as not only...but also...	besides either neither...nor...
更強烈地強調	此外	furthermore indeed	moreover what is more	
討論其他觀點	其他觀點	alternatively others argue that...	a different perspective on this... it might be argued that...	
反駁其他觀點	然而	however nevertheless in spite of this at the same time	on the other hand notwithstanding this despite this	nonetheless in any case even though
相互對照	相對地	by contrast on the one hand...	although... on the other hand...	conversely in fact
做結論				
表達結果 和後果	因此	therefore as a result thus from this we can infer that from this we can deduce that...	this suggests that... as a consequence consequently	this indicates... hence because of this
結論	結論	therefore thus we can see	in conclusion thus	

8 Drawing tentative conclusions & Activity
得出暫時性結論&練習

研究計畫、論文、專書等學術性寫作，通常會避免使用太武斷的文字，多半會帶點保留。就像下面表格所列：

避免使用的字	建議使用的字		
所有的（all） 每一個（every）	大部分（most）	許多（many）	有些（some）
總是（always）	通常（usually ） 常常（often） 尚未（haven't yet）	一般（generally） 大部分情況（in most cases） 到目前為止（so far）	
從不（never）	很少（rarely） 不太可能（it is unlikely that）	少數（in few cases）	
證明（proves）	證據顯示（the evidence suggests） 指出（indicates points to） 可能是（it would appear）		

範例 1

在十六世紀英國的宗教改革運動中，王公大臣們下令摧毀聖餐杯和聖壇屏這類宗教的裝飾物，這類物品也從此在教堂裡銷聲匿跡。不過，在都鐸王朝篤信天主教的瑪麗皇后短暫當政其間，這些物品又得以問世。瑪麗皇后一當政，聖餐杯和聖壇屏很快又出現，**暗示著**（this suggests that ... ）這些東西並沒有真正被銷毀，**看起來**（it would appear that ... ）民眾**可能**（simply）只是把這些東西藏起來。這也**進一步暗示**（this further suggests that ... ），宗教改革並沒有如大家原先認為的那麼受到民眾支持，而很多人也暗自期待能夠重回天主教的懷抱。

在這篇短文中，作者認為宗教物品得以如此快速再度出現，有可能是因為這些東西只是被藏起來，並沒有被銷毀。作者因此提出他的看法，認為這項證據表示民眾比較喜歡原來的宗教習俗，這和先前一般的認知不一樣。

這是很敏感的結論，不過作者的用字有點保留，表示他接納其他的可能性。譬如說，當時製作那些物品的技巧可能比一般認為的還要好，所以那些物品確實被銷毀了，只是重製的速度非常快而已。

另一個可能性是，民眾可能感覺新教也許很快就會被推翻，屆時他們可能會因為摧毀聖器而受罰，所以他們可能是比較喜歡新教的，只是把違禁品先藏起來，要是真有萬一的話可以保護自己。

學術文章的作者一定要隨時記得，永遠會有其他解釋或意外的發現，讓即使是最根深柢固觀念都有可能被推翻。上述這個例子的作者就用「暗示」、「看起來可能」、「這也進一步暗示」等字來讓結論不要顯得太武斷。

範例 2

> 在每個石塊上倒上少量鹽酸。第一個石塊發出硫化氫的味道，聞起來像爛掉的雞蛋，**這表示**（suggest）它可能是方鉛礦（galena）。第二個石塊則發出嘶嘶聲，顯示它在釋放二氧化碳，這塊石頭有**可能是**（may be）鮞狀石灰岩（oolitic limestone）。

這是科學性質的學術文章，作者用實驗來判斷岩石的種類。雖然實驗幾乎已能確定答案，但作者的文字還是十分含蓄，因為如果這些石塊的礦物質含量和結晶粒大小等不符合該種岩石的特性，結論就可能大不相同。舉例來說，發出嘶嘶聲的石塊確實也有可能是化學成分類似的白堊石或大理石。

練習 **下結論**

以下這兩段短文的結論，是否恰當地使用含蓄的語氣？

Unit **10** 評論與分析性寫作

短文10-7 詮釋新發現

從歷史記載我們得知，探險家發現新的土地時，會用原先想尋找的東西來詮釋實際上看到的東西。舉例來說，十四、五世紀的旅人，總是寫信回家鄉說他們找到了巨人和綠人。而在此之前，馬可波羅航向中國，希望能找到獨角獸，結果真的以為他在爪哇看到的獨角動物就是獨角獸，根本不管那隻實際上是犀牛的動物，與傳說中的獨角獸毫無其他相似之處。不過，和那些宣稱看到巨人或後來相信自己確實聽到猩猩說話的探險家的不同之處是，馬可波羅似乎正確形容了他所看到的犀牛，這表示或許（this suggests that . . .）不是所有人遇到新發現的事物時，反應都一樣。此外，也有可能（it is possible that . . .）最近幾十年不時有新發明或新發現，人們已經習慣接受新事物了。

短文10-8 RNA才是真正功臣

雖然我們常在媒體上聽到DNA這個詞，尤其是在進行人類基因圖譜的繪製計畫後，相關報導更多，不過我們卻不太知道RNA對於細胞再生有什麼作用。RNA的全名是核糖核酸，是基因運作不可或缺的成分。其中一種RNA負責解讀DNA中的訊息，還有其他幾種RNA負責製造蛋白質，並且將蛋白質送到需要的身體細胞處，這樣細胞才能發揮成長或再生等必要功能。雖然DNA掌握的訊息可以幫助我們瞭解下一代的特質，但要是沒有RNA，DNA也一無是處。因此，看來RNA才是細胞再生真正的大功臣。

　　〈短文10-7〉檢視歷史上的人物在發現新事物時解讀它們的方式。本來要對方法、態度、信念等做出絕對的判斷就不容易，更何況這些事情還是發生在久遠的歷史上。作者用了「這表示或許」、「也有可能」等語氣上有點保留的文字，來表示他所做的結論是有商榷餘地的。舉例來說，現代人可能會認為越來越難發現新事物，所以等真有所發現時會更興奮也說不定。作者很恰當地使用了含蓄的文字。

　　〈短文10-8〉認為，RNA對於細胞再生比DNA還重要。相較於人的態度和反應，科學性質的判斷，較能接受精確的驗證，所以語氣通常也比較肯定。儘管如此，大部分科學研究的目的，也往往是要證明它的研究假設，要挑戰現有的法則。科學界的人都有此認知：任何科學法則都可能被將來的研究推翻，或至少在特定情況下會被推翻。這一篇文章跟上一篇比起來，語氣比較肯定，很符合科學性質的主題，不過整體結論還算含蓄，因為將來還可能有更多研究揭露DNA與RNA至今尚無人知曉的角色。

本章摘要

　　評論性質的寫作會用到很多前面章節所討論的技巧，譬如如何展開論述，如何分析、評估與挑選證據，如何下判斷，還有如何適當安排讓理由引導讀者看到結論。

　　然而，以口語表達的論證可以利用肢體語言或聲音技巧來強調重點，對話本身也可以將論述分成幾個較小的段落，但是寫作時能夠運用的只有文字，作者就必須利用寫作技巧組織文章，並善用適當的信號字來引出不同的論述階段。

　　論述文章一開始，必須先讓讀者有一些基本概念，一開始就知道作者想要他們知道的結論會是什麼。作者通常會先提出自己的立場、結論和理由，讓讀者先熟悉作者的觀點。背景知識不要寫太多，剛剛好就好。同樣地，論述最後必須清楚寫出結論，如果有必要的話，論述中也可以先提供暫時性的結論。

　　換句話說，在整篇評論文章中，作者必須隨時想到讀者，不要說出讀者聽不懂的話，不要賣弄文字，也不要使用太多資訊讓讀者失去了論述重點。作者應該挑出最相關的理由與細節，加以分組、排序、組織，讓讀者輕易瞭解作者的意思。前後順序安排妥當之後，再加上恰當的信號字，讓讀者知道論述的進度和結論的位置。

　　我們在本章一開始也提到，評論文章通常都有一些慣例和規範。譬如，評論分析的部分是最重要的，篇幅一定要比描述和背景資訊的部分多。這些既定的規範，會讓讀者知道他讀的是一篇評論文章，閱讀策略就會不一樣。在下一章中，我們會仔細分析二篇評論文章，到時你就可以知道，各種類型的文字是如何組合在一起的。

參考資料

Marco Polo and unicorns（馬可波羅與獨角獸）：Eco, U. (1998) Serendipities: Language and Lunacy (London: Weidenfeld & Nicolson).

Responses to discoveries of the Americas（關於發現新大陸的反應）：Elliott, J. H. (1972) The Old World and the New,1492-1650 (Cambridge: Cambridge University Press).

Rocks and minerals（岩石與礦物）：Farndon, J. (1994) Dictionary of the Earth (London: Dorling Kindersley).

Productionism（生產主義）：Lang, T. and Heasman, M. A. (2004) Food Wars: The Global Battle for Mouths, Minds and Markets (Sterling, VA: Earthscan).

RNA and DNA（RNA 與 DNA）：Postgate, J. (1994) The Outer Reaches of Life (Cambridge: Cambridge University Press).

本章解答

頁數	短文	解答
291-292 ▶ 先給讀者一 些基本概念	10-1	〈生產主義已是昨日黃花？〉 這篇是很好的範例，它證明一般的讀者不需要十分瞭解主題也可以看懂這篇文章。作者先解釋什麼叫做「生產主義」，然後簡單介紹這個主義的發展歷程。這篇前言讓讀者知道，接下來文章會談到生產主義的哪些優點和缺點，而作者的立場和結論也很清楚。
	10-2	這篇的風格比較誇張，描述也比較聳動。不過這種風格讓不熟悉這個主題的讀者很難瞭解到底什麼叫做生產主義。作者的立場很清楚，但是他並沒有告訴讀者他會如何鋪陳這個論述。
	10-3	這篇太快進入主題，沒有任何前言讓讀者先熟悉一下主題。作者直接呈現生產主義的後果，至於什麼叫做生產主義、生產主義又是如何產生這些後果的，作者完全沒有解釋。

	10-4	這篇說了太多人類社會的一般狀況，有些情況或許是事實，但是很難證明，和這個題目也沒有直接關係。結果作者說了一大堆，還沒有說到重點。
303▶ 標示論述階段的字詞	10-5	▶ 你用來標示論述階段的字詞如果和下面的答案不一樣，不見得是錯的。請和第304頁的表格核對一下，看你用的字恰不恰當。下面粗體的部分就是信號字。 聽障者自有屬於他們的語言，這種語言以手勢、肢體語言和臉部表情為主。**然而**，由於一般人沒幾個懂得他們的語言，聽障者和一般人之間的溝通往往不是很順利。**雖然**聾胞常會形成牢固的社交文化圈，但往往被排除在主流文化之外，才華也沒有被善用。一般人**也同樣**覺得沒有辦法融入聾胞的交談中，也不知道該怎麼對待這些有聽力障礙的人。**因此**，如果學校可以上手語課，聽障生與一般生就可以學會相互溝通的方式，這會是皆大歡喜的結果。
	10-6	全球化似乎已是不可避免的趨勢，但全球化是好是壞，至今仍爭議不斷。**一方面**，有些人認為，國與國之間日益頻繁的接觸，可以加強彼此的瞭解，降低戰爭的可能性。**再者**，由於資訊電子化使得資訊取得容易，各國可以互相比較彼此的狀況，有助於改善全球的民主與人權。**另一方面**，有些人把全球化視為災難。他們認為，在國際貿易以及政治交涉上皆使用強勢國家的語言，弱勢民族的原始語言會逐漸消失。**此外**，在他們眼中，全球化往往代表大企業不斷砸錢，進軍窮國，破壞當地的經濟，榨乾當地的資源。**因此**，儘管全球化確實有它的優點，但我們還是需要加以控制，才能避免較貧困的經濟體被剝削殆盡。

UNIT

11

分析！分析！分析！
——評量評論文章

這一章，我們要讓你練習比較同一個主題的兩篇文章。這兩篇文章都是依據第 336-342 頁的文本所寫的，〈第九章〉的閱讀與筆記練習也是以這幾篇文本為基礎。我們假設這兩篇文章的作者都看過第 336-342 頁的文本，然後各自決定哪些資料要用，哪些資料不用。

在下頁有一張查核表，幫助你有系統地評估〈文章一〉。查核表之後就是文章本身以及解說分析。〈文章二〉也是一樣的順序。這兩張查核表只是輔助的工具，如果你有不同的分析策略，也可以不用查核表。

閱讀這兩篇文章的時候，仔細想想，它有沒有符合這本書裡談到的批判性思考技巧？如果這是你最後交出的作業，編輯或教授會給你什麼樣的建議？把你的意見寫下來，然後和文章後的解說分析對照一下。內文中右上角的數字，代表後面的解說分析會談到這個部分。

我們在第 330 頁另外提供了一張查核表，幫助你用來評估自己的評論文章。

本章學習目標

† 比較兩篇評論文章，學會辨識一篇好的評論文章有哪些特點

† 先分析長篇評論文章的優缺點，再把你的看法和本書的意見相對照，看看你的評估技巧如何

† 利用有系統的查核表來評估你自己的評論文章

Checklist for Essay 1
〈文章一〉的查核表

請用這張查核表來分析次頁的〈文章一〉，然後將你自己的意見和
第319-321頁的解說分析做個比較。

	查核項目	是／否	意見
1	作者對這個議題的立場很清楚。		
2	可以很清楚看出支持作者觀點的理由有哪些。		
3	作者的結論很清楚，而且皆有相關證據支持。		
4	理由的順序安排很合論述邏輯。		
5	論述的架構十分清楚，很容易看懂。		
6	每一個理由都彼此相關，也都和結論有關。		
7	所有內容都和題目有關。（以這個練習來說，都在討論「無論如何，竊盜都是不對的。」）		
8	主要的理由和論點都明顯，讀者一看就知道。		
9	作者充分利用別人的研究來證明他的觀點，成功強化論述的力道。		
10	作者是否理性評論他人的觀點，尤其是與作者論點對立的觀點？		
11	提到別人的觀點時，作者是否加了註記？		
12	作者在文章後面有沒有提供參考書目？		
13	非必要的描述或背景資料，是否通通拿掉了？		
14	整篇文章是否有前後不一致的地方？		
15	作者是否因為個人看法或私利而做出不公平的論述？		

Essay 1
〈文章一〉

「無論如何，竊盜都是不對的。」
請以網路未付費下載音樂為例，討論上面這個論點。

　　竊盜有很多種。雖然大多數理性的人都會同意，像闖空門或搶劫這種竊盜行為絕對都是錯的[1]，但也有一些情況並不是那麼絕對。在本文中，我將把網路下載音樂的行為視為這一類的灰色地帶。

　　竊盜或許從開天闢地之初就存在了吧，至少在舊約聖經時期一定有，因為十誡裡，不可偷盜就是其中一誡。所有的宗教都認為竊盜是不對的，所以你以為大家對於何種行為才叫竊盜有共通的看法，那你就錯了。其他許多道德方面的議題也有同樣的狀況。儘管大家都認同竊盜是不對的行為，還是有很多人這樣做。事實上，竊盜算是非常普遍的行為，因此值得我們來探討，為什麼這樣的行為會如此頑強、長期存在[2]。

　　在網路盛行之前，人們習慣從廣播節目中錄下音樂。Lee（2006）說，因為這樣的行為根本不會被抓到，也就順其自然[3]。大家都知道有人這樣做，但唱片的銷售量還是一樣很高，顯然它對藝人和唱片公司沒有實質影響[4]。正因為如此，私錄音樂的行為在技術上來說雖然是違法的，但也只有在意利潤的唱片公司才會認為這是「竊盜」行為。沒有人知道以這種方法錄下了多少音樂，而且時至今日仍在進行之中。

　　Lee 接著又說，不能因為可能抓得到在網路上下載音樂的人，就認為這種行為比從廣播節目錄下音樂還糟[5]。Carla（2006）同意 Lee 的看法，她說從網路上下載音樂是「為音樂提供一個很好的服務」。她認為要是沒有這項服務，這世界就會「充斥枯燥乏味、無聊至極的主流音樂」。Hibbs（2006）[6] 也說，有越來越多人都在網路上未付費下載音樂，和朋友交流。既然大家都這樣做，這就不是什麼壞事，所以不要當它是錯誤的行為[7]。

　　網路下載會被歸類為竊盜行為，真正的原因是大型唱片公司不願意眼睜睜看著廣大的利潤流失。Spratt（2004）提到，大型唱片公司其實沒那麼在意一般人

從網路下載音樂，他們真正在意的是製作和販售盜版唱片的公司。既然如此，他們為什麼還是要持續對分享音樂檔案的個人提起告訴？其中很多人都是因為買不起合法版權的音樂，所以到網路上下載。除了貪心之外，別無其他解釋 [8]。

Cuttle（2007）[9] 說既然有消費就應該付費，付不起就不要享用。他認為免費下載音樂就是竊盜行為。Kahliney（2006）同意 Cuttle 的觀點。他說小公司經不起大家不付費就下載音樂，會讓他們虧本。即使只是複製個幾次，也會對員工人數不多的小公司造成很大的影響，甚至有可能因此必須裁員。這類公司發行的都是讓人聽不懂、不受歡迎的唱片，對大多數的樂迷來說，沒有什麼影響 [10]。

Carla（2006）說，大唱片公司往往不重視新出道的樂團，只有小型的獨立唱片公司才會注意到他們的存在 [11]。這些小公司工作人員少、資源也少，發行量有限，鋪貨點也沒辦法遍及全國，更別說是全世界了。大製作公司可以雇用專業的銷售人員，全面推銷產品，不只在商店販賣，甚至可以舉辦校園巡迴演出，把唱片賣給學生。學生是唱片最大的市場，所以能有機會好好向學生推銷的樂團，唱片一定賣得好，知名度也會提高。事實上學生的行事曆很滿，一個學期能安排演出的樂團有限，所以不是所有的樂團都能巡迴校園，而且很多樂團也負擔不起巡迴演出的費用。這就是網路下載對這些小藝人所提供的服務 [12]。人們免費下載音樂，表示有很多原本對這些音樂一無所知的人聽到了這些音樂 [13]。

我們不應該讓大公司的利益損及大眾（特別是沒什麼錢的人）的利益。企業只重視利潤，大公司就是因為利潤問題才不讓民眾下載音樂。他們終極的目的只是錢、錢、錢！從收音機錄下來的音樂品質不好，所以他們才不在意。如果他們真的從道德的角度來看竊盜問題的話，就應該同樣反對盜錄廣播音樂才對 [14]。

某些竊盜行為一定是錯的，例如對人或住家下手搶劫及偷竊。這篇文章一開始就說，竊盜是長久存在的道德問題，而且儘管大家都譴責竊盜是不道德的，還是不能遏止這種行為。這篇文章也討論了一些比較模糊的灰色地帶，對於網路下載音樂到底是對是錯，文中也提出了正反面的意見。對錯要視從哪個觀點來看－－在意利潤的唱片公司一定認為是錯的，而一般的樂迷就認為這是極好的服務。我們還要考慮歌手的收入，以及是否他們的音樂需要讓更多人聽到 [15]。這兩種看法各有千秋、見仁見智，相信這個爭議不會就此停息，還會是這幾年繼續發燒的話題 [16]。

3 Evaluation for Essay 1
〈文章一〉的查核結果

	查核項目	是否	意見
1	作者對這個議題的立場很清楚。	否	作者沒有清楚說出來，不過可以猜得到。
2	可以很清楚看出支持作者觀點的理由有哪些。	否	寫得不清楚。
3	作者的結論很清楚，而且皆有相關證據支持。	否	這篇文章看起來是認為未付費的下載行為是可以被接受的，但作者沒有把它正式寫成結論。最後一段只是將二邊的觀點做個摘要而已。
4	理由的順序安排很合論述邏輯。	否	由於作者沒有說清楚他的立場以及結論，所以這些理由看起來沒什麼特定的順序。
5	論述的架構十分清楚，很容易看懂。	否	文章的內容跳來跳去，看不出每個段落屬於論證的哪個階段。少了作者的立場和結論，讓讀者很難看懂論述的重點。
6	每一個理由都彼此相關，也都和結論有關。	否	看不出來各項理由之間的關聯。如果能在文章中間適時做個整理，用一些連接字詞串連理由、標示轉換重點，這樣就會清楚多了。
7	所有內容都和題目有關。（以這個練習來說，都在討論「無論如何，竊盜都是不對的。」）	否	大部分的內容或多或少都跟主題有一點關係，不過以題目來說，有些已經是離題了。換句話說，與題目沒什麼關係的內容太多了。
8	主要的理由和論點都明顯，讀者一看就知道。	否	作者的意見（例如關於大公司的貪婪）很清楚，但是論述不夠清楚。大部分的理由都沒有說得很清楚。
9	作者充分利用別人的研究來證明他的觀點，成功強化論述的力道。	否	作者沒有充分利用研究證據，也沒有充分利用討論道德層面的文本（文本 7、10 和 12）
10	作者是否理性評論他人的觀點，尤其是與作者論點對立的觀點？	否	作者有提到幾個似乎跟他看法不一樣的觀點，但是很快就敘述完畢，沒有仔細討論它們的涵義。
11	提到別人的觀點時，作者是否加了註記？	是	作者引用資料時有在內文中加註記。

	查核項目	是否	意見
12	作者在文章後面有沒有提供參考書目？	否	作者沒有寫出參考書目，所以讀者無法進一步查閱原始資料。沒有參考書目，內文中的註記就沒有什麼用了。
13	非必要的描述或背景資料，是否通通拿掉了？	否	第二段，以及關於校園的那一段都寫了太多不必要的描述。
14	整篇文章是否有前後不一致的地方？	是	作者前面寫到小樂團的段落，好像覺得他們的音樂是「不重要」、「不受歡迎」的，可是後面又說讓更多人聽到這種「不受歡迎的」音樂是好事。
15	作者是否因為個人看法或私利而做出不公平的論述？	是	作者讓個人看法壓制了他的論述。

Commentary for Essay 1

〈文章一〉的解說分析

以下序號與〈文章一〉中標示的號碼相對應。

1　「雖然大多數理性的人……」——作者把讀者劃分為「理性的人」與「不理性的人」，他假設自認為理性的人就會同意他的觀點。或許他的觀點是有效的，但並沒有證據證明眾人贊成或反對哪種竊盜行為。請參考〈第七章〉第188頁關於這類論述漏洞的討論。

2　這一整段幾乎都是以偏蓋全的敘述，而且一直重複第一段談到的事。編輯或教授應該會認為這一段很無聊，浪費了有限的字數。

3　作者敘述Lee對於私錄音樂的看法，並且認定唱片公司對此現象的態度是順其自然。對於這部分，作者沒有提出相對的意見，削弱了這個論點的力量。事實上，唱片公司很努力要遏止私錄音樂的行為（1980年代發起的「家庭拷貝扼殺音樂〔Home Taping is Killing Music〕」活動就是一例）。作者認定私錄音樂唯一的問題就是利潤，沒有提到侵犯藝人的智慧財產權等道德層面。作者要不是沒有仔細想過這件事，就是企圖要魚目混珠（參見第198頁）。

4　這是一個假設：作者並沒有提出證據證明藝人沒有受到這種拷貝行為影響。要是沒有私下拷貝的行為的話，銷售量或許還要更高。銷售量的一小部分可能是屬於藝人的，所以銷售量只要有任何減少，都會影響他們的收入，儘管比例可能很小。

5　作者沒有經過適當挑選，直接引用過多Lee和Carla的看法。Lee這份資料來源還算可靠，但Carla這篇的來源是支持免費下載音樂的網站，在這裡回應的人都具有利害關係，因此他們的論點是比較不可靠的（參見第218頁）。文中也直接認定，少了音樂下載，音樂界會「枯燥乏味、無聊至極」。作者應該進一步分析這個假設，例如提及在沒有網路的影響之前，音樂在不同時期和不同的文化之中有些什麼樣的發展和變化。

6　Hibbs 這一篇的可信度是有問題的，但是作者既沒有討論也沒有分析，直接重複它的觀點，彷彿那些都是事實。

7　「所有的人」都那樣做，那件事就是對的——這樣的論述是有漏洞的。參見第200頁。

8　作者這一段論述會引起很大的爭議。他主要的論點是「貪心的」唱片公司竭盡所能要守護他們的利潤。要是作者能提出相關證據來支持這個說法，會比較好。作者必須做點研究，瞭解唱片公司的獲利下降和網路下載行為增多兩者之間有沒有關聯。同樣地，作者也必須找一些證據來，讓讀者相信人們在網路上下載音樂是因為買不起。原始文本裡有一些相對的觀點，但作者沒有挑來用。作者顯然只挑對他有利的資料，然後直接下結論。作者的立場可能是有道理的，只是文中所提出的理由沒能支持它。

9　論述到了這裡似乎突然大轉彎，因為作者舉了幾個論點都認為網路下載是錯誤的竊盜行為。最好在這裡加上一段，把作者前面的觀點做個簡單摘要，表示接下來要談另一種觀點。標示論述階段的字詞請參見第295頁。

10　Cuttle和Kahliney反對非法下載行為的論點似乎很有道理，但是作者太快跳到下面去，沒有做任何分析。這一段結尾的結論重點在於多少樂迷受到影響，這與下載音樂是不是竊盜行為沒有任何關係。即使這些音樂確實「讓人聽不懂」，免費下載這些音樂仍可算是竊盜行為。作者沒有進一步解釋他的觀點，讀者很難瞭解為什麼會出現這樣的論點。

11　現在論述又回過頭來，支持免費下載音樂是合理的行為。和前面一樣，作者還是沒有整理一下前面的論點，讓讀者瞭解到目前為止談到哪裡，也沒有用適當的信號字告訴讀者要換重點了。

12　談論校園巡迴演出的部分和全篇不成比例，大部分的內容都太囉唆了，也跟主題無關，論述的重點也因此被淹沒了。

13　這一段直接引用〈文本1〉（第336頁）的資料，沒有經過思索。免費下載音樂可以讓不知名的樂團有更多聽眾，此一觀點或許很有道理，但卻沒有任何證據的支持。而且，作者前面說這類音樂都是「讓人聽不懂、不受歡迎」的，和這裡的說法不一致。這裡也刻意忽略幾個文本都有討論到的比較複雜的問題，例如小唱片公司需要賣出唱片才能生存、藝人和唱片業應有的合法權益等等。

14　這一點很有趣，但其實在前面就已經說過了。

15　作者在最後一段將免費下載音樂的兩種立場做了總結，但還是沒有說明自己的立場，也沒有做出符合邏輯的結論。

16　整篇文章的最後一句話太弱了，對整體論證沒有任何幫助。

　　整體來看，作者敘述與摘要文本的能力不錯，但並沒有表現出良好的分析思考能力。整篇文章的論述方向並不清楚，結論也沒有反應作者的立場。大部分的引用的資料不是跟題目無關，就是來源不可靠。對於各項證據的判斷分析不足。作者說這個問題屬於「灰色地帶」，但並沒有說明是什麼因素致使它成為「灰色地帶」。

5 〈文章二〉的查核表

請用這張查核表來分析次頁的〈文章二〉，然後將你自己的
意見和第328-329頁的解說分析做個比較。

	查核項目	是/否	意見
1	作者對這個議題的立場很清楚。		
2	可以很清楚看出支持作者觀點的理由有哪些。		
3	作者的結論很清楚，而且皆有相關證據支持。		
4	理由的順序安排很合論述邏輯。		
5	論述的架構十分清楚，很容易看懂。		
6	每一個理由都彼此相關，也都和結論有關。		
7	所有內容都和題目有關。（以這個練習來說，都在討論「無論如何，竊盜都是不對的。」）		
8	主要的理由和論點都明顯，讀者一看就知道。		
9	作者充分利用別人的研究來證明他的觀點，成功強化論述的力道。		
10	作者是否理性評論他人的觀點，尤其是與作者論點對立的觀點？		
11	提到別人的觀點時，作者是否加了註記？		
12	作者在文章後面有沒有提供參考書目？		
13	非必要的描述或背景資料，是否通通拿掉了？		
14	整篇文章是否有前後不一致的地方？		
15	作者是否因為個人看法或私利而做出不公平的論述？		

6 Essay 2
〈文章二〉

「無論如何，竊盜都是不對的。」
請以網路未付費下載音樂為例，討論這個論點。

　　竊盜有很多種。竊取搶奪財物是竊盜，抄襲他人的想法也是竊盜。雖然有相關法律條文可以制裁各種竊盜行為，但這其中隱含的道德與社會問題，卻要比法律條文複雜許多。舉例來說，羅賓漢劫富濟貧，英國人不當他是小偷，而是偉大的英雄。Piaskin（1986）認為，道德不只是對與錯的問題，更是兩難的困境。在這篇文章中，我將以網路下載音樂為例，突顯這個複雜的問題，不過，與 Piaskin 不一樣的是，我認為就此例而言，竊盜無論如何都是不對的 [1]。

　　近幾年發生了好幾件引人注目的案例，都是有人在網路上免費下載音樂而遭到起訴的情況。網路盛行之前，類似的音樂分享都是以自錄錄音帶的方式為之。Lee（2006）認為，雖然在技術層面上，私下拷貝音樂是違法的，但是因為不會被抓到，所以也沒有人認真追究這件事 [2]。Lee 認為在網路上進行檔案分享的人很容易被追查，所以才會受到處罰，這是不公平的。Lee 的這種觀點確實有實務上的依據（網路下載比私錄音樂容易被抓），但並不代表這一種行為是對的，另一種行為是錯的。這只是試圖讓「不對」變成「對」的合理化論調而已。

　　法律專家 Cuttle（2007）確實提出類似的看法。他認為「盜版軟體、影帶、遊戲和音樂，都是竊盜行為」，清楚表明這一類的複製行為都是違法的 [3]。如果從法律的角度來討論私下拷貝和網路下載這兩種行為，我們似乎可以合理推論，兩者都是不對的 [4]。然而，別忘了這其中隱含的道德議題，所以我們要進一步從道德的觀點來看，這樣的行為到底是不是「錯」的 [5]。

　　從 Mixim、Moss 和 Plummer（1934）所進行的研究，以及後來引發的各項討論之中，我們可以發現，即使某些竊盜行為看似比較為社會所接受，大家還是會用道德觀點來看它的對錯。他們的研究資料顯示，付錢這個動作比較麻煩時，大家的道德感就會降低，但這並不表示他們就忘了道德這回事。Ebo、Markham

和 Malik（2004）做了一項試驗，測試「網路下載輕鬆付費」的效果。結果非法下載的情況大幅度減少，大部分的使用者都會採用「輕鬆付費方案」。這代表絕大多數參與這項研究的人都認為免費下載音樂，就是竊盜行為，是不對的 [6]。

　　還有幾個支持免費下載的人，也從道德角度提出另一種觀點，這些人主要以道德與藝術的論述，來反駁以經濟為出發點的論述。其中一個代表是網路下載使用者「Carla」（2006），她堅稱反對網路下載的都是只關心賺錢的唱片公司 [7]。這些人從經濟上的角度來談，說得好像他們比藝人還窮。Carla 進一步延伸這樣的觀點，認為真正的藝人都想要更多人聽到自己的音樂，所以會很歡迎分享檔案給大家的人所提供的「服務」。網友 Hibbs（2006）也認為分享檔案代表朋友之間的善意。這些意見乍聽之下似乎很合理，因為他們把網路下載說成利他的行為。從道德的角度來看，利他行為當然比利潤至上更能得到大家的認同。但另一方面，我們也可以說，這種利他行為是犧牲某些人的權益才換來的。免費下載所引起的經濟效益，並不能幫助比較不知名的藝人，所以下載他們的作品卻不付費，就是不道德的行為 [8]。

　　再者 [9]，那些為下載行為辯護的人，說得好像他們最知道藝人「真正的」需求一樣。舉例來說，Carla 提到「真正的藝人」，但她沒有定義什麼叫做「真正的藝人」，也沒有提出證據，證明這種「真正的」藝人要什麼。Carla 和 Hibbs 這些作者聲稱，藝人認為免費下載對他們比較好，而唱片公司的商業行為對他們沒好處，但他們提不出證據。實際上，由於唱片賣得好不好直接關係到藝人的收入，很多藝人可能都不贊成免費下載的行為 [10]。

　　此外，Cuttle（2007）[11] 認為，以自由市場的角度來說，Carla 和 Hibbs 的說法是不成立的 [12]。出版者有權訂出最高的價錢，而消費者可以決定要不要購買。所以，只要市場能夠接受，企業界訂什麼價格都沒什麼不對。而再從經濟、甚至藝術 [13] 的角度來看 Carla 和 Hibbs 的觀點，還有很多不成立的地方 [14]。這幾位作者認定，反對自由下載的，主要是「貪得無厭的」大公司，不過 Kahliney（2006）反駁這個說法，他認為獨立發片的公司和藝人，才是受到網路下載影響最嚴重的一群，因為他們的收入十分仰賴銷售量。這些獨立藝人的唱片本來就賣不好了，銷售量再下降的話，這些小公司大概只有倒閉一途。雖然這些藝人的音樂還是可以透過免費下載的管道傳送到樂迷耳中，但是沒有財務上的支援，恐怕撐不了多久。這種情況更可能讓樂壇充斥 Carla 口中的「枯燥乏味、無聊至極的

主流音樂」，因為這類藝人才可能帶來合理的銷售數字。諷刺的是，據 Carla 的說法，那是沒有網路下載才會出現的狀況。[15]

　　總之，我在本文中提出種種論證，支持我的觀點：所有的竊盜行為都是不對的，複雜的網路下載行為也不應例外，即使社會上現存的許多現象，似乎都認為自由下載是可被接受的行為 [16]。事實上，網路下載不付費的現象，從法律、道德、經濟和藝術的觀點來看，都是錯誤的行為。當然不同的看法也有，例如網路下載是對音樂界和沒有名氣的藝人提供的一項服務，但是沒有什麼證據可以支持這樣的說法，或證明這是大多數人的想法。相反地，只要提供大眾方便、合理的付款方式，大部分的人都不會選擇竊盜的行為，這也代表大部分的人都知道免費下載是不對的。雖然大家對於道德的態度，很容易受到實際狀況影響（例如付款方式方不方便），但是研究顯示，關於竊盜這件事，人們始終維持同樣的道德認知，那就是：無論如何，竊盜都是不對的。

參考資料

Carla (2006) 網路聊天室 Cla@mu.room.host，2006 年 9 月 7 日

Cuttle, P. D. (2007) 'Steal it Away,' in *National CRI Law Journal*, vol.7, 4.

Ebo, T., Markham, T. H., and Malik, Y. (2004) 'The effects of ease of payment on willingness to pay. Ethics or ease?' *Proceedings of the Academy for Ethical Dilemmas*, vol. 3 (4).

Hibbs, A. 'Letter to the editor,' in *National Press Daily*, 3 November 2006.

Kahliney, C. (2006) 'Is this the end of the road?' In *Small Music Distributor*, 12 August 2006.

Lee, A. (2006) 'Why Buy?' In R. Coe and B. Stepson, *Examining Media*, pp. 36-57 (London: MUP).

Mixim, A., Moss, B. and Plummer, C. (1934) 'Hidden consensus.' In *New Ethical Problems*, 17, 2.

Piaskin, F. (1986) 'Moral Dilemmas in Action,' in *Joint Universities Journal of Advanced Ethics*, vol. 8, 2.

Spratt, A. (2004) 'The Editorial,' in *The Middletown Argus*, 17 June 2004.

7 〈文章二〉的查核結果

查核項目	是否	意見
1 作者對這個議題的立場很清楚。	是	在第一段以及結論的部分都寫得很清楚，有助於引導讀者閱讀。
2 可以很清楚看出支持作者觀點的理由有哪些。	是	作者提出的理由包含法律、道德、經濟和藝術層面。
3 作者的結論很清楚，而且皆有相關證據支持。	是	結論是依據作者提出的證據而論斷的，最重要的是提出相關研究，證明如果付款方便，大家就不會選擇竊盜行為。
4 理由的順序安排很合論述邏輯。	是	各項理由都很清楚分類：作者先談法律方面的問題，再談道德層次，接著再談其他層面的問題。
5 論述的架構十分清楚，很容易看懂。	是	類似的重點都擺在一起，論述重點要轉換時也寫得很清楚。
6 每一個理由都彼此相關，也都和結論有關。	是	作者善用暫時性的結論，隨時整理一路討論的結果，連接字句和信號字也運用得宜。
7 所有內容都和題目有關。（以這個練習來說，都在討論「無論如何，竊盜都是不對的。」）	是	整篇文章幾乎都是由相關的理由、摘要、連接字句、分析與判斷組合起來的。
8 主要的理由和論點都明顯，讀者一看就知道。	是	理由皆充分陳述，沒有多餘的意見或描述。
9 作者充分利用別人的研究來證明他的觀點，成功強化論述的力道。	是	作者充分利用專家說法（例如法律專家）支持他的立場。

	查核項目	是否	意見
10	作者是否理性評論他人的觀點，尤其是與作者論點對立的觀點？	是	作者考慮了對立的觀點，指出對方的論點可能成立的理由，但提出相關證據證明那些觀點是站不住腳的。
11	提到別人的觀點時，作者是否加了註記？	是	引用參考資料皆清楚加註。
12	作者在文章後面有沒有提供參考書目？	是	
13	非必要的描述或背景資料，是否通通拿掉了？	是	除了一開始用羅賓漢來開場以外，全篇沒有其他多餘的描述內容。
14	整篇文章是否有前後不一致的地方？	否	
15	作者是否因為個人看法或私利而做出不公平的論述？	否	作者的個人看法可能很強烈，但他的觀點有堅強的論述支持。

8 〈文章二〉的解說分析

以下序號與〈文章二〉中標示的號碼相對應。

1　作者在第一段裡就清楚說明他的立場。他承認這個議題的複雜性,但還是清楚表明他的觀點,也因此,讀者一開始就知道,作者認為竊盜無論如何都是不對的。

2　一開始,作者先舉一件與他的立場相反的案例為例,藉由分析、反駁這個觀點來展開他這一方的論述,同時也因為跟對立的觀點相比較,而增加了他的可信度。

3　作者此時開始從各個層面來討論這個議題。首先他很清楚地從法律的角度著手,而且引用法律專家的說法,效果很好。

4　這句話是個暫時性的結論,將目前為止的論述做個整理。「似乎可以合理推論」這句話說得很含蓄,這樣很好,這代表作者在告訴你,他知道自己的論述還沒有完全得到證明。

5　這一段的最後一句話讓讀者知道,作者接下來要從另一個角度(道德)來討論這個問題。「然而」這個標示主題即將改變的信號字也用得很好。

6　作者充分利用相關研究,讓讀者知道大多數人如果有機會選擇的話,會選擇付錢還是竊盜。他因此證明大部分人都認為免費下載是不對的。

7　作者提出Carla的觀點,同時指出她是一個網路下載使用者。作者並沒有明白地說Carla之所以有這種想法,必定是因為個人利益,但讀者很容易就瞭解她為什麼會持有這種看法了。

8　作者先告訴你,這些對立的觀點為什麼乍聽之下似乎有道理,再問誰要為這些利他的行為付出代價。作者有效化解對立的觀點,也因此讓主要論點更有力量。

9　用「再者」這個連接詞,表示論述的主題和前面類似,只是從另一個角度再次強化前面的論點。

10　作者運用良好的評論分析技巧，指出反面觀點的缺失。作者仔細分析了這種論述的漏洞，譬如它使用「真正的藝人」這種情緒性的言詞，另外還有一些考慮欠周的地方。既然反面論述認為它們知道藝人真正要的是什麼，作者在這裡就進一步提出藝人更可能抱持另一種想法的原因。

11　作者用「此外」來開始這個段落，讓讀者清楚知道接下來還有理由要來支持目前的論述。

12　作者在這裡再度引用專家的說法，同時也提到了「自由市場」這個理論基礎。

13　作者先是很肯定地表示廠商有權決定價錢，所以反面論點是不成立的。不過，這個理由可能無法說服所有讀者，所以作者很高明地又從其他角度進一步強化他的論述。

14　作者所提出的理由都經過適當分類，因此論述從頭到尾屬性都非常清楚。一開始，作者說他要從法律和道德的觀點來談，現在他又告訴你，從經濟和藝術的角度來看，也同樣能支持他的論點。

15　反面的論述認為免費下載可以避免樂壇變得太「枯燥乏味」，但作者運用他的論述技巧，告訴你為什麼免費下載才會讓樂壇充斥「無聊至極的主流音樂」，成功駁斥反面論述的說法。

16　經過前面種種理由分析，作者到這裡把「無論如何，竊盜都是不對的」這個結論寫出來，讀者一點也不會意外。作者很簡要地在結論重申他的立場以及論證要點，讀者或許未必完全同意，但一定很清楚作者的觀點，以及作者為什麼會持有這種觀點。

整體而言，這篇文章比起前一篇來更有力量。作者的立場很清楚，論述與理由皆前後一致支持他的立場。善用專家的說法，讓作者的論點超脫個人意見。他也充分考慮反面的論述，舉出反面意見之所以似是而非的原因，成功排除這些論點的有效性。作者的論述中，有一些隱含的理論基礎，如果能夠提出這些理論可能會被反對的論點，並加以駁斥，這篇文章會更有力量。舉例來說，作者理所當然認為法律觀點和自由市場經濟都是對的，沒有提出任何可能反對這種理論的說法。

9 評量自己的評論分析文章

下面是一份自我評量表，可以讓你在寫報告或作業的時候，先進行自我評量。

	查核項目	是否	意見
1	我的立場和理由都很清楚？		用一、兩句話把你的立場寫下來。如果寫不出來，表示你還沒想清楚。可能的話，請比較瞭解這個主題的朋友或同事看一下，看他們清不清楚你的立場。
2	我的結論和（或）建議都很清楚，證據充足，而且語氣沒有太絕對，有稍微保留一點。		先把你的結論寫下來。大聲讀一遍，確認這個結論聽起來很有道理。想像有人跟你說，你的結論是錯的，你會用什麼理由反駁？你有把所有的理由都寫進去了嗎？關於含蓄、保留的語氣，請參見第 305 頁。
3	所有的內容都和主題非常相關。		再確認一次，你的論述內容是否符合計畫目標或題目規定，還有你自己寫下的立場？
4	這份作業或報告的每一個部分，都和寫作目的密切相關。		再把每個部分或段落看一遍，檢查各項資料在論述中扮演什麼角色、是不是都導向結論、有沒有符合計畫描述，或是不是回答問題的必要資訊。
5	我分析過論述的架構，所有的理由都以最適當的順序呈現，一路導向結論。		如果沒有，請把所有的理由簡單寫下來，想一想它們和結論的關聯是什麼。檢查論述有沒有不連貫的地方。把類似的理由放在一起，找出各自對主要論點或結論的貢獻。
6	主要論點很清楚，不會和其他資訊混淆。所挑選的例子都是最適當的。		檢查一下是不是寫了太多雜七雜八的資訊，反而模糊了焦點。舉幾個實例來分析，會比一堆言不及義的資料好。挑選例子要注意符合寫作目的。

查核項目	是否	意見
7 所有的理由環環相扣，最後導向結論。		檢查一下，每一段是否都與前面的內容適當承接，或利用第十章所建議的「信號字」清楚表明論述方向的改變。
8 讀者可以很輕易看出我的主要理由和重點。		用色筆或螢光筆把每一段裡總結重點的句子劃起來。如果連你自己都找不到可以劃的句子，讀者也會很難看出重點。如果劃起來的不是一兩句話，而是一大片，那表示你可能沒有把重點歸納整理、精簡呈現。
9 我所舉的數據皆正確。		不要依賴你的想法或記憶。檢查一下資料來源可不可靠、是不是最新的。查一下最近出版的資料是不是和你手邊的一樣。務必提出最正確的數據，不要曲解資料。
10 我有提到相關的理論。		找一些和題目相關的理論或思想學派，加以分析評論，看看這些理論是支持還是反對你的論述。
11 我用他人的研究支持我的論點，強化論述的力量。		查一下有沒有人寫過相關的文章或做過相關的研究，把能夠支持你論點的東西加進來。
12 我所引用的資料或理論，都有註明出處。		內文中只要簡單寫出資料出處，文章最後才寫出完整的參考書目資料。
13 我有客觀分析反對的意見。		找一些和你的論點不同的資料，想一想還有什麼可能的反對意見，在文章中加以分析討論。讓讀者清楚知道，為什麼你的論點比較可信。把相對意見的漏洞或不一致的地方指出來。
14 文章內容著重分析，描述的部分很短，而且都是必要的資訊。		檢查一下，所有描述性的內容對於瞭解論述是不是絕對必要，或是否符合你手邊正在進行的文章類型。描述的部分能短則短，並且要和主要論點有清楚的連結。小心前言不要寫得太囉唆。

	查核項目	是否	意見
15	我檢查過內容和邏輯是不是都一致。		檢查一下，你提出的理由或證據可不可能前後說法不一致？
16	我有清楚指出各種可能性或不確定性。		檢查一下，你有沒有對於結論的正確性提出判斷。如果其他人對於同一份研究數據可能有不同的解釋，務必要用適當的文字表明這種不確定性或模糊地帶。（請參見第 305 頁。）
17	我的論述並沒有受到個人的看法所曲解。		如果你原先對於寫作主題的某個部分就有強烈意見，要小心文章內容都有確實的證據支持。論述內容要客觀、溫和，這樣才能說服讀者。多檢查幾次，切勿使用情緒性的言詞，或是沒有事實根據的意見。
18	我有確實完成寫作目的的所有要求。		檢查一下作業要求，把已經完成的劃掉，這樣你就會很清楚還需要做什麼了。

10 Summary 本章摘要

　　這一章讓你比較兩篇同主題的評論文章，同時也和我們前面討論過的技巧和原則相印證。這個練習的目的之一，是希望用長篇文章來幫助你培養評論分析的技巧，不過最重要的目的，還是希望你學會評估自己的評論文章。

　　兩篇文章後面的解說分析，一一指出各自的優缺點，讓你對於如何評判文章有個概念。當你把你寫的東西交給編輯或教授時，他們也會用這些標準來審核你的文章。所以，如果你寫的評論文章是要出版，或者會被別人審核，在交出去之前一定要用同樣嚴格的標準審視一遍。

　　評量你自己的文章，表示你把它當作是一篇完整的評論作品，檢查它是不是具備一篇強而有力的評論文章之所有要素。不過別忘了，在這個步驟之前，你應該已經完成一些確認工作了。例如證據可不可靠？有沒有選用最適合的資料？理由是不是都支持結論？結論的有效性如何？

　　評量文章的方法不是只有一種。你可能比較喜歡直接在文章中寫出評估意見，也有可能比較喜歡利用有系統的查核表，甚至綜合兩種方法。哪一種方法最適合，就用哪一種。

　　最重要的是，以批判分析的角度篩選出相關的資料後，要繼續運用相同的批判分析技巧下筆，寫出一篇論理清晰、邏輯分明，能夠說服讀者的評論文章。

　　如果想要繼續用長篇文章來練習，可利用第 344 頁的材料。

附錄

1

Unit 8, 9, 11
練習文本

以下這些文本是第八、九及十一等三章的練習材料。
文本下面的作者及相關資料都是虛構的。

文本
1

　　在網路上複製音樂，不能算偷。真正的藝人會希望越多人聽到他們的音樂越好。他們關心的應該是自己的音樂對這個世界產生什麼效果，才不會擔心錢這種小問題。大型唱片公司只對有利可圖的流行音樂感興趣，比較大膽創新的音樂雖然藝術性比較強，但是市場沒那麼大，就會被這些大公司忽略。大部分單打獨鬥的藝人根本找不到廠商願意發行他們的唱片。因此，透過網路和朋友分享音樂的人，等於是為音樂提供一個很好的服務，因為他們讓更多人認識這些非主流的藝術家，也讓各種型態的音樂豐富了樂壇。要是沒有這項服務，這個世界就會充斥枯燥乏味、無聊至極的主流音樂。

　　Carla：網路聊天室Cla@mu.room.host；2006/09/07；
Carla本身從網路下載檔案時並不付費。

文本
2

　　人們總是很慷慨的將植物分株與親朋好友分享。全國上下莫不熱烈交換玫瑰、釣鐘、玉簪等各種花木分株，但是這些互相交換的植栽，有些在植物育種者權利法案（Plant Breeders' Rights）註冊在案。如果要種植這些植栽，培育或發現植栽的人有權取得權利金。但是這些愛種花的人，根本就不會費事去注意哪些植物需要付權利金。對喜愛音樂的人來說，自己燒一片CD，就跟這些人交換植栽一樣。如果種花的人不付植栽權利金，那麼從網路下載音樂的人為什麼要付權利金呢？

　　Ivan Potter，收錄自《你想問的園藝問題》，一本由倫敦GPX出版公司出版的流行月刊，2005年6月，第六期。

文本
3

　　盜版軟體、影帶、遊戲和音樂，都是竊盜行為，不論是把影片複製成錄影帶，還是在網路上和朋友分享音樂檔案都一樣。有些人認為私製非法的版本沒什麼不可以，因為大家都這樣做。有些人則合理化這種竊盜行為，辯稱都是因為廠商訂的價錢高得太離譜。這些人忘了，只要市場能接受，廠商有權訂任何價錢。而消費者也有選擇的權利，如果真的那麼喜歡那項產品，就要有付錢的準備。否則，就應該放棄那樣東西。

　　P. D. Cuttle，法律專家；本段節錄自他的文章〈偷！偷！偷！〉，收錄於《National CRI Law Journal》第四卷第七冊，2007年4月發行。

文本
4

　　現代音樂的出版商比較擔心的，是其他公司大量的盜版行為。這些不法公司私下製作盜版唱片，然後用超低價賣出，對正規的出版商來說傷害很大，他們才不在意只會燒個幾片光碟，送給親朋好友的個人。

　　Arnold Spratt，收錄於《The Middletown Argus》報的專欄文章，2004年6月17日。

文本
5

　　越來越多人會在網路上下載免費音樂，和朋友分享。這種善行應該得到鼓勵。很可能在2012年之前，每個人都會至少有過一次免費下載的經驗。如果每個人都這樣做，表示這件事不會是壞事，如果不是壞事，又何罪之有呢？

　　Alan Hibbs，屬於下載音樂會付費的一群人，收錄自他寫給《National Press Daily》的讀者投書，2006年11月3日。

很多唱片公司都不是大企業，員工只有少數幾人，完全仰賴旗下藝人賣唱片維持營運，而其中很多都是沒有名氣的小藝人。專門發行獨立藝人唱片的公司更是如此，因為這種類型的音樂本來就不好賣，甚至有些根本賣不出去。正因為市場很小，即使買了唱片回去的人只是拷貝幾片，也會造成極大的影響。獨立音樂幾乎都靠這些小唱片公司才能生存，但是違法盜版的行為，恐怕會讓它們本來就搖搖欲墜的財務狀況雪上加霜。

Callum Kahliney，〈窮途末路了嗎？〉收錄於《Small Music Distributor》，2006年8月12日。貿易雜誌文章，讀者主要是小型發行商。

法界人士認為，把在植物育種者權利法案（或稱PBRs）註冊有案的植株分送他人的園藝人，等於是欺騙了原來的培育者。培育新品種植物不是一件簡單的事。培育者可能要花上數年辛苦研究，才能讓新品種上市。新品種要能在PBRs註冊，須證明其特性夠穩定，購買的人才能預期往後數年，種下去的植物會變成什麼樣子。新品種也要和其他品種有明顯區別，才不會混淆。每一種成功培育的植物背後，可能是數千次的失敗，而對培育者來說，每一次的失敗都代表一次損失。研究工作、專業人員、適當的培育空間，這一切都得投資時間與金錢，培育新品種所費不貲。培育者要是幸運成功了，得花上一大筆錢去註冊，每年還得重新註冊。這麼辛苦的結果，一棵植物大概只活二十年，而專利年限只有二十五年。這表示培育者必須不斷投資，培育新品種，才不會斷了生計。一株植物的權利金大約是二十到三十分錢，頂多再多一點點。看似不多，但只要乘上數千次，培育者的損失就十分可觀了。培育者能不能收到這些錢，全靠園藝人整體的道德感和對PBRs的認知而定。別指望警察會來幫他們討回這些權利金，律師也只照顧大企業。儘管如此，就如同法界人士的看法一樣，這並不代表我們可以容許私送植株的行為：培育者如果想要繼續培育新品種，讓這個世界更多采多姿，那麼每一分錢對他們而言都是絕對珍貴的。

Anjeli Johl，〈Counting the Cost of Flowers〉，原載於《National Press Daily》報，2006年7月10日。Johl是該報評價甚高的法律專欄作家。

文本 8

人們可以錄下廣播節目中的音樂，一天錄個十幾二十次都沒有關係，卻不准他們在網路上免費下載音樂和遊戲，連一次都不可以，這實在沒道理。拷貝廣播節目中的音樂是非法的，但因為根本無從取締起，所以也沒有人會費事去管。不能因為網路下載的行為比較好抓，就當這是犯罪行為。這跟從廣播節目拷貝音樂根本沒什麼兩樣。

Prof. Lee, A. (2006)〈何必花錢買〉，收錄於 R. Coe and B. Stepson《檢驗媒體》，頁36-57，倫敦：多多大學出版。

文本 9

縱使相關單位可以設計一套軟體來抓在網路上非法下載的人，但絕對不可能把每一個人都起訴。法律如果沒有辦法徹底執行，就根本沒有必要通過。要是這種法律根本不存在，就不算犯罪。

KAZ，發表於個人網頁 AskitHere.truth，2006年11月。

文本 10

倫理道德不只是對與錯的問題，更應該被視為是兩難的困境。法律，或者說「正義」，應該要能為對與錯做最後定奪，但什麼是對，什麼是錯，卻從來沒有用民主的方式討論過。法律是長時間拼拼湊湊完成的，往往互相矛盾。我們真正想要的正義是什麼？對與錯的基礎又在哪裡？這些都沒有經過充分的討論。歷史上偶有個人勇敢挺身反抗法律，經由這些人的辯駁，法律才能稍微有點進步。時至今日，只要是跟切身相關的事，法律若有明顯偏頗，仍然有人會基於良心驅使挺身而出。Peters（1974）及 Gilligan（1977）認為，有些事情比法律更重要，例如自主權、勇氣，以及關心他人。即使是一向以合法與否的角度來看待道德問題的 Kohlberg（1981）也說，有能力分辨合不合法，是「道德行為的必要條件，但並非充分條件」。

Fred Piaskin，〈Moral Dilemmas in Action〉，原載於《Joint Universities Journal of Advanced Ethics》 1986年第八卷第二期。

從書籍、論文或網路上引用資料卻沒有註明出處，是一種竊盜行為，它所竊取的是另一個人的智慧財產權，大學對這種行為規定很嚴格。然而，所謂竊盜，表示你知道拿了不該拿的東西。但很多學生都搞不太清楚。大部分的學生都知道如果一字不改地引用別人的話，那叫做引言，必須註明出處，不過卻有很多人認知錯誤，以為只要在幾處地方改個幾個字，整段拿來用都沒有關係。

Prof. Soyinka, G. (2006) 'Plagiarism Unveiled.' In *Journal of HE Worldwide, 27* (3), pp. 231-47.

Ebo, T., Markham, T. H. and Malik, Y. (2004)〈付款容易度對付款意願的影響。道德或難易？〉，收錄於《道德困境研究所論文集》第三冊（4）。

前言

本篇論文旨在證明，道德行為容不容易遵守，會影響人們的行動。結果證明，在 1998-2006 年間，奧得利地區實施了網路下載音樂輕鬆付費的計畫之後，在網路上非法下載音樂的情況就減少了。

這項研究是以 Mixim、Moss 及 Plummer 所做的突破性研究為基礎。Mixim 等三人的研究顯示，有些竊盜行為之所以發生，並非犯者有偷竊的慾望，而是因為付款方式太複雜。他們發現，排隊對於某個年齡層的人來說特別困難，這些人會過於注意排隊帶來的困擾，以致於忽略了必須付款這件事。結果為了急著離開店鋪，讓自己舒服一點，就把還沒有付錢的東西帶走了。

Damblin 和 Toshima（1974）認同 Mixim 等三人的理論，不過他質疑這個研究的證據太薄弱，因為調查的時間很短，研究對象也只有三十個人。Damblin 和 Toshima（1986）則以 200 個老年人為樣本，發現健康情形會對人的道德行為有明顯的影響。也有不少研究認為，外在環境比道德認知對人的道德行為影響更大（Singh, McTiern and Brauer, 1991; Colby, 1994; Miah and Brauer, 1997）。

不過，這些研究都沒有針對 25 歲以下的年輕人，也沒有討論網路對道德行為的影響……

本論文的研究假設是：（1）只要付款方式很容易，大部分在網路上違法下載音樂的年輕人都會願意付費；（2）人們下載音樂的付費意願視收入而定，高所得的人比低所得的人更願意付款。

研究方法

參加者分成三組，各有兩種情況。三組分別依所得分成低所得、中所得及高所得三組。而第一種情況提供網路下載快速、簡單的付款方式，而第二種情況的付款方式則複雜又費時。參加者共有 1206 人，年齡介於 15-25 歲，三組成員及兩種條件的測試對象之年齡、性別、種族背景都一致。受試者上線時，會出現一個可免費下載音樂的網頁廣告。這個網頁提供音樂免費下載，不過網頁上會出現一個訊息，告訴大家不付費會剝奪藝人的收入。

研究結果

研究結果支持第一個研究假設，但不支持第二個。第一項研究假設的結果，意義在於……

討論與結論

研究結果發現，一項服務如果付費方式簡易，十五到二十歲的年輕人也多半會付錢，這跟老年人的情況是一樣的。如果有兩種選擇，一個要收錢，但付費方式簡單，一個是免費但不道德，有 78.6％的人會選擇付費。不過如果付費方式很複雜，只有 47％的人不選擇免費網站而選擇付費。在購買之前，高達 98％的受試者瀏覽過免費網站，這表示選擇付費的人是主動選擇了道德的行為，並不是恰好瀏覽到要付費的網站。

不過第二個研究假設並未得到證實。這項研究發現，在低所得組中，有 86％的受試者會付費下載音樂，相較之下，中所得組是 64％，而高所得組只有 31％，這可能意味者低所得的人道德感較強，而高所得的人道德感較弱。

参考資料

Colby, R. (1994) 'Age, Ethics and Medical Circumstance: A Comparative Study of Behaviours in Senior Populations in West Sussex and Suffolk.' *South West Journal of Age-related Studies,* 19, 2.

Damblin, J. and Toshima, Y. (1974) 'Theft, Personality and Criminality.' *Atalanta Journal of Criminal Theory,* 134,2.

Damblin, J. and Toshima, Y. (1986) 'Ethics and Aging.' In R. Morecambe, *Is Crime Intentional?* (Cambridge: Pillar Publications).

Miah, M. and Brauer, G. T. (1997) 'The Effect of Previous Trauma on Crime-related Behaviours.' *Atalanta Journal of Criminal Theory,* 214, 4.

Mixim, A., Moss, B. and Plummer, C. (1934) 'Hidden Consensus.' In *New Ethical Problems,* 17, 2.

Singh, K. R., McTiern, S. and Brauer, G. T. (1991) 'Context and Action: Situational Effects upon Non-typical Behaviours in Post-retirement Males.' *West African Journal of Crime Theory,* 63, 3.

附錄

長篇文章練習

接下來是以長篇文章為基礎的練習。

〈練習一〉與〈練習三〉是寫得比較好的評
論文章範本,目的是要讓你在閱讀較長的
文本時,能夠找出各項論證元素,也可以
用來和〈練習二〉及〈練習四〉這兩篇寫
得比較不好的評論文章做個比較。

〈練習二〉及〈練習四〉這兩篇文章的目
的,在讓你找出論證的缺陷。

每一個練習都附有提示與答案。

〈練習一〉：論證的要素

請閱讀〈全球暖化需要全球總動員〉這篇文章，利用下面的提示找出論證的各個元素。請將答案編號，寫在文章右方的「評註」欄中。編號和題號相對應，可以幫助你核對答案。

	提示	完成請打勾
1	找出代表主要論點的句子。	
2	找出作者對於論證的導言。	
3	找出歸納式結論。	
4	找出整體的推論式結論。	
5	找出支持推論式結論的主要理由。	
6	找出當作理由的暫時性結論，並在右欄說明這個暫時性結論的作用。（作者為什麼需要先寫一個暫時性結論，才能讓論述繼續發展。）	
7	找出支持理由的證據。	
8	找出提供讀者相關背景資訊的描述文字。	
9	找出用來標示論述發展方向的信號字，例如標示主要論點或暫時性結論的字。	
10	找出作者提出來的反面論點。	
11	找出討論反面論點的論述。	
12	找出論述引用的原始資料。	
13	找出論述引用的二手資料。	

全球暖化需要全球總動員〈文本 1〉

評註

過去五十年來，溫室效應氣體排放量不斷增加，被視為是全球暖化的主要原因。一項由因應全球暖化的重要機構「國際氣候變遷委員會」（IPCC）所做的研究指出，即使從今天起停止排放二氧化碳，未來幾年地球的氣候仍然會持續改變，在 2025 年之前，將有五十億人面臨水荒，歐洲北部的水患也會更為嚴重。不過，科學家已經提出種種或許能夠有效防止氣候變遷的對策，包括提高石化燃料的使用效率、鼓勵使用低汙染的能源等等。

1997 年簽訂的京都議定書也是各方努力成果之一，希望此舉能降低溫室效應氣體排放量、終止長期的氣候變遷。京都議定書的約束對象是已開發國家，也正是世界最大的汙染源，希望能在 2008 至 2012 年間讓溫室效應氣體排放量比 1990 年再減少 5％。很多重量級的已開發國家都已經簽署了京都議定書，但仍有一些國家遲遲不願簽署。這些國家認為京都議定書排除開發中國家，這是不公平的。雖然全球暖化需要全球總動員，但是已開發國家有必要做全球的表率。

已開發國家中的政治人物、科學家和企業家都提出很多不簽署京都議定書的理由，其中包括質疑二氧化碳排放和全球暖化是否真有關連、擔憂本國的經濟發展，還有抗拒這種強迫減低二氧化碳排放量的行徑。很多國家領導人都表示，他們拒絕簽署京都議定書的真正原因，是該議定書沒有設定開發中國家必須減少氣體排放量的目標。這種說法乍看之下似乎很有道理，畢竟全球暖化不是只有已開發國家需要面對的問題，世界各國都必須同心協力共同努力才行。William K. Stevens（1997）提出警告，如果不加以約束，不出三十年，開發中國家的溫室效應氣體排放量就會超過已開發國家。

開發中國家的氣體排放量，確實是個重要議題，但

是，認為開發中國家應該要比照已開發國家限制排放量的論述，卻對他們起不了什麼作用。他們眼睜睜看著已開發國家大量使用石化燃料並建立起富強的國力，對於已開發國家言行不一的要求，如何心服？「開發中國家因應氣候變遷連線」主席汪杜薩（Mwandoysa）博士指出，很多開發中國家都還只能勉強維持人民的基本生活水準，卻要求他們配合做些改變，好讓已開發國家能夠繼續過著浪費資源的生活方式（Stevens，1997）。這就好像有人把家裡的垃圾拿到郊區去倒，然後抱怨其他人沒有努力維持鄉間的乾淨一樣。

此外，汪杜薩博士也指出，即使京都議定書並沒有約束開發中國家要有所作為，但大部分的開發中國家也已經在資源及技術有限的情況下朝同樣的目標前進。開發中國家瞭解他們也有責任遏止全球暖化，只是覺得已開發國家有更好的資源與技術來推展這件工作。考量已開發國家對於全球暖化的「貢獻」，這樣的觀點也是很恰當的。

綠色和平組織（2001）表示，有些已開發國家不願意面對全球暖化的問題，是因為不想得罪勢力龐大的石化企業。同意降低溫室效應氣體排放量，對於高度仰賴石化燃料的國家來說，可能會因為失業率大增而衝擊國內經濟。然而，Stevens（1997）卻認為，美國和澳洲這些已開發國家，實際上更擔心自己的競爭優勢，會輸給中國及南韓等這些正積極發展工業化的開發中國家。從已開發國家想要保持現有經濟優勢的角度來看，這個說法是成立的，但這種優勢只會短暫維持。

短時間內，拒絕降低溫室氣體排放量的國家，確實能夠維持經濟強權的地位，但是未能正視溫室效應的後果，將遠遠超過京都議定書所能掌控的範圍。全球暖化現象如果持續，預料將引發嚴重的氣候變化，而這些變化會衝擊各種產業。舉例來說，觀光勝地可能洪水不斷，而重

要的農耕地卻乾旱連連。（Penfold，2001）。氣候變遷對經濟發展可能產生如此嚴重的後果，這些已開發國家以經濟為由拒絕簽署京都議定書，這種論述是無法成立的。

　　因此，雖然降低溫室氣體排放量的相關措施會影響到經濟發展，但是如果不這麼做，氣候變遷對經濟更長遠的影響，恐怕將帶來我們更不樂見的後果。如果追究全球暖化的責任，並不是每個國家的責任都均等，也因此，要求破壞最多的國家，付出最多的努力來找出解決之道，這也是十分公平的事。然而，全球暖化的後果，全球要共同承擔，沒有一個國家能夠置身事外，我們應該全球總動員，共同努力降低溫室氣體排放量。

參考資料

UNFCCC (undated) *Feeling the Heat* http://unfccc.int/essential_background; United Nations Framework Convention on Climate Change; downloaded 13/02/05.

UNFCCC (undated) *A Summary of the Kyoto Protocol* http://unfccc.int/essential_background; United Nations Framework Convention on Climate Change; downloaded 13/02/05.

Stevens, W. K. (1997) 'Greenhouse Gas Issue Pits Third World Against Richer Nations.' *New York Times*, 30 November 1997. Stevens quotes Dr Mwandoysa.

Greenpeace (2001) *A Decade of Dirty Tricks* www.greenpeace.org.uk; dated July 2001.

AFL-CIO Executive Council (1998) *Press Statement on the Kyoto Protocol*, dated 30 January 1998.

Penfold, C. (2001) *Global Warming and the Kyoto Protocol*, www.marxist.com/Globalisation/global_warming.html; dated July 2001.

〈練習一〉解答：論證的要素

全球暖化需要全球總動員〈文本 1〉

過去五十年來，溫室效應氣體排放量不斷增加，被視為是全球暖化的主要原因。一項由因應全球暖化的重要機構「國際氣候變遷委員會」（IPCC）[13] 所做的研究指出，即使從今天起停止排放二氧化碳，未來幾年地球的氣候仍然會持續改變，在 2025 年之前，將有五十億人面臨水荒，歐洲北部的水患也會更為嚴重。不過，科學家已經提出種種或許能夠有效防止氣候變遷的對策，包括提高石化燃料的使用效率、鼓勵使用低汙染的能源等等。[8]

[8] 1997 年簽訂的京都議定書也是各方努力成果之一，希望此舉能降低溫室效應氣體排放量、終止長期的氣候變遷。京都議定書的約束對象是已開發國家，也正是世界最大的汙染源，希望能在 2008 至 2012 年間讓溫室效應氣體排放量比 1990 年再減少 5%。很多重量級的已開發國家都已經簽署了京都議定書，但仍有一些國家遲遲不願簽署。這些國家認為京都議定書排除開發中國家，這是不公平的。雖然全球暖化需要全球總動員，但是已開發國家有必要做為全球表率。[2]

已開發國家中的政治人物、科學家和企業家都提出很多不簽署京都議定書的理由，其中包括質疑二氧化碳排放和全球暖化是否真有關連、擔憂本國的經濟發展，還有抗拒這種強迫減低二氧化碳排放量的行徑。很多國家領導人都表示，他們拒絕簽署京都議定書的真正原因，是該議定書沒有設定開發中國家必須減少氣體排放的目標。[10] 這種說法乍看之下似乎很有道理，畢竟全球暖化不是只有已開發國家需要面對的問題，世界各國都必須同心協力共同努力才行。William K. Stevens

評註
內文中和下面的標號與第 344 頁的提示題號相對應。

[13] IPCC 的研究結果屬於二手資料。

[8] 這一段敘述性的開場白提供讀者關於全球暖化的基本資訊。

[8] 這一段是提供關於京都議定書的基本資訊。

[2] 這句話代表作者的立場和主要論點。

[10] 作者在此提出幾個可能與主要論點對立的觀點。

（1997）[13] 提出警告，如果不加以約束，不出三十年，開發中國家的溫室效應氣體排放量就會超過已開發國家。[5] [6] [7]

開發中國家的氣體排放量，確實是個重要議題，但是 [9]，認為開發中國家應該要比照已開發國家限制排放量的論述，卻對他們起不了什麼作用。[11] 他們眼睜睜看著已開發國家大量使用石化燃料並建立起富強的國力，對於已開發國家言行不一的要求，如何心服？「開發中國家因應氣候變遷連線」主席汪杜薩博士[12]（Mwandoysa）指出，很多開發中國家都還只能勉強維持人民的基本生活水準，卻要求他們配合做些改變，好讓已開發國家能夠繼續過著浪費資源的生活方式（Stevens，1997）。這就好像有人把家裡的垃圾拿到郊區去倒，然後抱怨其他人沒有努力維持鄉間的乾淨一樣。[10]

此外 [9]，汪杜薩博士也指出，即使京都議定書並沒有約束開發中國家要有所作為，但大部分的開發中國家也已經在資源及技術有限的情況下朝同樣的目標前進。開發中國家瞭解他們也有責任遏止全球暖化，只是覺得已開發國家有更好的資源與技術來推展這件工作。考量已開發國家對於全球暖化的「貢獻」，這樣的觀點也是很恰當的。[3] [5] [6]

[13] 二手資料

[5] 支持這個推論式結論的理由是：如果不加以約束，不出三十年，開發中國家的溫室效應氣體排放量就會超過已開發國家。

[6] 暫時性結論：開發中國家也需要為降低溫室氣體排放盡份心力。

[7] 作者提出證據，說明不注意溫室氣體排放的後果。

[9] 「但是」在此處用來表示作者要開始討論對立的觀點。

[11] 作者開始討論對立的觀點。

[12] 汪杜薩是一份二手資料中引用的原始資料。

[10] 作者在此暗指另一個可能的對立觀點，暗示有人認為已開發國家應該可以不受管制。

[9] 「此外」是個信號字，代表論述承接前一段繼續發展。作者指出開發中國家也在努力降低排放量。

[3] 談到這裡，先做個摘要性結論：已開發國家應該對降低溫室氣體排放量付出多一點。

[5] 支持這個推論式結論的理由如下：

i) 已開發國家擁有較多的資源與技術。

ii) 已開發國家是造成全球暖化的重要原因。

[6] 暫時性結論：從道德的角度來看，已開發國家應該要負責推展遏止全球暖化的工作。

[13] 綠色和平組織的意見屬於二手資料。

[9]「但是」是個信號字，用來標示主要論述的進展全球暖化的後果，迫使世界各國非得齊心協力不可。

[13]Penfold 是二手資料。

[7] Penfold 也用來支持作者的論述。

[6] 暫時性結論：以維持經濟發展為由，拒絕簽署京都議定書，這個理由是不成立的。

[5] 支持推論式結論的理由：

i) 氣候變遷會導致各國發生水患與乾旱。

ii) 不加以因應，這些國家的產業都會受到影響。

綠色和平組織（2001）[13] 表示，有些已開發國家不願意面對全球暖化的問題，是因為不想得罪勢力龐大的石化企業。同意降低溫室效應氣體排放量，對於高度仰賴石化燃料的國家來說，可能會因為失業率大增而衝擊國內經濟。然而，Stevens（1997）卻認為，美國和澳洲這些已開發國家，實際上更擔心自己的競爭優勢，會輸給中國及南韓等這些正積極發展工業化的開發中國家。從已開發國家想要保持現有經濟優勢的角度來看，這個說法是成立的，但這種優勢只會短暫維持。

短時間內，拒絕降低溫室氣體排放量的國家，確實能夠維持經濟強權的地位，但是 [9] 未能正視溫室效應的後果，將遠遠超過京都議定書所能掌控的範圍。全球暖化現象如果持續，預料將引發嚴重的氣候變化，而這些變化會衝擊各種產業。舉例來說，觀光勝地可能洪水不斷，而重要的農耕地卻乾旱連連。（Penfold，2001）[13] [7]。氣候變遷對經濟發展可能產生如此嚴重的後果，這些已開發國家以經濟為由拒絕簽署京都議定書，這種論述是無法成立的。[6] [5]

因此，雖然降低溫室氣體排放量的相關措施會影響到經濟發展，但是如果不這麼做，氣候變遷對經濟長遠的影響，恐怕將帶來我們更不樂見的後果。[1] 如果追究全球暖化的責任，並不是每個國家的責任都均等，也因此，要求破壞最多的國家，付出最多的努力來找出解決之道，這也是十分公平的事。然而，全球暖化的後果，全球要共同承擔，沒有一個國家能夠置身事外，我們應該全球總動員，共同努力降低溫室氣體排放量。[4]

[1] 作者用這幾句話來總結他的論點：地球的每一分子都要關切溫室氣體排放的問題，不過某些國家應該要扮演更積極的角色。

[4] 最後的推論式結論
若不及時因應，氣候變遷對經濟長遠的影響恐怕將帶來我們更不樂見的後果。這一句話將結論與題目相呼應，論述因此更有力量。

參考資料

UNFCCC (undated) *Feeling the Heat*, http://unfccc.int/essential_background; United Nations Framework Convention on Climate Change; downloaded 13/02/05.

UNFCCC (undated) *A Summary of the Kyoto Protocol*, http://unfccc.int/essential_background; United Nations Framework Convention on Climate Change; downloaded 13/02/05.

Stevens, W. K. (1997) 'Greenhouse Gas Issue Pits Third World Against Richer Nations.' *New York Times*, 30 November 1997. Stevens quotes Dr Mwandoysa.

Greenpeace (2001) *A Decade of Dirty Tricks* www.greenpeace.org.uk; dated July 2001.

AFL-CIO Executive Council (1998) *Press Statement on the Kyoto Protocol*, dated 30/01/98.

Penfold, C. (2001) *Global Warming and the Kyoto Protocol*, www.marxist.com/Globalisation/global_warming.html; dated July 2001.

2 〈練習二〉：找出論證的漏洞

請閱讀另一篇以全球暖化為主題的文章，利用下表的提示找出論證的漏洞。

注意：此篇文章並非涵蓋所有缺失，而有些論證漏洞出現不止一次。你可以利用查核表來記錄並註明是否找到相關問題，這樣比較容易核對答案。

請將答案編號寫在文章右方的「評註」欄。編號和題號相對應，幫助核對答案。

	提示	完成請打勾	沒有相關問題	參見頁碼
1	偽前提			152
2	負負不得正			200
3	刻板印象			162
4	論述前後不一致			110, 114
5	不必要的背景資料			99
6	不夠明確			110
7	沒有事實根據的			147-149
8	錯誤的因果關係			174
9	假相關			176
10	未符合必要條件			180
11	未符合充分條件			182
12	不當的類比			185
13	轉移焦點			188
14	建立同盟關係			188
15	排他			188
16	跳躍式推論（例如紙牌城堡、障眼法等）			192
17	情緒性的語言			194
18	人身攻擊			194
19	扭曲事實			198
20	交叉比對			198
21	贅述			200
22	參考資料標示不清			278

全球暖化需要全球總動員〈文本 2〉

為了遏止長期的氣候變遷，也就是「全球暖化」的現象，京都議定書在 1997 年上場，強迫各國簽署，以降低溫室氣體排放量。京都議定書的目標，是希望在幾年內，讓已開發國家的溫室氣體排放量比 1990 年減少 5%。雖然很多國家都已接受這項計畫，但仍有數個已開發國家尚未簽署。

「國際氣候變遷委員會」（IPCC）認為，或許我們的起步已經太晚。即使今天就停止排放二氧化碳，全球仍將持續暖化，海平面將上升，飲用水會受到汙染。情況好的話，只會讓我們受點驚嚇，嚴重的話將為地球帶來一場浩劫。我們必須現在就採取行動。

氣候變遷的後果那麼嚴重，不願簽署的國家真是瘋了。這些國家拒絕簽署的理由很多，除了懷疑氣候變遷的研究不夠確實外，甚至還辯稱二氧化碳並非汙染源！這表示有些國家對於溫室氣體排放的原因與效應視而不見。不過，也有很多已開發國家之所以拒絕簽署，是認為全球暖化是全球的問題，但目前京都議定書只要求已開發國家必須達到一定的減量目標，對開發中國家卻沒有類似的要求。事實上，全球有 80% 的汙染，不在京都議定書的控制範圍內，而也有很多人認為，單單要已開發國家承擔起這個重責大任，是不公平的。

聽到這種說法，開發中國家簡直不敢置信。他們眼睜睜看著已開發國家發展各種工業，燃燒大量石化燃料，等到他們自己好不容易要開始發展時，卻不能做同樣的事。正如同「開發中國家因應氣候變遷連線」主席汪杜薩博士所說，很多開發中國家連維持人民的基本生活水準都很勉強了，更別提要他們投入資源改善生態環境。他指出，當已開發國家還繼續過著浪費的生活方式，開發中國家為什麼就必須修正它們的行為呢？開發

評註

中國家一定是踏著已開發國家的步伐前進。已開發國家就好像開發中國家的父母，自己每天要抽六十支煙，卻對剛開始抽菸的孩子大發雷霆。

　　再看看已開發國家對京都議定書如此感冒的真正理由──不願意得罪勢力龐大的石化企業，更可以確定他們的論點有多麼空洞。對很多已開發國家的經濟來說，石化產業都扮演舉足輕重的角色，足以左右這些國家當政者拒絕簽署京都議定書的舉動。有些財團還扯一些荒唐可笑的說詞，說什麼全球暖化事實上對地球有益！

　　已開發國家的產業協會認為，接受京都議定書的要求，代表將減少不可計數的工作機會，對於全國的經濟會產生重大衝擊。然而，已開發國家反對京都議定書的理由，不是只有工作機會減少這麼單純。每個開發中國家的情況都不一樣。有些確實極度貧困，不可能對已開發國家產生任何威脅，但是中國和印度則不然。這兩個國家在一旁虎視眈眈，一旦已開發國家因為減少溫室氣體排放量而降低優勢，他們將立刻起而代之，成為經濟強權。勢力強大的石化公司顯然不樂見自己的市場受到任何威脅，反對簽署京都議定書都是為了自身的利益。

　　未能致力減少溫室氣體排放的國家，最終會發現這是自掘墳墓的行為。全球持續暖化的結果，預期將帶來明顯的氣候變遷，各國將得接受觀光區淹大水而農業區鬧乾旱的事實。然而，由於這兩種後果都不會影響到強勢的石化公司，已開發國家還是會採取短視的策略，繼續保護這些財團的利益。這些石化公司勢力強大到足以讓已開發國家拒絕簽署京都議定書。已開發國家很容易受石化公司的影響，石化公司一施壓，他們就屈服。考量此事對所有人的影響，我們顯然不應該容許這種現象存在。大家都知道，地球的氣候已在崩解之中。全球暖化是所有人的問題，不能因為不合己意就置身事外。

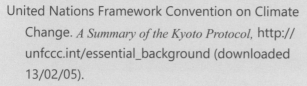

參考資料

United Nations Framework Convention on Climate Change. *A Summary of the Kyoto Protocol,* http://unfccc.int/essential_background (downloaded 13/02/05).

United Nations Framework Convention on Climate Change—*Feeling the Heat,* http://unfccc.int/essential_background (downloaded 13/02/05).

Stevens, W. K. (1997) 'Greenhouse Gas Issue Pits Third World Against Richer Nations.' *New York Times,* 30 November 1997.

AFL-CIO Executive Council (1998) Press Statement on the Kyoto Protocol, 30 January 1998.

〈練習二〉解答：找出論證的漏洞

	提示	完成請打勾	沒有相關問題	參見頁碼
1	偽前提	✓		152
2	負負不得正		✓	200
3	刻板印象	✓		162
4	論述前後不一致		✓	110, 114
5	不必要的背景資料		✓	99
6	不夠明確	✓		110
7	沒有事實根據的	✓(3)		147-150
8	錯誤的因果關係		✓	174
9	假相關		✓	176
10	未符合必要條件	✓		180
11	未符合充分條件		✓	182
12	不當的類比	✓		185
13	轉移焦點	✓		188
14	建立同盟關係	✓(2)		188
15	排他		✓	188
16	跳躍式推論（例如紙牌城堡、障眼法等）	✓(2)		192
17	情緒性的語言	✓(3)		194
18	人身攻擊	✓		194
19	扭曲事實	✓		198
20	交叉比對		✓	198
21	贅述	✓		200
22	參考資料標示不清	✓(2)		278

全球暖化需要全球總動員〈文本 2〉

為了遏止長期的氣候變遷，也就是「全球暖化」的現象，京都議定書在1997年上場，強迫各國簽署，以降低溫室氣體排放量。京都議定書的目標，是希望在幾年內，讓已開發國家的溫室氣體排放量比1990年減少5％。[6] 雖然很多國家都已接受這項計畫，但仍有數個已開發國家尚未簽署。

「國際氣候變遷委員會」（IPCC）認為，或許我們的起步已經太晚。即使今天就停止排放二氧化碳，全球仍將持續暖化，海平面將上升，飲用水會受到汙染。情況好的話，只會讓我們受點驚嚇，嚴重的話將為地球帶來一場浩劫。我們必須現在就採取行動。[10]

氣候變遷的後果那麼嚴重，不願簽署的國家真是瘋了。[17] 這些國家拒絕簽署的理由很多，除了懷疑氣候變遷的研究不夠確實外，甚至還辯稱二氧化碳並非汙染源！[7] 這表示有些國家對於溫室氣體排放的原因與效應視而不見。[18] [16] 不過，也有很多已開發國家之所以拒絕簽署，是認為全球暖化是全球的問題，但目前京都議定書只要求已開發國家必須達到一定的減量目標，對開發中國家卻沒有類似的要求。事實上，全球有80％的汙染，不在京都議定書的控制範圍內，而也有很多人認為，單單要已開發國家承擔起這個重責大任，是不公平的。

評註

內文中和下面的標號與第 357 頁的提示題號相對應。

[6] 不夠明確。用「幾年內」來表示太含糊了。京都議定書是有特定執行日期的，從 2008 到 2012 年。參見第 345 頁〈文本 1〉。

[10] 未符合「我們必須現在就採取行動」這個論點的必要條件。如果現在改變已經太晚，又何必現在採取行動？要證明必須立刻採取行動，作者須說明這樣的改變對全球暖化還是會發揮作用。

[17]「真是瘋了」，屬於情緒性的語言。

[7] 假設。作者認為二氧化碳並非汙染源的說法是不正確的，但是卻沒有提出證據證明二氧化碳是汙染源。

[18] 人身攻擊。沒有經過適當分析就以「視而不見」來貶低不認同作者觀點的人。

[16] 跳躍式推論。作者的論述在此處犯了跳躍式推論的毛病。對方不接受某些研究結果，就認為他們對全

聽到這種說法，開發中國家簡直不敢置信[17]。 他們眼睜睜看著已開發國家發展各種工業，燃燒大量石化燃料，等到他們自己好不容易要開始發展時，卻不能做同樣的事。正如同「開發中國家因應氣候變遷連線」主席汪杜薩博士所說[22]，很多開發中國家連維持人民的基本生活水準都很勉強了，更別提要他們投入資源改善生態環境。他指出，當已開發國家還繼續過著浪費的生活方式，開發中國家為什麼就必須修正它們的行為呢？[19]開發中國家一定是踏著已開發國家的步伐前進。[3] 已開發國家就好像開發中國家的父母，自己每天要抽六十支煙，卻對剛開始抽菸的孩子大發雷霆。[12]

球暖化的看法一定是錯的。(作者的文字風格也太口語了。)

[17] 情緒性的語言。

[22] 這裡引用汪杜薩的資料，但參考資料的部分並未說明，也沒有加註日期。(請對照練習一的文本。)

[19] 扭曲事實。作者沒有正確陳述汪杜薩博士的觀點。汪杜薩贊成開發中國家也要承擔一些降低排放量的責任，不過他也認為已開發國家有更好的資源與技術來推展這件工作。(參見練習一)。

[3] 認為所有開發中國家都想變成已開發國家的樣子，是一種刻板印象。

[12] 錯誤類比。表面上這個比喻看似有理道理，兩者都是偽君子的行為。但實際上，父母與孩子的關係，與已開發國家與開發中國家的關係，兩者性質迥異，所以這個比喻不恰當。子女尚無獨立行為能力，父母有責任保護、關心子女，避免子女因為不當的行為而受苦，但是開發中國家是獨立的個體，可以自己作主。此外，這裡所討論的，牽涉到已開

再看看已開發國家對京都議定書如此感冒的真正理由——不願意得罪勢力龐大的石化企業,更可以確定他們的論點有多麼空洞。對很多已開發國家的經濟來說,石化產業都扮演舉足輕重的角色,足以左右這些國家當政者拒絕簽署京都議定書的舉動。[7]有些財團還扯一些荒唐可笑[17]的說詞,說什麼全球暖化事實上對地球有益![7] [14]

發與開發中國家間彼此競爭有限的資源,這和父母為了保護子女的健康而不准他們抽菸是完全不一樣的情形。

[7] 假設。作者假設石化公司擁有這種權力,不過他沒有提出證據證明。

[17]「荒唐可笑」是情緒性的語言。

[7] 假設。作者假設全球暖化對地球沒有好處,不過他沒有提出證據證明這一點。

[14] 建立同盟關係。作者的語氣和驚嘆號的使用,似乎要讀者不得不同意,不然也會被認為是「荒唐可笑」。

已開發國家的產業協會認為,接受京都議定書的要求,代表將減少不可計數的工作機會[22],對於全國的經濟會產生重大衝擊。然而,已開發國家反對京都議定書的理由,不是只有工作機會減少這麼單純。每個開發中國家的情況都不一樣。有些確實極度貧困,不可能對已開發國家產生任何威脅,但是中國和印度則不然。這兩個國家在一旁虎視眈眈,一旦已開發國家因為減少溫室氣體排放量而降低優勢,他們將立刻起而代之,成為經濟強權。勢力強大的石化公司顯然不樂見自己的市場受到任何威脅,反對簽署京都議定書都是為了自身的利益。[16]

未能致力減少溫室氣體排放的國家,最終會發現這是自掘墳墓的行為。全球持續暖化的結果,預期將帶來明顯的氣候變遷,各國將得接受觀光區淹大水而農業區鬧乾旱的事實。然而,由於這兩種後果都不會影響到強勢的石化公司,已開發國家還是會採取短視的策略,繼續保

[22] 引用資料標示不清。作者沒有說清楚這裡指的是哪些產業協會。在參考資料的部分有一筆貿易協會的資料,但是和內文沒有充分連結。

[16] 跳躍式推論。這裡用了障眼法。作者說這兩個開發中國家想要奪權,而石化公司對此有所因應,但這兩點都沒有相關證據可證明。

護這些財團的利益。[1] 這些石化公司勢力強大到足以讓已開發國家拒絕簽署京都議定書。已開發國家很容易受石化公司的影響，石化公司一施壓，他們就屈服。[21]考量此事對所有人的影響，我們顯然不應該容許這種現象存在[13]。大家都知道，地球的氣候已在崩解之中。[14]全球暖化是所有人的問題，不能因為不合己意就置身事外。

參考資料

United Nations Framework Convention on Climate Change. *A Summary of the Kyoto Protocol* http://unfccc.int/essential_background (downloaded 13/02/05).

United Nations Framework Convention on Climate Change—*Feeling the Heat* http://unfccc.int/essential_background (downloaded 13/02/05).

Stevens, W. K. (1997) 'Greenhouse Gas Issue Pits Third World Against Richer Nations.' *New York Times,* 30 November 1997.

AFL-CIO Executive Council (1998) Press Statement on the Kyoto Protocol, 30 January 1998.

[1] 偽前提。論述中假設氣候變遷引起的水患或旱災不會影響到石化公司，這句話的前提錯的。不管是觀光區還是農業區，都消耗大量的石化燃料，對於石化公司當然會有直接衝擊。

[21] 贅述。這兩句話其實是同樣的概念，只是說法不一樣而已。

[13] 轉移焦點。作者用「顯然」這二個字，暗指論述已經充分證明。但事實並非如此。

[14] 建立同盟關係。「大家都知道」這種用法讓讀者更難反對作者的論點。作者不是用說理，而是用文字技巧達到他的目的。

3

〈練習三〉：論證的要素

請閱讀〈偉大的存在之鏈〉這篇文章，利用下面的提示找出論證的各個元素。請將答案編號，寫在文章右方的「評註」欄中。編號和題號相對應，可以幫助你核對答案。

	提示	完成請打勾
1	找出代表主要論點的句子。	
2	找出作者對於論證的導言。	
3	找出歸納式結論。	
4	找出整體的推論式結論。	
5	找出支持推論式結論的主要理由。	
6	找出當作理由的暫時性結論，並在右欄說明這個暫時性結論的作用。（作者為什麼需要先寫一個暫時性結論，才能讓論述繼續發展。）	
7	找出支持理由的證據。	
8	找出提供讀者相關背景資訊的描述文字。	
9	找出用來標示論述發展方向的信號字，例如標示主要論點或暫時性結論的字。	
10	找出作者提出來的反面論點。	
11	找出討論反面論點的論述。	
12	找出論述引用的原始資料。	
13	找出論述引用的二手資料。	

偉大的存在之鏈（文本 3）

「認為宇宙有一定的次序，亦即『偉大的存在之鏈』的概念，在十八世紀、甚至一直到現在，都持續對人類的意識型態產生重大影響」，請討論。

　　中世紀的歐洲普遍存有「偉大的存在之鏈」（the Great Chain of Being）的概念。對相信此說的人而言，一切存在的東西都有一個事先安排好的位置，就好像階梯一樣，有的高一階，有的低一階。宇宙最低等的東西，位於這個鏈結的最底層，而人類則接近頂端，在天使之下，動物之上。這篇文章打算從兩個角度來討論存在之鏈對於十八世紀的影響。第一個問題是，這個概念在十八世紀是否還很普遍？第二個問題是，當時重要的政治和意識型態爭論中，是否仍用這個概念來支持某些觀點？

　　首先，我認為存在之鏈的概念，在十八世紀時仍十分流行。這並不是一個普遍被接受的觀點，一直有人認為到了十七世紀中，就已經少有存在之鏈的相關記載（Barking, 1957；Madison, 1967）。Madison 主張，這種宇宙觀已經被更科學的觀點所取代。此外，也有人認為戰爭與貿易，讓人們有更多機會可以接觸到新的觀念。例如，Colley（2003）就曾指出，旅行者來到北非的回教國家時，看到回教文化以及回教徒對於其他信仰表現出的包容態度，印象深刻。在此之前數個世紀，若有人表達此種看法，會被基督教的統治者燒死，但是這種情況到了十八世紀就消失了。

　　但是，雖然人們的觀點有所改變，但是古老觀念的影響力仍然很大。在十八世紀晚期、甚至一直到十九世紀初的文獻中，仍然不時提到存在之鏈。情況確實如此。在一篇分析 1802-3 年間所出版宣傳手冊的文章中，作者 Pendleton（1976）發現，十分之一以上的出版品提

到了「存在之鏈」，比例之高值得注意。還有更多的出版品提到社會的「自然次序」等相關的概念。有此可見，「存在之鏈」，或宇宙自有既定次序的觀念，仍然普遍存在於十九世紀初的英國社會中。

正如 Pendleton 的研究所揭露的，十八世紀末，確實仍有很多出版品認為當時的英格蘭統治階級是比較高等的人，位於存在之鏈的上層，靠近上帝的位置。這些掌權者很多都相信他們這個階級的人比較聰明、比較漂亮，甚至品德也比較好。其他人在他們眼中，不管是聰明才智、誠實正直還是美貌，全都無法與他們相比。那些人是比較靠近動物的階級，因此不管做什麼，都不太需要特別考慮這些人（Lavater, 1797）。這些人應該要「知道自己的斤兩」，舉止行為隨時都要合乎自己的身分。在存在之鏈中身處較高階級的概念，提供統治階級一個保有優越感的充分藉口。

宇宙的階級次序也讓統治階級有充分的理由，可以捍衛政治和經濟上的不平等。十八、九世紀時，只有極少數的人擁有投票權或可以組織政治團體，也沒有人敢反駁比自己更「高等」的人。大多數的人民仍沒有說話的權利，不同階級之間的貧富、健康、福利都有十分明顯的差距（Thompson, 1963）。與生俱來的存在之鏈的觀念，讓人把這一切都歸於「天命」。

此外，這種社會階級的概念，甚至在十八世紀以後仍然被視為是上天的安排，所有的人都要遵循相同的信仰而行。這種神聖旨意的思想讓人懼怕且服從。1802 年左右的倫敦出現一幅大海報，上頭寫著：「階級有高低，這是神的旨意」以及「天上的星星每顆都有不同的亮度，階級次序之計畫，亦將在人世展現。」。有人聲稱，只有部分人擁有權力與財富，其他人什麼都沒有，這是理所當然的。譬如當時就有一個評論時事的作者（Pratt,

1803）說，如果大自然的次序被改變的話，「整個世界將
會天翻地覆；所有的行星將彼此衝撞……地球會被太陽
射出的光束灼燒萎縮，一碰就碎。」如果宇宙的一切事
物，都是一條連環鎖鏈的其中一環，就算只變動其中一
小部分，也會破壞整條鎖鏈的完整性，造成社會解體，
甚至整個宇宙都為之崩裂。這種強調社會次序的意識型
態與宗教結合之後，就讓宇宙次序的概念有了十分重要
的意義。

　　此外，在 1802 到 1803 年之間，此種觀點更是刺
激了民眾的愛國情操，支持英國對法國開戰。政治菁英
們彼此激勵，積極勸說窮人認清自己真正的利益所在
（Ashcroft, 1977）。這些既得利益者擔心，很高比例的人
民會歡迎法國進駐，因為法國承諾會帶來社會、經濟、
政治及宗教的解放，就如同他們在 1789 年法國大革命以
後，對法國人民的承諾一樣。有些人害怕如果讓英國人
民武裝起來保衛國家，英國人民會把槍口轉向對著原來
的主人（Cholmeley, 1803）。相較於武裝人民之後可能面
臨的風險，這些統治者反而宣傳起「宇宙次序最能利益
蒼生」的口號，勸說英國人民接受自己的命運，就算法
國真的入侵，也不要加入他們的陣營。這些宣傳口號聲
稱，宇宙次序如果改變，饑荒、疾病與死亡將不可避免。

　　存在之鏈的觀念到了十八世紀，並沒有如 Madison
所認為的開始式微，相反地，科學家們仍然積極尋找區
別階級高下的新方法。他們測量不同膚色、社會階級
以及不同地區人們的骨頭，以自己的膚色當作完美的
標竿，試圖列出從最高等至最低等的階級排序（White,
1779）。Lavater 的文章在 1797 年被翻譯成英文，他在作
品中表示，這是「從野蠻畸形狀態轉為完美的過程」，並
且聲稱美是品德優越的象徵。Lavater 發明了一種根據人
的骨頭結構及外貌來判斷其位階高低的方法。他的文章

在英國廣為流傳，並且影響深遠。「存在之鏈」這個用詞在一段時間以後逐漸少被使用，但是這種相信天生注定的階級觀念，還是持續發揮影響力，也一直被當作是政治、社會不平等的託詞。

　　值得注意的一點是，這種宇宙既定階級次序，幾乎可以用來解釋任何不平等或壓迫的現象。Mary Wollstonecraft（1792）就同意這個觀點。她指出，從虐待動物和兒童、奴隸交易、到剝奪婦女的政治與經濟權利，任何不公不義的現象，都可以拿宇宙既定次序的概念當藉口。認同階級命定觀的出版品，也充分利用各人種相互比較的結果來宣傳。當然這些被拿來比較的人，不包括英國統治階級以及逐漸增多的中產階級。譬如1797年版的《大英百科全書》，就拿非洲人、英國勞工階級以及法國革命分子這三種人的行為來相比，認為他們共同的特質是「品德低落」、「天生冷酷無情」。這種觀念在此後一百多年，一直被很多人用來合理化種族歧視和不公平的社會政策。

　　因此，從存在之鏈所衍生出來的各種觀念，不僅沒有從十八世紀開始逐漸消逝，反而更進一步發展與延伸。法國大革命引發的危險與占領英國的計畫，更讓階級命定這個早已根深柢固的觀念更加穩固。1802至1804年間流傳的反占領、反革命宣傳品中，更是大肆推廣這個概念。十八世紀的科學研究更得出許多似乎可以支持階級命定觀的結果。雖然存在之鏈這個用詞確實逐漸式微，但是它的基本概念在接下來二個世紀仍然被用來強化了各種社會、性別及種族的刻板印象。因此，「偉大的存在之鏈」的概念，在十八世紀，甚至一直到現在，確實持續對人類的意識型態產生重大影響。

參考資料

原始資料

Anon. (1803) *Such is Buonaparte* (London: J. Ginger).

Ashcroft, M. Y. (1977) *To Escape a Monster's Clutches: Notes and Documents Illustrating Preparations in North Yorkshire to Repel the Invasion.* North Yorkshire, CRO Public No. 15.

Cholmeley, C. (1803) Letter of Catherine Cholmeley to Francis Cholmeley, 16 August 1803. In Ashcroft, M. Y. (1977) *To Escape a Monster's Clutches: Notes and Documents Illustrating Preparations in North Yorkshire to Repel the Invasion.* North Yorkshire, CRO Public No. 15.

Encyclopaedia Britannica (1797) 3rd edition, Edinburgh.

Lavater, J. K. (1797) *Essays on Physiognomy,* translated by Rev. C. Moore and illustrated after Lavater by Barlow (London: London publishers).

'Pratt'(1803) *Pratt's Address to His Countrymen or the True Born Englishman's Castle* (London: J. Asperne).

White, C. (1779) *An Account of the Infinite Gradations in Man, and in Different Animals and Vegetables; and from the Former to the Latter.* Read to the Literary and Philosophical Society of Manchester at Different Meetings (Manchester: Literary and Philosophical Society).

Wollstonecraft, M. (1792) *Vindication of the Rights of Women.* (Republished in 1975 by Penguin, Harmondsworth, Middlesex.)

二手資料

Barking, J. K. (1957) *Changes in Conceptions of the Universe* (Cotteridge: Poltergeist Press).*

Colley, L. (2003) *Captives: Britain, Empire and the World 1600-1850* (London: Pimlico).

Madison, S. (1967) 'The End of the Chain of Being: the Impact of Descartian Philosophy on Medieval Conceptions of Being.' *Journal of Medieval and Enlightenment Studies*, 66, 7.*

Pendleton, G. (1976) 'English Conservative Propaganda During the French Revolution, 1780:1802' Ph.D. (unpub.), Emory University.

Thompson, E. P. (1963) *The Making of the English Working Class* (Harmondsworth, Middlesex: Penguin).

* 這兩筆資料為虛構，其他則都是真實的資料。

（練習三）解答：論證的要素

偉大的存在之鏈（文本 3）

「認為宇宙有一定的次序，亦即『偉大的存在之鏈』的概念，在十八世紀，甚至一直到現在，都持續對人類的意識型態產生重大影響」，請討論。

中世紀的歐洲普遍存有「偉大的存在之鏈」（the Great Chain of Being）的概念。對相信此說的人而言，一切存在的東西都有一個事先安排好的位置，就好像階梯一樣，有的高一階，有的低一階。宇宙最低等的東西，位於這個鏈結的最底層，而人類則接近頂端，在天使之下，動物之上。[8]

這篇文章打算從兩個角度來討論存在之鏈對於十八世紀的影響。第一個問題是，這個概念在十八世紀是否還很普遍？第二個問題是，當時重要的政治和意識型態爭論中，是否仍用這個概念來支持某些觀點？[2]

首先 [9]，我認為存在之鏈的概念，在十八世紀時仍十分流行。[1] 這並不是一個普遍被接受的觀點，一直有人認為到了十七世紀中，就已經少有存在之鏈的相關記載（Barking，1957；Madison，1967）。Madison 主張，這種宇宙觀已經被更科學的觀點所取代。[10] [13] 此外，也有人認為戰爭與貿易，讓人們有更多機會可以接觸到新的觀念。例如，Colley（2003）就曾指出，旅行者來到北非的回教國家時，看到回教文化以及回教徒對於其他信仰表現出的包容態度，印象深刻。在此之前數個世紀，若有人表達此種看法，會被基督教的統治者燒死，但是這種情況到了十八世紀就消失了。[10] [13]

評註

內文中和下面的標號與第 361 頁的提示題號相對應。

[8] 這一段敘述很簡單地讓讀者知道什麼是「存在之鏈」，屬於必要的基本資訊。

[2] 這兩句話點明作者的論述有二個重點，讓讀者在稍後的閱讀中更清楚論述的進展。

[9] 信號字，用來引出第一個理由。

[1] 這句話代表主要論點。

[10] 作者在這裡先討論對立的觀點。以這個例子而言，對立觀點在論述一開始就提出來，表示這種觀念如果真的已經退流行，接下來就不會有什麼好談的了。

[13] 二手資料（參見第 208 頁）。

但是，雖然人們的觀點有所改變，但是古老的觀念影響力仍然很大。[11] 在十八世紀晚期、甚至一直到十九世紀初的文獻中，仍然不時提到存在之鏈。情況確實如此。在一篇分析 1802-3 年間所出版宣傳手冊的文章中，作者 Pendleton（1976）發現，十分之一以上的出版品提到了「存在之鏈」，比例之高值得注意。[7] [13] 還有更多的出版品提到社會的「自然次序」等相關的概念。有此可見，「存在之鏈」，或宇宙自有既定次序的觀念，仍然普遍存在於十九世紀初的英國社會中。[6]

正如 Pendleton 的研究所揭露的，十八世紀末，確實仍有很多出版品認為當時的英格蘭統治階級是比較高等的人，位於存在之鏈的上層，靠近上帝的位置。這些掌權者很多都相信他們這個階級的人比較聰明、比較漂亮，甚至品德也比較好。其他人在他們眼中，不管是聰明才智、誠實正直還是美貌，全都無法與他們相比。那些人是比較靠近動物的階級，因此不管做什麼，都不太需要特別考慮這些人（Lavater，1797）。[12] 這些人應該要「知道自己的斤兩」，舉止行為隨時都要合乎自己的身分。在存在之鏈中身處較高階級的概念，提供統治階級一個保有優越感的充分藉口。[5] [6]

[11] 作者用這一段來反駁 Barking 所提出的對立觀點（亦即，後來已經少有人提到存在之鏈了）。至於 Madison 所提的問題則在下一段討論，全篇文章也不時觸及這個問題。

[7] 這項證據證明了本文的主要結論：存在之鏈的觀念仍持續影響人們的意識型態。

[13] 二手資料（參見第 208 頁）。

[6] 暫時性結論，當作理由之用：作者首先建立「存在之鏈」的觀念仍然流行的觀點，支持的理由有：

i) 很容易就找到相關事例。

ii) Pendleton 的研究發現。

[12] 原始資料。（參見第 208 頁）。

[5] 和 [6] 暫時性結論，當作理由之用：作者指出存在之鏈的概念對於維持社會架構的重要性。這個觀點則成為主要結論的理由，證明存在之鏈的概念仍十分重要。

宇宙的階級次序也[9]讓統治階級有充分的理由，可以捍衛政治和經濟上的不平等。[5][6]十八、九世紀時，只有極少數的人擁有投票權或可以組織政治團體，也沒有人敢反駁比自己更「高等」的人。大多數的人民仍沒有說話的權利，不同階級之間的貧富、健康、福利都有十分明顯的差距（Thompson, 1963）。[8][13]與生俱來的存在之鏈的觀念，讓人把這一切都歸於「天命」。

此外[9]，這種社會階級的概念，甚至在十八世紀以後仍然被視為是上天的安排，所有的人都要遵循相同的信仰而行。這種神聖旨意的思想讓人懼怕且服從。[6]1802年左右的倫敦出現一幅大海報，上頭寫著：「階級有高低，這是神的旨意」以及「天上的星星每顆都有不同的亮度，階級次序之計畫，亦將在人世展現」。[12][7]有人聲稱，只有部分人擁有權力與財富，其他人什麼都沒有，這是理所當然的。譬如當時就有一個評論時事的作者（Pratt，1803）說，如果大自然的次序被改變的話，「整個世界將會天翻地覆；所有的行星將彼此衝撞……地球會被太陽射出的光束灼燒萎縮，一碰就碎。」[12]如果宇宙的一切事物，都是一條連環鎖鏈的其中一環，就算只變動其中一小部分，也會破壞整條鎖鏈的完整性，造成社會解體，甚至整個宇宙都為之崩裂。這種強調社會次序的意識型態與宗教結合之後，就讓宇宙次序的概念有了十分重要的意義。[7]

[9]「也」是一個信號字，讓讀者知道作者提出更多理由來支持他的論述。

[5]和[6]暫時性結論，當作理由之用：作者指出存在之鏈的概念對於維持政治及經濟現狀的重要性。這個觀點又成為支持結論的理由。

[8]簡短描述十八世紀的社會狀況，是必要的資訊，能夠支持作者的論述，也說明存在之鏈的概念在政治上的用處。

[13]二手資料。

[9]信號字，用來表示論述將在類似的重點上繼續發展。

[6]暫時性結論：存在之鏈的觀念是用來讓人們懼怕與服從的。

[12]這是一種原始資料（參見第208頁）。

[7]這一段的資料用來證明論述的結論：存在之鏈的觀念仍深深影響人們的意識型態。

此外 [9]，在 1802 到 1803 年之間，此種觀點更是刺激了民眾的愛國情操，支持英國對法國開戰 [6]。政治菁英們彼此激勵，積極勸說窮人認清自己真正的利益所在（Ashcroft, 1977）。[12] [13] 這些既得利益者擔心，很高比例的人民會歡迎法國進駐，因為法國承諾會帶來社會、經濟、政治及宗教的解放，就如同他們在 1789 年法國大革命以後，對法國人民的承諾一樣。[8] 有些人害怕如果讓英國人民武裝起來保衛國家，英國人民會把槍口轉向對著原來的主人（Cholmeley, 1803）。[12] 相較於武裝人民之後可能面臨的風險，這些統治者反而宣傳起「宇宙次序最能利益蒼生」的口號，勸說英國人民接受自己的命運，就算法國真的入侵，也不要加入他們的陣營。[5] 這些宣傳口號聲稱，宇宙次序如果改變，饑荒、疾病與死亡將不可避免。

存在之鏈的觀念到了十八世紀，並沒有如 Madison 所認為的開始式微，相反地，科學家們仍然積極尋找區別階級高下的新方法。[11] 他們測量不同膚色、社會階級以及不同地區人們的骨頭，以自己的膚色當作完美的標竿，試圖列出從最高等至最低等的階級排序（White, 1779）。[12] Lavater 的文章在 1797 年被翻譯成英义，他在作品中表示，這是「從野蠻畸形狀態轉為完美的過程」，並且聲稱美是品德優越的象徵。Lavater 發明了一種根據人的骨頭結構及外貌來判斷其位階高低的方法。他的文章在英國廣為流傳，並且影響深遠。「存在之鏈」這個用詞在一段時間以後逐漸少被使用，但是這種相信天生注定的階級觀念，還是持續發揮影響力，也一直被當作是政治、社會不平等的託詞。[6] [5]

[9]「此外」是個信號字，表示論述將承接前段繼續發展。

[6] 這是一個暫時性結論：存在之鏈的觀念在歷史上某個時期仍十分重要。

[12] [13] 這是一份 1977 年出版的原始資料集。（出版日期很近，不見得一定是二手資料）

[8] 必要的背景資訊，說明這個觀念在某個重大的政治事件中的重要地位。

[12] 原始資料。

[5] 這裡提出理由來支持這一段的暫時性結論：當時有很多出版品利用存在之鏈的概念，來說服人民不要對抗政府。

[11] 這裡討論了第二段提到的反對觀點。

[12] 原始資料。

[6] 暫時性結論，當作理由之用：作者指出，科學家進一步發展了存在之鏈的基本觀念，並賦予新生命。支持這個暫時性結論的理由有二：一是這裡舉出的科學研究案例，二是認為「存在之鏈」的用詞雖然漸漸無人使用，但其基本概念仍持續發揮作用。

[5] 這個暫時性結論也是支持主要論點的理由。

值得注意的一點是 [9]，這種宇宙既定階級次序，幾乎可以用來解釋任何不平等或壓迫的現象。[6] [5]Mary Wollstonecraft（1792）就同意這個觀點。她指出，從虐待動物和兒童、奴隸交易、到剝奪婦女的政治與經濟權利，任何不公不義的現象，都可以拿宇宙既定次序的概念當藉口。[12] 認同階級命定觀的出版品，也充分利用各人種相互比較的結果來宣傳。當然這些被拿來比較的人，不包括英國統治階級以及逐漸增多的中產階級。譬如 1797 年版的《大英百科全書》，就比較了非洲人、英國勞工階級以及法國革命分子這三種人的行為，認為他們共同的特質是「品德低落」、「天生冷酷無情」。[12] 這種觀念在此後一百多年，一直被很多人用來合理化種族歧視和不公平的社會政策。

因此 [9]，從存在之鏈所衍生出來的各種觀念，不僅沒有從十八世紀開始逐漸消逝，反而更進一步發展與延伸。[3] 法國大革命引發的危險與占領英國的計畫，更讓階級命定這個早已根深柢固的觀念更加穩固。1802 至 1804 年間流傳的反占領、反革命宣傳品中，更是大肆推廣這個概念。十八世紀的科學研究更得出許多似乎可以支持階級命定觀的結果。雖然存在之鏈這個用詞確實逐漸式微，但是它的基本概念在接下來二個世紀仍然被用來強化了各種社會、性別及種族的刻板印象。因此，「偉大的存在之鏈」的概念，在十八世紀，甚至一直到現在，確實持續對人類的意識型態產生重大影響。[4]

[9] 這句話用來表示論述承按前面的理由繼續發展。

[6] 暫時性結論：存在之鏈為許多壓迫行為找到開脫之詞。支持的理由有當時的資料（例如 Mary Wollstonecraft 的觀點，和《大英百科全書》1797 年版的記載）以及實際運用這種觀念的例子。

[5] 這個暫時性結論也是支持主要結論的理由。

[12] 這些都屬於原始資料。參見第 208 頁。

[9] 表示結論的信號字。

[3] 這一段主要是一個歸納式結論，總結前面各段討論的重點。

[4] 最後一句話則是推論式結論：從上述所有的理由中推論得出結論。

注意：最後一句話與題目相呼應，讓讀者知道作者已經回答了題目所問的問題。

原始資料

Anon. (1803) *Such is Buonaparte* (London: J. Ginger).

Ashcroft, M. Y. (1977) *To Escape a Monster's Clutches: Notes and Documents Illustrating Preparations in North Yorkshire to Repel the Invasion.* North Yorkshire, CRO Public No. 15.

Cholmeley, C. (1803) Letter of Catherine Cholmeley to Francis Cholmeley, 16 August 1803. In Ashcroft, M. Y. (1977) *To Escape a Monster's Clutches: Notes and Documents Illustrating Preparations in North Yorkshire to Repel the Invasion.* North Yorkshire, CRO Public No. 15.

Encyclopaedia Britannica (1797) 3rd edition, Edinburgh.

Lavater, J. K. (1797) *Essays on Physiognomy,* translated by Rev. C. Moore and illustrated after Lavater by Barlow (London: London publishers).

'Pratt' (1803) Pratt's Address to His Countrymen or the True Born Englishman's Castle (London: J. Asperne).

White, C. (1779) *An Account of the Infinite Gradations in Man, and in different Animals and Vegetables; and from the Former to the Latter.* Read to the Literary and Philosophical Society of Manchester at Different Meetings (Manchester: Literary and Philosophical Society).

Wollstonecraft, M. (1792) *Vindication of the Rights of Women.* (republished in 1975 by Penguin, Harmondsworth, Middlesex.)

二手資料

Barking, J. K. (1957) *Changes in Conceptions of the Universe*
(Cotteridge: Poltergeist Press).*

Colley, L. (2003) *Captives: Britain, Empire and the World,
1600-1850* (London: Pimlico).

Madison, S. (1967) 'The End of the Chain of Being:
the Impact of Descartian Philosophy on Medieval
Conceptions of Being.' *Journal of Medieval and
Enlightenment Studies,* 66, 7.*

Pendleton, G. (1976) '*English Conservative Propaganda
During the French Revolution,* 1780-1802, Ph.D.
(unpub.), Emory University.

Thompson, E. P. (1963) *The Making of the English Working
Class* (Harmondsworth, Middlesex: Penguin).

* 這兩筆資料為虛構，其他則都是真實的資料。

Practice 4: Finding flaws in the argument

〈練習四〉：找出論證的漏洞

請閱讀另一篇以存在之鏈為主題的文章，利用下表的提示找出論證的漏洞。

注意：此篇文章並非涵蓋所有缺失，有些論證漏洞出現不止一次。你可以利用查核表來記錄並註明有沒有找到相關的漏洞，這樣核對答案會比較簡單一點。

請將答案編號，寫在文章右方的「評註」欄中。編號和題號相對應的話可以幫助你核對答案。

	提示	完成請打勾	沒有相關問題	參見頁碼
1	偽前提			
2	負負不得正			
3	刻板印象			
4	論述前後不一致			
5	不必要的背景資料			
6	不夠明確			
7	沒有事實根據的			
8	錯誤的因果關係			
9	假相關			
10	未符合必要條件			
11	未符合充分條件			
12	不當的類比			
13	轉移焦點			
14	建立同盟關係			
15	排他			
16	跳躍式推論（例如紙牌城堡、障眼法等）			
17	情緒性的語言			
18	人身攻擊			
19	扭曲事實			
20	交叉比對			
21	贅述			
22	參考資料標示不清			

偉大的存在之鏈〈文本 4〉

「認為宇宙有一定的次序，亦即『偉大的存在之鏈』的概念，在十八世紀、甚至一直到現在，都持續對人類的意識型態產生重大影響」，請討論。

　　「存在之鏈」的概念，在十八世紀以前統治了人們的思想與寫作達數個世紀之久。事實上，包括莎士比亞以及其他幾個十七世紀著名的作家，都從這個概念中汲取寫作靈感。到了十八世紀，情況有了明顯的變化。對歐洲國家（包括英國）來說，這是一個知識與地理大探索的時期。在與美洲殖民地作戰期間，士兵們航向世界，擴展了大英帝國的勢力（Colley，2003），商人也和東方進行密切的貿易往來，這種情形促使古老的觀念開始消失。Barking（1957）和 Madison（1967）認為，是啟蒙的觀念和科學精神取代了傳統的想法。上流社會的品味產生質變，有錢人家裡充滿了中國風味的藝術品。年輕人周遊歐洲，慶祝自己的成年。存在之鏈的概念就此被現代社會比較熟悉的觀念所取代。

　　值此探索與變革的時代，英格蘭與甫經歷革命的法國之間持續爭戰，產生了大量的政治宣傳品。Pendleton 曾分析過這些宣傳品，他指出其中有很多文章都用「存在之鏈」的概念鼓勵人民支持戰爭。這些政令宣導作者以各種方式巧妙包裝宇宙次序的概念，說服人民拒絕法國人的革命思想，同時鞭策人民在法國入侵時起身捍衛英國。那些政令宣導手冊和主戰的文獻資料都利用宇宙次序的概念，來駁斥法國那一套自由平等的理論，並且鼓吹英國人民應該本著愛國之心，保衛家園。

　　這些政治文宣竭盡所能詆毀法國人和他們的新思想，使得外交情勢極為緊張，戰爭一觸即發。幸好英法兩國相距數百英里，這在十八世紀當時確實是很遙遠的

距離。這表示當時的法國統治者波拿巴（Buonaparte）沒有機會看到這些宣傳品，也就沒有全面入侵英國。

宇宙次序的說法，是社經強權者的後盾。Mary Wollstonecraft（1972）認為，宇宙次序的概念為所有不公不義的事情找到開脫之詞。Wollstonecraft說，會虐待動物和兒童的人，也會認同奴隸交易和壓迫婦女，而這些都是她極力反對的事。然而，她顯然認為把沒錢沒勢的人通通歸在同一類，就像動物一樣，是可以接受的。由於當時動物在存在之鏈中屬於較低階層，她拿窮人和動物相比較，表示她認為窮人和奴隸屬於低等的生物。她這種偏見，是當時統治階級的婦女普遍的現象。

十八世紀的有錢人顯然發現宇宙次序的觀念對他們大有幫助。一想到當時窮人悲慘的處境，以及他們渴望的只是高階者所說出的仁慈話，更覺得有錢人的這種想法令人髮指。當時的人們習慣把比自己有錢的人當作是高一等的人，當他們是自己的主人。人們一出生就要接受別人都比他優越的命運，凡事聽從這些人的命令。

宇宙次序的概念甚至一直到二十世紀初期仍普遍存在。1914-18年第一次世界大戰結束後，勞工階層的男女才爭取到投票權，各階層也才開始產生流動與變化。戰爭之後，在有錢人家裡當僕傭的人更少了。擁有平等的投票權，讓人們瞭解民主的好處，也就不再那麼熱衷當別人的僕人了。如果每個人都有投票權，表示法律之前人人平等，既然人人平等，顯然就沒有所謂宇宙既定的次序，因此宇宙次序的觀念勢必要沒落，而投票正是社會階層瓦解的原因。

這本是眾人樂見的改變。很多法官、神職人員、政治人物和學者都聲稱，存在之鏈是神的計畫之一，這種論調讓人們心生畏懼，進而順從當時的現狀。蘭達夫（Llandaff）的主教Watson寫道，讓人富有的是神，讓

人有權的也是神，財富與權勢是神寵愛的象徵，也是這些人較優越的證據。還有其他作者也寫過類似的觀點。舉例來說，1802 年有張大海報寫著，這世界的生命分屬不同等級，這是「神的旨意」。此外，有個政令宣傳作者（Pratt，1803）也說，改變神所建立的次序，「整個世界將會天翻地覆；所有的行星將彼此衝撞……地球會被太陽的一道光束灼燒萎縮，一碰就碎。」不過，Pratt 顯然腦袋不太靈光，對科學也不是很有概念，所以當時的人並沒有把他的話當真。

當時最大力推動宇宙既定次序的，是一位叫做 Kaspar Lavater 的瑞士科學家。他的作品被翻譯成數種語言，並被知識分子拿來當作指導手冊，雇用新僕人或認識新朋友的時候拿來參考。Lavater 發明一種新的技術，稱為觀相術，聲稱從人的長相和頭骨的形狀就可以知道這個人的性格。Lavater（1797）主張，較高階層的人具有某些典型的特徵，這種人品行優良，是歐洲統治階層的代表。至於窮人和深膚色的人所具有的特徵則屬於較低等、與動物階層相近的人所有。這顯然是胡說八道，任何頭腦正常的人，都不會相信頭骨形狀這種身體特徵可以反應人的品行和價值。這就跟認為從一個人走路的樣子，就可以知道他的健康情況一樣沒有道理。儘管如此，當時還是有很多人深信這種區分人的優劣的辦法。

十八世紀的人比較相信世界會進步和改變，不再執著於宇宙既定次序這種靜止的觀念。當然還是有人拿存在之鏈的觀念當工具嚇唬或哄騙人們，讓他們以為命運是不能改變的。有錢人會將「宇宙次序」的概念應用在生活上，不過這比較像是一種時尚流行，就像現在的人玩著雜誌裡的填字遊戲一樣。還有些人拿這種觀念來證明自己的優越性。但是從當時人們的生活方式和他們所做的決定來看，大部分的人都不太相信這種觀念。由此可

知，存在之鏈和宇宙次序的概念，到了十八世紀末就已
經失去影響力了。

參考資料

原始資料

Anon. (1802) *Such is Buonaparte,* London.

Kaspar Lavater *Essays on Physiognomy,* Translated by Rev.
C. Moore and illustrated after Lavater by Barlow,
London, 1797.

Pratt, *Pratt's Address to His Countrymen or the True Born
Englishman's Castle.* London.

Bishop of Llandaff

Mary Wollstonecraft (1792) *Vindication of the Rights of
Women.* Middlesex.

White, C. *An Account of the Infinite Gradations in Man*
(Read to the Literary and Philosophical Society of
Manchester at Different Meetings) (1779).

二手資料

Madison. (1967) 'The end of the Chain of Being:
the impact of Descartian.' *Journal of Medieval and
Enlightenment Studies,* 66; 7.*

Barking, J. K. (1957) *Changes in Conceptions of the universe.*
Cotteridge: Poltergeist Press*

Linda Colley (2003) Captives.

Holmes, Geoffrey. (1977) 'Gregory King and the social
structure of pre-industrial England' *Transactions of
the Royal History Society,* 27 Pendleton

E. P. Thompson *The Making of the English Working Class*
(1963) Middlesex: Penguin

* 這兩筆資料為虛構，其他則都是真實的資料。

	提示	完成請打勾	沒有相關問題	參見頁碼
1	偽前提	✓		152
2	負負不得正		✓	200
3	刻板印象	✓		162
4	論述前後不一致	✓ (2)		110, 114
5	不必要的背景資料	✓ (2)		99
6	不夠明確	✓		110
7	沒有事實根據的	✓ (3)		147-150
8	錯誤的因果關係	✓		174
9	假相關	✓		176
10	未符合必要條件	✓		180
11	未符合充分條件	✓		182
12	不當的類比	✓		185
13	轉移焦點	✓		188
14	建立同盟關係	✓		188
15	排他		✓	188
16	跳躍式推論（例如紙牌城堡、障眼法等）	✓ (2)		192
17	情緒性的語言	✓		194
18	人身攻擊	✓		194
19	扭曲事實	✓		198
20	交叉比對		✓	198
21	贅述	✓		200
22	參考資料標示不清	✓		278

偉大的存在之鏈〈文本4〉

認為宇宙有一定的次序，亦即『偉大的存在之鏈』的概念，在十八世紀、甚至一直到現在，都持續對人類的意識型態產生重大影響」，請討論。

　　「存在之鏈」的概念，在十八世紀以前統治了人們的思想與寫作達數個世紀之久。事實上，包括莎士比亞以及其他幾個十七世紀著名的作家，都從這個概念中汲取寫作靈感。到了十八世紀，情況有了明顯的變化。對歐洲國家（包括英國）來說，這是一個知識與地理大探索的時期。在與美洲殖民地作戰期間，士兵們航向世界，擴展了大英帝國的勢力（Colley，2003），商人也和東方進行密切的貿易往來，這種情形促使古老的觀念開始消失。Barking（1957）和 Madison（1967）認為，是啟蒙的觀念和科學精神取代了傳統的想法。上流社會的品味產生質變，有錢人家裡充滿了中國風味的藝術品。年輕人周遊歐洲，慶祝自己的成年。[5] 存在之鏈的概念就此被現代社會比較熟悉的觀念所取代。[4]

　　值此探索與變革的時代，英格蘭與甫經歷革命的法國之間持續爭戰，產生了大量的政治宣傳品。Pendleton[22] 曾分析過這些宣傳品，他指出其中有很多[6] 文章都用「存在之鏈」的概念鼓勵人民支持戰爭[4]。這些政令宣導作者以各種方式巧妙包裝宇宙次序的概念，說服人民拒絕法國人的革命思想，同時鞭策人民在

評註

[5] 這些都是不必要的背景資訊，尤其作者並未用這些資料來討論存在之鏈的問題。另一方面，解釋何謂「存在之鏈」應該是重要的背景資訊，但作者卻忽略了。

[4] 前後不一致。這裡說存在之鏈的觀念逐漸消失，但下一段又說這個觀念還是被廣泛運用。顯然彼此矛盾，但作者並沒有說明原因。舉例來說，雖然人們已經不相信這種說法，但政治文宣仍大量使用，這種明顯的矛盾必須加以解釋和解決。

[22] 引用資料標示不清。這裡沒有日期，而文章最後的參考資料部分，Pendleton 這一筆也沒有詳細的資料。

法國入侵時起身捍衛英國。那些政令宣導手冊和主戰的文獻資料，都利用宇宙次序的觀念來駁斥法國那一套自由平等的理論，並且鼓吹英國人民應該本著愛國之心，保衛家園。[21]

[5] 這些政治文宣竭盡所能詆毀法國人和他們的新思想，使得外交情勢極為緊張，戰爭一觸即發。幸好英法兩國相距數百英里，這在十八世紀當時確實是很遙遠的距離。這表示當時的法國統治者波拿巴（Buonaparte）沒有機會看到這些宣傳品，也就沒有全面入侵英國。[1] [7] [16]

[6] 不夠精確。「很多」是很模糊的用法，讀者要知道到底有多少？比例如何？

[21] 贅述。這一段的重點是說政令宣導作者利用宇宙次序的概念，鼓吹人民要愛國、要對抗法國，不要接受法國人那套自由平等的說法。但同樣的意思用不同的說法說了三次。最後一句話本應該讓論述繼續發展，或提供讀者新的資訊，但作者都沒有這樣做。

[5] 這一段談的是政治文宣對於法國發動戰爭之行為的影響，與題目無關，因此屬於不必要的背景資訊。

[1] 偽前提。作者認為法國未入侵英國，是基於一個偽前提。實際上英法兩國之間的距離並沒有數百英里，所以法國沒有看到那些政治文宣，不可能是因為這個原因。而且，這篇文章開頭就指出，當時各國之間往來頻繁，如果此事屬實，那麼法國看到那些政治文宣的機率就更大了。

[7] 波拿巴沒有全面入侵英國，這裡提出的原因是無事實根據的假設。

宇宙次序的說法，是社經強權者的後盾。Mary Wollstonecraft（1972）認為，宇宙次序的概念為所有不公不義的事情找到開脫之詞。Wollstonecraft 說，會虐待動物和兒童的人，一樣也會認同奴隸交易以及壓迫婦女，而這些都是她極力反對的事。然而，她顯然認為把沒錢沒勢的人通通歸在同一類，就像動物一樣，是可以接受的。由於當時動物在存在之鏈中屬於較低階層，她拿窮人和動物相比較，表示她認為窮人和奴隸屬於低等的生物。[19] 她這種偏見，是當時統治階級的婦女普遍的現象。[3]

[16] 跳躍式推論：作者從一個沒有事實根據的論點（政治文宣將導致法國入侵，這點並未得到證實），跳到另一個同樣沒有事實根據的論點（波拿巴不可能看到那些文宣），然後得出沒有事實根據的結論（法國沒有全面入侵英國的原因）。

[19] 扭曲事實：Mary Wollstonecraft 把幾種不同的壓迫情況拿來比較，她觀察到這些虐待行為有著共同的模式，而她持反對態度。但是只因為當時有其他人談到存在之鏈的問題，作者就說 Wollstonecraft 認為窮人和奴隸跟動物差不多，這是錯誤的認知與不實陳述。

[3] 刻板印象：或許確實有很多統治階級的婦女持此偏見，但作者沒有提出理由就認為 Wollstonecraft 也持同樣看法。

[17] 轉移焦點。作者提出有錢人如何看待宇宙次序的觀念，但並沒有提出具體證據，但他用了「顯然」這兩個字來轉移讀者的注意力，暗示他已經說清楚了。

十八世紀的有錢人顯然發現宇宙次序的觀念對他們大有幫助。[13] 一想到當時窮人悲慘的處境，以及他們渴望的，只是高階者口中所說的仁慈的話，更覺得有錢人的這種想法令人髮指。[17] 當時的人們習慣把比自己有錢

的人當作是高一等的人，當他們是自己的主人。人們一出生就要接受別人都比他優越的命運，凡事聽從這些人的命令。

宇宙次序的概念甚至一直到二十世紀初期仍普遍存在。1914-18 年第一次世界大戰結束後，勞工階層的男女才爭取到投票權，各階層也才開始產生流動與變化。戰爭之後，在有錢人家裡當僕傭的人更少了。擁有平等的投票權，讓人們瞭解民主的好處，也就不再那麼熱衷當別人的僕人了。[8] [9] 如果每個人都有投票權，表示法律之前人人平等，既然人人平等，顯然就沒有所謂宇宙既定的次序，因此宇宙次序的觀念勢必要沒落，而投票正是社會階層瓦解的原因。[16] [7]

[13] 情緒性的語言。「令人髮指」、「悲慘的處境」、「渴望聽到仁慈的話」等用詞，都不是靠事實與證據來證明作者的論述，而是希望引起讀者同情。

[8] 錯誤的因果關係。作者認為投票權擴大和僕傭人數減少之間有因果關係，但他並沒有提出說明，何以投票權會讓人有機會選擇不一樣的工作。僕傭人數減少，比較可能的原因是經濟情況改變，例如薪資較高的工作機會增加了，或付得起薪水請僕傭的家庭減少了。

[9] 這也是錯誤的因果關係之一例：有投票權的人增加與僕傭人數減少，兩者之間其實沒有直接關連。

[16] 與 [7] 跳躍式推論（紙牌城堡）與無根據的假設。最後一句話可以看出作者又提出了沒有根據的推論，譬如他認為法律的平等帶來社會地位的平等。然而，社會階層跟有沒有投票權關係不大，反而是跟出身、職業、居住地、種族等這些因素比較有關係。因此，作者說投票導致社會階層瓦解，這個結論是錯的。

這本是眾人樂見的改變。很多法官、神職人員、政治人物和學者都聲稱,存在之鏈是神的計畫之一,這種論調讓人們心生畏懼,進而順從當時的現狀。蘭達夫(Llandaff)的主教 Watson[22] 寫道,讓人富有的是神,讓人有權的也是神,財富與權勢是神寵愛的象徵,也是這些人較優越的證據。還有其他作者也寫過類似的觀點。舉例來說,1802 年有張大海報寫著,這世界的生命分屬不同等級,這是「神的旨意」。此外,有個政令宣傳作者(Pratt,1803)也說,改變神所建立的次序,「整個世界將會天翻地覆;所有的行星將彼此衝撞……地球會被太陽的一道光束灼燒萎縮,一碰就碎。」不過,Pratt 顯然腦袋不太靈光,對科學也不是很有概念,所以當時的人並沒有把他的話當真。[7] [18] [4]

當時最大力推動宇宙既定次序的,是一位叫做 Kaspar Lavater 的瑞士科學家。他的作品被翻譯成數種語言,並被知識分子拿來當作指導手冊,雇用新僕人或認識新朋友的時候就拿來參考。Lavater 發明了一種新的技術,稱為觀相術,聲稱從人的長相和頭骨的形狀就可以知道這個人的性格。Lavater(1797)主張,較高階層的人具有某些典型的特徵,這種人品行優良,是歐洲統治階層的代表。至於窮人和深膚色的人所具有的特徵則屬於較低等、與動物階層相近的人所有。這顯然是胡說八道,任何頭腦正常的人,都不會相信頭骨形狀這種身體特徵可以反應人的品行和價值。[14] 這就跟認為從一個人走路的樣子,就可以知道他的健康情況一樣沒有道理。[12] 儘管如此,當時還是有很多人深信這種區分人的優劣的辦法。[7]

[22] 引用資料標示不清。沒有日期與出處,讀者無法查證。

[7] 沒有根據的假設:作者的假設是 Pratt 那個時代的人沒有把他的話當真,但沒有提出證據證明這一點。當時也可能有人認同 Pratt 的看法。

[18] 這句話並不是理性分析 Pratt 的觀點,而是對他的人身攻擊。

[4] 前後不一致:作者提出的證據前後矛盾。這個段落一開始認為把神抬出來很有用,作者舉 Pratt 的說法,本來也似乎是要以此做為證據,但接著卻說沒有人相信 Pratt 的說法。

[14] 作者在這裡打的如意算盤是想建立同盟關係,似乎認定讀者自然會同意他的觀點。如果作者認為這麼明顯,就沒有必要用「顯然」二字來強調。如果作者認為讀者不一定認為這種說法是胡說八道,就有必要提出不接受 Lavater 觀點的理由。

[12] 錯誤的比喻。從人走路的樣子確實可以瞭解某些疾病的病情,所以作者將 Lavater 發明的技術和走路來相比,是無效的。

十八世紀的人比較相信世界會進步和改變，不再執著於宇宙既定次序這種靜止的觀念。當然還是有人拿存在之鏈的觀念當工具嚇唬或哄騙人們，讓他們以為命運是不能改變的。有錢人會將「宇宙次序」的概念應用在生活上，不過這比較像是一種時尚流行，就像現在的人玩著雜誌裡的填字遊戲一樣。[6] [10] 還有些人拿這種觀念來證明自己的優越性。但是從當時人們的生活方式和他們所做的決定來看，大部分的人都不太相信這種觀念。[6] 由此可知，存在之鏈和宇宙次序的概念，到了十八世紀末就已經失去影響力了。

[7] 這一段對於人們的想法有許多沒有根據的假設，並用這些假設當作理由，支持最後一句話所提出的結論。

[6] 不夠明確。太含糊，沒有提出具體細節。

[10] 未符合必要條件：有錢人把宇宙次序的觀念當作時尚流行，這是一個暫時性結論，要讓這個結論成立，作者必須證明：

i) 很多人運用這種觀念，這樣才稱得上「流行時尚」。

ii) 這個觀念只有在某個時期以某種特定方式被運用（因為時尚正是特定時間的產物）。

iii) 證明有些人只在某方面用上宇宙次序的概念，但其他地方不用。換句話說，這個觀念並沒有重要到可以主宰他們全部的行為。

參考資料 [22]

原始資料

Anon. (1802) *Such is Buonaparte, London.* (c)

Kaspar Lavater (a) *Essays on Physiognomy,* Translated by Rev. C. Moore and illustrated after Lavater by Barlow, London, 1797.

Pratt, *Pratt's Address to His Countrymen or the True Born Englishman's Castle.* London.

Bishop of Llandaff (d 及 e)

Mary Wollstonecraft (1792) *Vindication of the Rights of Women.* Middlesex. (a 及 f)

White, C. *An Account of the Infinite Gradations in Man* (Read to the Literary and Philosophical Society of Manchester at Different Meetings) 1779. (a, c 及 e)

二手資料

Madison. (d, e 及 f) (1967) 'The end of the Chain of Being: the impact of Descartian.' *Journal of Medieval and Enlightenment Studies,* 66; 7.*

Barking, J. K. (1957) *Changes in Conceptions of the universe.* Cotteridge: Poltergeist Press*.

Linda Colley (2003) Captives. (a, d 及 e)

Holmes, Geoffrey. (1977) 'Gregory King and the social structure of pre-industrial England' *Transactions of the Royal History Society,* 27 (a 及 c)

Pendleton (d 及 e)

E. P. Thompson *The Making of the English Working Class*(1963) Middlesex: Penguin (a 及 c)

* 這兩筆資料是為了練習而虛構的;其他則都是真實的資料。

[22] 請與練習三的參考資料部分(第 373 頁)相比較。注意這些重點:

a) 每一筆資料中各項資訊的寫法不一致,譬如日期及作者姓名的寫法。

b) 有些內文中引用的資料沒有列在參考資料中。

c) 有些列出的資料在內文中並沒有提到,照道理也不應該寫在這裡。有可能是作者引用了相關資料,但內文沒有標示清楚。

d) 有幾筆資料的作者資訊不完整,讀者沒辦法查證。

e) 有幾筆資料相關資訊不完整。(參見練習三的參考資料部分)

f) 沒有依字母排序。

附錄

3

網路搜尋引擎 &
本書參考書目

挑選合適研究文獻的搜尋引擎與資料庫

Looksmart http://articles.findarticles.com
其「線上文章搜尋」提供了 500 篇期刊資訊，大部分的內容可供瀏覽與列印。

Biolinks www. biolinks.com
此搜尋引擎提供科學相關期刊與雜誌文章的連結。

Cinahl www. cinahl.com
醫療與保健相關資訊資料庫。

EMBASE www.embase.com
此搜尋引擎提供相關生物醫學與藥學資料庫。

Ingenta www.ingenta.com
此資料庫中有來自 27,000 篇期刊與刊物的文章摘要，有些大學網站也可與 Ingenta 做連結。

Magazines www.magportal.com
一個可供線上雜誌瀏覽的網站。

PubMed www.ncbi.nlm.nih.gov/entrez/query.fcgi?db=PedMed
提供大量生物醫療與生命科學資訊的資料庫。

Professional www.pro-researcher.co.uk
一個介紹百科全書相關資訊的網站，包含參考資料目錄、書籍、雜誌、國際性報紙、圖書館，以及各種研究學科。

PsycInfo www.apa.org/psycinfo
介紹 19 世紀初以來的心理學相關文章。（需先註冊才能使用）

Search 4 Science www.search4science.com
提供將近 200,000 條科學領域專業詞彙的解釋。

SOSIG www.sosig.ac.uk
介紹社會科學領域範疇的相關資訊，包括社會學、政治學，以及地理學。

World Wide Art Resources http://wwar.com
提供相關藝術新聞、其歷史演變，以及當代藝術家的介紹。

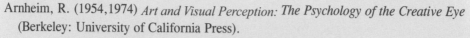

Arnheim, R. (1954,1974) *Art and Visual Perception: The Psychology of the Creative Eye* (Berkeley: University of California Press).

Barrell, J. (1980) *The Dark Side of the Landscape: The Rural Poor in English Painting, 1730-1840* (Cambridge: Cambridge University Press).

Bodner, G. M. (1988) 'Consumer Chemistry: Critical Thinking at the Concrete Level.' *Journal of Chemistry Education*, **65** (3), 212-13.

Bowlby, J. (1980) *Attachment and Loss*, Vol. 3: *Loss, Sadness and Depression* (New York: Basic Books).

Boyle, F. (1997) *The Guardian Careers Guide: Law* (London: Fourth Estate).

Campbell, A. (1984) *The Girls in the Gang* (Oxford: Basil Blackwell).

Carwell, H. (1977) *Blacks in Science: Astrophysicist to Zoologist* (Hicksville, NY: Exposition Press).

Collins, P. (1998) 'Negotiating Selves: Reflections on "Unstructured" Interviewing.' *Sociological Research Online,* **3** (3). www.socresonline.org.uk/3/3/2.html January 2001.

Cowell, B., Keeley, S., Shemberg, M. and Zinnbauer, M. (1995) 'Coping with Student Resistance to Critical Thinking: What the Psychotherapy Literature Can Tell Us.' *College Teaching,* **43** (4).

Crane, T. (2001) *Elements of Mind: An Introduction to the Philosophy of Mind* (Oxford: Oxford University Press).

Csikszentmihalyi, M. (1992) *Flow: The Psychology of Happiness* (London: Random House).

Donaldson, M. (1978) *Children's Minds* (London: Fontana).

Dunbar, R. (1996) *Grooming, Gossip and the Evolution of Language* (London: Faber & Faber).

Eco, U. (1998) *Serendipities: Language and Lunacy* (London: Weidenfeld & Nicolson).

Elliott, J. H. (1972) *The Old World and the New, 1492-1650* (Cambridge: Cambridge University Press).

Ennis, R. H. (1987) 'A Taxonomy of Critical Thinking Dispositions and Abilities.' In J. Baron and R. Sternberg (eds), *Teaching Thinking Skills: Theory and Practice* (New York: W. H. Freeman).

Farndon, J. (1994) *Dictionary of the Earth* (London: Dorling Kindersley).

Farrar, S. (2004a) 'It's Very Evolved of Us to Ape a Yawn.' *Times Higher Educational Supplement,* 12 March 2004, p. 13.

Farrar, S. (2004b) 'It's Brit Art, but Not as we Know it.' *Times Higher Educational*

Supplement, 9 July 2004, p. 8.

Farrar, S. (2004c) 'Old Sea Chart is So Current.' *Times Higher Educational Supplement,* 16 July 2004, p. 5.

Fillion, L. and Arazi, S. (2002) 'Does Organic Food Taste Better? A Claim Substantiation Approach.' *Nutrition & Food Science,* **32** (4), 153-7.

Fisher, A. (1988) *The Logic of Real Arguments* (Cambridge: Cambridge University Press).

Fisher, D. and Hanstock, T. (1998) *Citing References* (Oxford: Blackwell).

Foster, R. (2004) *Rhythms of Life* (London: Profile Books).

Garnham, A. and Oakhill, J. (1994) *Thinking and Reasoning* (Oxford: Blackwell).

Gilligan, C. (1977) 'In a Different Voice: Women's Conceptions of Self and Morality.' *Harvard Educational Review,* **47**, 418-517.

Green, E. P. and Short, F. T. (2004) *World Atlas of Sea Grasses* (Berkeley: University of California Press).

Greenfield, S.(1997) *The Human Brain: A Guided Tour* (London: Phoenix).

Hammacher, A. M. (1986) *Magritte* (London: Thames & Hudson).

Hogan, C. (2004) 'Giving Lawyers the Slip.' *The Times,* 24 August 2004, p. 26.

Jacobs, P. A., Brunton, M., Melville, M. M., Brittain, R. P. and McClermont, W. F. (1965) 'Aggressive Behaviour, Mental Subnormality and the XYY Male.' *Nature,* 208, 1351-2.

Kohlberg, L. (1981) *Essays on Moral Development,* vol. 1 (New York: Harper & Row).

Lane, H. (1984) *When the Mind Hears: A History of Deaf People and Their Language* (Cambridge: Cambridge University Press).

Lang, T. and Heasman, M. A. (2004) *Food Wars: The Global Battle for Mouths, Minds and Markets* (London; Sterling, VA: Earthscan).

Loftus, E. F. (1979) *Eyewitness Testimony* (Cambridge, MA: Harvard University Press).

McMurray, L. (1981) *George Washington Carver* (New York: Oxford University Press).

McPeck, J. H. (1981) *Critical Thinking and Education* (New York: St Martin's Press).

Miles, S. (1988) *British Sign Language: A Beginner's Guide* (London: BBC Books).

Morris, S. (2004) *Life's Solution: Inevitable Humans in a Lonely Universe* (Cambridge: Cambridge University Press).

National Committee of Inquiry into Higher Education (1997) *Higher Education in the Learning Society* (London: HMSO).

Pagel, M. (2004) 'No Banana-eating Snakes or Flying Donkeys are to be Found Here.' *Times Higher Educational Supplement,* 16 July 2004.

Palmer, T. (2004) *Perilous Plant Earth: Catastrophes and Catastrophism Through the Ages* (Cambridge: Cambridge University Press).

Papers in the Bodleian Library. Curzon Collection, vol. 22, ff. 89-90. Letter from Henry Peter Lord Brougham to C. H. Parry, 3 September 1803.

Peters, R. S. (1974) 'Moral Development: a Plea for Pluralism.' In R. S. Peters (ed.), *Psychology and Ethical Development* (London: Allen & Unwin).

Piliavin, J. A., Dovidio, J. F., Gaertner, S. L. and Clark, R. D. (1981) *Emergency Intervention* (New York: Academic Press).

Platek, S. M., Critton, S. R., Myers, T. E. and Gallup, G. G. Jr (2003) 'Contagious Yawning: the Role of Self-awareness and Mental State Attribution.' *Cognitive Brain Research,* **17** (2), 223-7.

Postgate, J. (1994) *The Outer Reaches of Life* (Cambridge: Cambridge University Press).

Rose, S. (2004) *The New Brain Sciences: Perils and Prospects* (Milton Keynes: Open University Press).

Rowbotham, M. (2000) *Goodbye America! Globalisation, Debt and the Dollar Empire* (New York: John Carpenter).

Sachs, O. (1985) *The Man who Mistook his Wife for a Hat* (London: Picador).

Sattin, A. (2004) *The Gates of Africa: Death, Discovery and the Search for Timbuktu* (London: HarperCollins).

Shulman, L. (1986) 'Those who Understand: Knowledge Growth in Teaching.' *Educational Researcher,* **15** (2), 4-14.

Stein, C. (1997) *Lying: Achieving Emotional Literacy* (London: Bloomsbury).

Tajfel, H. (1981) *Human Groups and Social Categories* (Cambridge: Cambridge University Press).

Trevathan, W., McKenna, J. and Smith, E. O. (1999) *Evolutionary Medicine* (Oxford: Oxford University Press).

Willis, S. (1994) 'Eruptions of Funk: Historicizing Toni Morrison.' In L. Gates Jr (ed.), *Black Literature and Literary Theory* (pp. 263-83) (New York: Methuen).

Wilson, J. Q. and Hernstein, R. J. (1985) *Crime and Human Nature* (New York: Simon).

Worwood, V. A. (1999) *The Fragrant Heavens: Aromatherapy* (London: Bantam Books).

www.princeton.edu/~mcbrown/display/carver.html George Washington Carver,

www.overture.com for the scientist Emeagwali. Jr: Chemurgist; 6/8/2004.

First published in English by Palgrave Macmillan, a
division of Macmillan Publishers Limited under the title
Critical Thinking Skills, 1st ed by Stella Cottrell. This
edition has been translated and published under licence
from Palgrave Macmillan. The Author has asserted the
right to be identified as the author of this Work.

國家圖書館出版品預行編目資料

批判性思考：跳脫慣性的思考模式 / Stella
Cottrell 作；鄭淑芬譯 . -- 二版 . -- [臺北市]：寂
天文化, 2019.01 印刷
　　面；　　公分 . --
譯自：Critical Thinking Skills: Developing
　　Effective Analysis and Argument, 2nd ed.

ISBN　978-986-318-172-9 (20K 平裝)
ISBN　978-986-318-407-2 (20K 精裝)
ISBN　978-986-318-770-7 (20K 精裝)

1. 思考 2. 批判思考教學

176.4　　　　　　　　　107023250

作者　Stella Cottrell
譯者　鄭淑芬
編輯　鄭家文
製程管理　洪巧玲
出版者　寂天文化事業股份有限公司
發行人　黃朝萍
電話　02-2365-9739　　傳真　02-2365-9835
網址　www.icosmos.com.tw
讀者服務　onlineservice@icosmos.com.tw

出版日期2022 年 09 月二版再刷 (200211)
郵撥帳號1998620-0　寂天文化事業股份有限公司
訂書金額未滿 1000 元，請外加運費 100 元。
版權所有　請勿翻印